本书获2019年国家社科基金一般项目"建立在语篇自动标注平行语料库之上的汉法衔接方式对比研究"（项目编号：19BYY014）；哈尔滨师范大学博士科研启动金项目"基于平行语料库的文学文本机器翻译测评研究"（项目编号：2023018）资助

汉、法句首空间表达方式的对比研究及其翻译应用

——以阿兰·罗伯-格里耶小说平行语料为例

王 雪 ◎ 著

吉林大学出版社

·长春·

图书在版编目（CIP）数据

汉、法句首空间表达方式的对比研究及其翻译应用：以阿兰·罗伯-格里耶小说平行语料为例 / 王雪著. 长春：吉林大学出版社，2024.11. -- ISBN 978-7-5768-4186-2

Ⅰ．H146；H324

中国国家版本馆CIP数据核字第2024PR3954号

书　　名：汉、法句首空间表达方式的对比研究及其翻译应用
　　　　　——以阿兰·罗伯-格里耶小说平行语料为例
　　　　　HAN、FA JUSHOU KONGJIAN BIAODA FANGSHI DE DUIBI YANJIU JI QI FANYI YINGYONG——YI ALAN LUOBO-GELIYE XIAOSHUO PINGXING YULIAO WEI LI
作　　者：王　雪
策划编辑：卢　婵
责任编辑：卢　婵
责任校对：张　驰
装帧设计：叶扬扬
出版发行：吉林大学出版社
社　　址：长春市人民大街4059号
邮政编码：130021
发行电话：0431-89580036/58
网　　址：http://www.jlup.com.cn
电子邮箱：jldxcbs@sina.com
印　　刷：武汉鑫佳捷印务有限公司
开　　本：787mm×1092mm　　1/16
印　　张：19.75
字　　数：290千字
版　　次：2024年11月　第1版
印　　次：2024年11月　第1次
书　　号：ISBN 978-7-5768-4186-2
定　　价：98.00元

版权所有　翻印必究

序 言

时值甲辰岁暮之际，王雪博士的著作——《汉、法句首空间表达方式的对比研究及其翻译应用》即将付梓。我有幸见证一位青年学者孜孜以求的学术耕耘终结的硕果，由衷为她高兴！

语言学是一门古老且充满活力的学科，源远流长，肇始于古希腊哲人的思想光芒，历经千年发展繁衍出不同流派与分支。今得益于技术工具不断革新，语言学家能够以更多元的视角、更丰富的工具，更深刻地探寻语言学的奥秘。法语语言学是语言学家族的重要一员，索绪尔被视为现代语言学理论的奠基者，梅耶和房德里耶斯等一众学者在这一领域也做出了杰出贡献。步入20世纪，马丁内和本维尼斯特成为结构主义语言学思潮的重要代表。

王雪博士盛情邀请我为本书作序，实感惶恐，担心一孔之见无法呈现其著作的深刻与广博。但我为王雪博士的学术执着与热情深深感动，于是抱着学习的心态应允下来。细读全文，其学术价值与创新精神令我印象深刻。本书的优点有三：其一，身为法语语言学博士，王雪博士不仅深研法国学者的理论，更广纳英、美、日诸国学者的研究成果，展现出跨文化研究的深厚底蕴；其二，运用国内外先进语料库技术对法国作家罗伯-格里耶的三部小说进行系统数据统计，揭示诸多重要语言现象和翻译规律；其三，从认知语言学视角对从词汇至语篇单位进行细致分析，给予鞭辟入里的学理阐释。语篇衔接中的认知问题是目前人工智能理解人类自然语言的实际困难所在，王雪博士在这个领域做了非常有意义的探索和努力。此外，书中对人名与术语的细致标注，尤见王雪博士严谨的学术态度与良好的科研素养，充分彰显一位青年学者的责任感与专业性。

我深信，此书不仅为语言学研究、翻译研究、外语教学研究增添新视角，更为文科背景的研究学者提供量化研究的宝贵参考资料。期待此书能激发更多学术讨论与研究，推动语言学研究不断向前发展；同时，也期待有更多具有创新精神的学者尝试使用语言学方法解析文学文本和翻译译本的相关议题，收获耳目一新的喜悦。

顾世民
2024 年 12 月于梦溪湖畔

前　言

　　1997年，法国语言学家夏罗尔（Michel Charolles）定义了篇章话语范围：一个话语范围就是一个文本单位，包含由话语范围导入词特定的同样语义标准的句子，它索引的不只是所属句，也有潜在可能索引之后的一系列句子。其中，空间话语范围导入词介入陈述话语中的等级是最高的。在话语中，空间认知当属人类最早认知的事件之一，其基础性、广泛性、客观性引起了众多认知语言学家的关注，他们在此领域展开了一系列研究并取得了丰硕的成果。研究者发现，面对同一客观空间表达，不同语言在语言编码表征上呈现出不同特点。因此，近年来空间词汇化语言编码手段上的差异性，及其差异性所产生影响的研究层出不穷。在此类研究中，影响最广泛、最著名的学者当数兰盖克（Ronald Langacker）。关于空间认知研究，我们可以看到范德洛伊斯（Claude Vandeloise）对于法语空间语言的研究，泰尔米（Leonard Talmy）对于不同语言编码路径等信息上的类型学分类研究，以及莱文森（Stephen Levinson）对于空间参照系统的跨语言研究。

　　本书使用的语料为阿兰·罗伯–格里耶的三部小说和由四位译者完成的中文译著，以可以充当空间话语范围导入词的句首空间表达为主要研究对象。本书主要有两个基本目标：一是比较法文原文和中文译文中句首空间表达所在句各个成分，及其与前后句的衔接和连贯的相同和不同之处；

二是总结句首空间表达及其所在句的翻译方法、探寻翻译共性、反思译文成因。鉴于以上两个目标，本书主要分为三个部分，其主要内容简述如下。

第一部分包括绪论和两个章节。绪论部分介绍研究缘起、研究方法、研究对象和主要论题。第1章，主要介绍本书的理论基础，展现笔者进行理论架构的探索过程。笔者首先将本书界定在篇章语言学和翻译研究范围内，就语境、话语范围导入词和翻译方法这些概念本身，以及与其他容易混淆的相关概念之间的细微差异进行了辨析。为了给本书架构一个科学全面的理论基础，笔者对篇章语言学和翻译研究结合的文献也进行了梳理。在此理论依托之上开展研究。第2章介绍本书所借助的计算机软件辅助工具，包括收集语料、语料的转码和降噪、双语平行语料库的对齐、提取所需例句、在篇章范围内的标注以及最后的数据呈现。

第二部分包括两个章节，是本书的重点所在。第3章集中在中法句首空间表达方法的比较研究。首先，考察语料中法语句首空间表达中的法文介词，并对比中文介词解释两者的不同之处；对比限定词部分，法文中的定冠词又有着分离效果、熟悉效果等篇章意义，由于中文不存在对等物，最终呈现的中文名词大多为光杆名词，而主有形容词和指示形容词也有省略掉落和忠实翻译两种趋势；句首地点状语中的指称表达则呈现从代词、方位名词转变为具体命名名词的趋势。其次，针对句首空间表达所在句两种句型中的动词进行对比分析，其中方位倒装句（存在句）与非倒装句（事件句）中的动词特点存在不同点，前者中的动词多为表状态的静态动词，后者除了无人称动词外，还有很多表示动作的动词。两种语言纵向的对比让我们发现，汉语动词属于体标记动词，但法文和中文里的动词并不能简单地做到对应。语言的不同主要体现在编码路径等信息的不同上，因此法文和中文的动词对比集中在动词的语言编码上。最后，对比句首空间表达所在句两种句型中的主语和其他成分（宾语、表语、定语等），我们同样在法语语言内部和跨语言两个维度进行对比。第四章，利用标注工具和统计数据从宏观语篇角度考查句首空间表达所在句与前句的衔接指称链条，通过先前的分析和统计结果，量化分析指称链条的衔接方式和衔接距离。

前　言

最终发现，原文和译文对比，衔接距离的改变较小，但衔接方式主要从不忠实回指转变为忠实回指。第 4 章的第二部分重点关注空间话语范围导入词的"辖域"问题和最终的管辖界限。分析句首空间对后文的索引范围的主要影响因素是什么，讨论介词和名词语义、篇章位置和与空间存在物的关系等因素对辖域范围大小的影响。

本书的第三部分由两个章节构成。第 5 章，主要对法译中的翻译方法做出归纳总结，分为形式对等、位置移动和灵活改变、补偿几种情况，总结归纳空间表达从法语译为汉语的规律。第 6 章，主要研究翻译中产生变化的认知原因。许多语言学家、心理学家和认知科学家认为，在语言与物理或客观世界的关系中，存在着一个人们称之为"认知"的中间层次。认知的本质一直是心理学研究的核心问题，也是许多争议的根源。但空间描写真的是了解人类认知的一个得天独厚的路径吗？第 6 章试图从认知语言学角度提出合理的解释，所依据的理论源于认知语言学，具体包括框架语义学、原型语义学、意象图式、具身认知等。

通过空间话语范围导入词所在句以及前后句对比研究，让我们了解法汉两种语言的介词、限定词、名词、动词等各个成分的对应现象及其翻译方法。本书或许可以更好地了解空间话语范围导入词的语篇概念，并且通过我们总结的空间话语范围导入词的翻译规律性，可以帮助我们总结翻译模型化的普遍规则。同时，也希望本书为中法两国的法语教师提供一些教学方面的灵感。

最后，这本书的顺利出版非常感谢我的导师王秀丽老师在写作过程中提出的意见建议，也感谢北京外国语大学的傅荣教授不厌其烦的给我发来那么多条具体的修改建议。同时也感激顾世民教授为这本书作序。由于作者认知有限，难免有一些不妥之处，欢迎各位读者指正。

王　雪

2024 年 6 月

目 录

第一部分

绪 论 ·· 3

第1章 理论框架和文献综述 ·· 11
1.1 空间与语言研究 ··· 11
1.2 篇章语言学研究 ··· 23
1.3 翻译与翻译学研究 ·· 41
1.4 篇章语言学与翻译学研究的结合 ··· 53

第2章 本书语料库建设与使用软件 ·· 58
2.1 双语语料库 ··· 59
2.2 工具介绍 ·· 60
2.3 标注标准 ·· 72
2.4 标注结果 ·· 73

第二部分

第3章 句首空间表达方式的所在句 ·· 79
3.1 句首空间表达方式 ·· 79
3.2 句首空间表达所在句的动词 ··· 123
3.3 句首空间表达所在句的指称表达和其他成分 ································· 139
3.4 本章小结 ··· 152

第4章　句首空间表达与前后句的对比研究 …………… 155
4.1　句首空间表达与前句的衔接对比 ………………………… 155
4.2　句首空间表达对后句的导入关系对比 …………………… 172
4.3　本章小结 …………………………………………………… 195

第三部分

第5章　空间话语范围导入词翻译方法的总结和规律模式化 …………………………………………… 199
5.1　语序一致 …………………………………………………… 200
5.2　位置移动 …………………………………………………… 208
5.3　调换/灵活改变 …………………………………………… 211
5.4　补偿策略 …………………………………………………… 216
5.5　本章小结 …………………………………………………… 218

第6章　空间话语范围导入词翻译方法的认知原因探究 …… 221
6.1　语义网络 …………………………………………………… 222
6.2　空间语言的意象图式 ……………………………………… 233
6.3　具身认知 …………………………………………………… 243
6.4　本章小结 …………………………………………………… 256

结　语 …………………………………………………………… 259
7.1　总结与归纳 ………………………………………………… 259
7.2　贡献与不足 ………………………………………………… 261
7.3　讨论与展望 ………………………………………………… 264

参考文献 ………………………………………………………… 267

附　录 …………………………………………………………… 298

第一部分

绪 论

1. 人类对时空的探索

人类对时空结构的探求经历了漫长的历史进程。时空问题一直是古希腊物理学和哲学的重要研究范畴之一。从物理学到哲学中的时空塑型，每一个阶段，人们对时间和空间的解释都具有不同的特点。

在亚里士多德（Aristotle）之前的古希腊自然哲学家主要围绕虚空是否存在这一问题展开争论。柏拉图（Plato）在《蒂迈欧篇》（*Timaeus*）[①]中把空间描述为容器，原子论者（atomists）则认为原子在真空中运动。而亚里士多德的朴素空间观开始对运动及其原因进行探索，把时间、空间和运动紧密结合了起来，在批判前人的基础上重新定义了虚空概念。伽利略（Galileo）认为，时空不过是物质运动的背景和参照系。严格意义上的物理学时空问题从牛顿经典物理学开始。牛顿经典物理学认为，时间和空间各自分立，具有绝对的地位。时间提供了物体运动的参数，空间提供了物体运动的位形。整个牛顿力学就是建立在绝对时间和绝对空间概念的基础之上。莱布尼兹（Leibniz）对牛顿的绝对时空提出了反驳，他认为离开了物质就无所谓时间和空间。康德（Kant）受到牛顿和莱布尼兹的双重影响，

---

① 《蒂迈欧篇》（*Timaeus*）是古希腊哲学家柏拉图的一部作品，大概写于公元前360年，以苏格拉底、赫莫克拉提斯、克里提亚斯等哲学家的对话形式，试图去阐明宇宙万物的真理。其中提出了巨匠造物主这一概念。在拉斐尔的《雅典学院》中，柏拉图就是拿的这本书。

通过协同性原理否定了牛顿论证的前提，即绝对运动的存在，从而否定了牛顿的绝对时空。无论是作为一种存在，还是作为一种意识，时间和空间都是不可分割的统一体。爱因斯坦（Einstein）认为时空不可分割，闵可夫斯基（Minkowski）提出"时空连续统"的定义。在哲学历史上，时空观也至关重要。比如，现象学大师梅洛-庞蒂（Merleau-Ponty）认为时间和空间的存在不能脱离身体的存在，所谓的客观空间建立在身体的空间之上，因此，可以说没有我们的身体，也就没有时空的存在。

　　时空观在语言学研究中起到至关重要的作用。在本维尼斯特（Benviniste）看来，时空标示词构成围绕"主体"的空间时间关系，比如 ceci（这个）、ici（这里）、maintenant（此时）。时空表达也起到承上启下的作用，新的段落开启开头往往伴随着新的时空副词。切夫（Chafe, 1976）提出，话题确定了时间、空间或是一个单独的框架，主要述谓结构需要在这些限定的框架中成立。桑福德和伽罗德（Sanford and Garrod, 1981）的"场景理论/脚本理论"（Scenario Theory）也认为"医院"作为脚本可以激活诸如"医生""护士"等内容。菲尔莫（Fillmore, 1982）的"语义框架"定义，认为属于同一个语义框架的元素，引入一个，其余元素自动获取。兰布雷希特（Lambrecht, 1994）的"话语世界"（universe of discourse）将其分为话语内部和外部世界：内部世界是在交流过程中对话者的思维中创造的语言表征的抽象世界，包括语言表达（词语、词组、句子）和它们的意思；外部世界则是指话语外部世界，包括话语参与者和话语环境（setting）。廖秋忠（1983）的《现代汉语篇章中空间和时间的参考点》提到框与棂的关系。认知语言学中提出的图形—背景理论，讨论空间的前景和背景主次凸显关系。由这些语言学理论可见，语言中的时空模仿现实中的时空，这些时空有着语言学特质，可以起到参照点、语义框架等作用。

　　2. 语料说明：法国新小说中的空间描写

　　鉴于我们将采用语料库方法进行研究，因此下面对涉及的作者、作品特点、出版社、译者信息做简要介绍。在语料的选取上，由于我们以句首

绪 论

空间表达方式为研究对象，因此需要语料中有大量的空间描写。可以了解到，继语言学转向之后，20世纪文学的空间转向出现了一系列忽略时间而重空间描写的新小说。传统小说的空间描写作为后景/背景出现，而新小说几乎通篇都在通过隐匿的观察者视角进行空间场景描写。新小说的描写都追随着讲述者的目光，时而真实，时而虚幻，小说的时间一般都处于此时当下。新小说通过相隔十几页的不断重复，以及述位与述位的衔接来进行连贯，这种连贯方式不同于传统小说。这种语言特点恰好符合我们的研究需要：若源语存在风格化极强的非传统的连贯衔接模式，译者如何运用目的语汉语尽可能地表达同样的信息。

平行语料的源语为法国新小说作家阿兰·罗伯-格里耶（Alain Robbe-Grillet, 1957）的作品《嫉妒》（*La Jalousie*）、《在迷宫里》（*Dans le labyrinthe*, 1959，以下简称《迷宫》）、《一座幽灵城市的拓扑学结构》（*Topologie d'une cité fantôme*, 1976，以下简称《拓扑》）。三部小说都是由午夜出版社（Éditions de Minuit）出版的。三部小说都有大量的空间描写，可以说文字是由空间编织而成的，所有实体都以极高的精度位于空间中，这给人以空间在不同结构层次上展开的感觉。作者介绍了引用对象和位置的引用名称，如整体的特定组成部分、关系名称（指定空间的一部分）、度量名称（可以表达距离在两个实体之间），以及地点空间名词，指定区域的位置、方向、大小或形状的特征，相互排列的特征。行文中，尽管时间性被打破、主题突然转变，但仍然可以保持语篇连贯性。因为篇章通过主题和空间的衔接，在时空的连续性和参照性的不连续性之间前进。

三部小说的故事梗概如下。

《嫉妒》：空间在这部小说里占据一个非常重要的位置，所有场景都发生在一个住宅（包括房子、露台和花园）中，这是一个封闭的范围。在这里嫉妒的丈夫（隐形且不知名的叙述者）窥视他的妻子A和他假定的情人弗兰克。随着故事的深入，一系列由嫉妒引发而真实看到的或者回忆的场景，以一种让人心神不宁的方式出现了。读者可以以上帝视角全景重建住宅内部观察者的所处位置和移动情况。

《迷宫》：这部小说可以看作是关于三个物品的故事。物品1：一个大理石镶面的衣柜。物品2：衣柜上面放着一个褐色的纸盒。物品3：纸盒正上方的墙壁上挂着一幅带油漆画框的黑白木刻画，名为"莱曾费尔兹的失败"。这三个物品之间在叙述者"我"那里产生联系：士兵带着纸盒等待、寻找某位战友。一般在传统叙事中，叙述者身处一个时空，由他所叙述的故事展开另一个时空，两个时空之间泾渭分明；而这部小说让两个时空怪异地连接在了一起。

　　《拓扑》：开篇就描绘了一座监禁女子的幽灵城市。作者详细描写了一扇窗外的情景或一幅画，遵循了空间—平面—空间的拓扑关系，叙述不停地从一个空间中的平面跃入另一个空间。如果说传统小说离不开故事情节，那么其事件发生必然囿于时间的线性关系下，而阿兰·罗伯-格里耶用详尽的笔触写物不是为了物本身，而是为了创造空间以脱离时间的禁锢。

　　三部小说的中文译本，《嫉妒》是1987年由漓江出版社出版，由李清安、沈志明翻译，2007年由译林出版社再版；《迷宫》和《拓扑》由湖南文艺出版社于2011年出版，《迷宫》的译者为孙良方、夏家珍，《拓扑》的译者为郑永慧。选择不同的中文译者是为了避免译者主观风格对翻译造成影响，也为了使我们的样本足够多，方便分析。《迷宫》《拓扑》的法文版小说采用的是电子出版物（epub）的版本，因此没有固定页码。

　　3. 研究对象：对比研究还是翻译研究？

　　本书名为"汉、法句首空间表达方式的对比研究及其翻译应用"，研究对象从宏观角度包含两大内容，即语言对比研究和翻译研究。笔者所在团队采用的研究方法一般是利用平行语料库（一方为另一方的翻译语言）进行对比研究，那么我们所做的工作更倾向于对比研究还是翻译研究？

　　语言的共性和特性是本书研究的主题。本书采用——对应的源语和译文所构成的平行语料作为研究对象，首先需要定性所做的是对比语言学研究还是翻译研究。比较语言学研究由来已久，许余龙的《对比语言学》（2002a）专门对此进行研究，他认为：比较是人类研究事物、认识事物的一种基本方法，也是语言学研究的一种基本方法。他将对比内容分为四个象限，即历时和共时，同种语言和不同语言之间的比较。象限 IV 代表了不同语言之间的共时比较。这类比较是在不同语言之间进行静态的（主要是现时状态的）比较，以便找出不同语言之间在形式结构等方面的异同。许余龙（2004）采用的语料为原创语言创作的民间故事，即可比语料，并不是一一对应的，因此可以认为其做的是对比研究。

由于我们使用语料的特殊性，难免在研究对象界定上有一定的模糊之处。《基于语料库的语言对比和翻译研究》（格朗热，莱罗，佩奇 – 泰森，2003）一书介绍了涉及语料库应用于对比语言学和翻译研究的理论和方法、实际案例以及实用工具。虽然对比语言学和翻译研究有部分共同点，但随着语料库的出现，它们才开始呈现合流之势。因为对比语言学和翻译研究都使用相似或相同的多语语料库从事研究，所以作者区分了平行语料库和类比语料库。可以说，对比语言学的研究象限中，不同语言之间的共时对比这一部分与翻译研究有重合之处。但对比语言学研究的对象只有一种语言的原创文本和翻译文本，或者用母语撰写的文本和学习者文本。这都是单纯的同种语言对比语料库。

本书的目的是通过分析中法语言的不同特点，总结句首空间表达方式及其所在句乃至前后句，从法语到汉语翻译方法的规律性和背后的认知成因。本书将从句首空间表达方式出发，从微观的词汇单位到宏观的篇章单位，对比其构成成分：第一，对介词、限定词和名词等成分进行对比；第二，对句首空间表达方式所在句中的谓语动词，以及名词组合等其他成分进行对比；第三，在篇章层面上进行与前句衔接和对后句导入的对比。当一种语言材料替代另一种语言材料以传递信息时，不同材料的篇章结构有哪些变化，研究对象所在句与前句的衔接以及对后句的导入有何相同和不同之处。

本书所举的例子大多是文献中摘录的原有例句，这种情况会表明出处；也有笔者根据语料中的例子简化而成的情况，属于自编例句，因此没有出处。

举例说明：

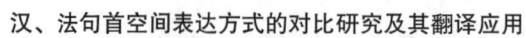

（1）Dans la salle à manger brille deux lampes.

（1'）餐厅里点了两盏灯。

这句话我们将首先对比句首空间表达方式 dans la salle à manger 中的三个成分（介词 dans、限定词 la 和名词 salle à manger）对应的情况。中文的一般为"介词+方位词"形式；名词前没有限定词，但名词本身的翻译一般是忠实的。但我们会发现还有一些内容在翻译过程中产生了变化，如将非具体的"ses trois autres côtés"译为"房舍的另外三面"。其次，我们将继续从时、态、体角度，以及动词是否包含路径（path）、方式（manner）等附加信息的跨语言对比角度来对比动词，如此句中的"brille"和"点了"。最后是句末的名词主语的对比，内容集中在名词组合的构成结构是简单还是复杂形式，词汇语义以哪种类型为主等。结束了句子内部对比，我们将对比在两种语言材料中，此句与前句的衔接方式和衔接距离，此句对后句的导入范围分别有何不同。

当句首空间表达方式中的名词发生改变时，会影响到该句与前句的衔接，举例说明：

（2）C'est une enveloppe de lettre.
Au dos se trouve le nom et l'adresse de la jeune fille.

（2'）这是一个信封。
信封的背面是那位年轻姑娘的姓名、地址。

例句（2）中"dos"直译为"后背"，联系上文可以发现这个"dos"的先行词"enveloppe de lettre"，因此译文是通过译者的推理，理解了"后背"是"信封的"。动词"se trouve"译为"是"，为什么不翻译为"有"或其他动词呢？

句首空间副词的位置移动也会影响对后文的导入情况，再次举例：

（3）<u>Sur la terre nue, devant le pignon ouest</u>, se projette l'ombre de la maison, l'ombre du toit, l'ombre de la terrasse.

（3'）房子的影子倾斜地投射在<u>西面山墙脚下的土地上</u>，还有屋顶的影子与露台的影子。

例句（3）中原句中有两个位于句首的空间副词，在翻译过程中移到了句子中间。在语言研究中，我们认为位于句首的成分是有一定导入功能的，也就是说"Sur la terre nue, devant le pignon ouest"（空地上，西面山墙前）这个地点之内，读者必定会自动理解一系列与这里地点相关的论元角色，即房子的各个部分的影子。一旦翻译过程中发生了位置移动，原本的句首空间副词移到了句中或者句尾，就会造成其与前句的衔接方式和对后文的导入发生变化。

根据以上各个语素之间的对比结果，可以总结句首空间表达方式所在句的翻译方法。我们没有完全套用维纳（Vinay）和达尔贝勒纳（Darbelnet）所提出的七种翻译方法，而是参考前人对于翻译方法的研究，根据语料的实际情况总结本书所涉及的翻译方法。而且，无论何种翻译方法实际上都伴随着遗憾和损失，译者是否有在意这些不可译的内容造成的损失，并真的对这些损失进行翻译补偿，这也是本书尝试回答的问题。

索绪尔（Saussure，1999）曾十分精妙地把语言比作国际象棋：

"国际象棋是由波斯传到欧洲，这是外部事实；反之，一切与系统和规则有关的都是内部的。例如，我把木头的棋子换成象牙的棋子，这种改变对于系统是无关紧要的；但是假如我减少或增加了棋子数目，那么，这种改变就会深深影响到'棋法'。"

这并不是说外部因素的改变无法影响到内部因素。无论是"木头的棋子换成象牙"还是"棋子的数目的增减"都是外部因素造成的，这些外部因素可以影响到"棋法"，也可能影响不到"棋法"。但是，内部研究却只关注于棋法的变化，对于为什么会变化，则属于外部研究的范围，或者说，一切在任何程度上改变了系统的，都是内部的。

这种比喻似乎认为不同语言之间实际上是不对等的。法国语言学家马丁内（Martinet，1960）认为："每一种语言都按自己特有的形式来组织和它相对应的经验材料。"他所注意到的 traverser la rivière à la nage 和 swim across the river（Mounin，1963）是动词之间的不对等。他因此认为一种语言和另一种语言的词汇意义和功能分配情况是各不相同的。如果从语言学角度看翻译，不仅有这些句法成分的变化，还会有语篇层面的变化。不同于索绪尔将语言比作棋子，我们尝试着将篇章（texte）比作纺织或者编织，不同语言材料导致编织的纹理（texture）必然不同。

4. 论题

本书中所采用的语料为物理空间描写与文学作品结合形式的作品，所采取的方式并非文学式的研究方法，而是语言学式的。我们以篇章语言学中的话语范围导入词为中心，研究的主要论题如下。

（1）语料中句首空间表达方式所在句各个部分，从法语译为中文的过程中发生了哪些变化？

（2）语料中句首空间所在句与前句的衔接和对后句的导入，在源语文本与翻译目标语文本的差别是什么？翻译过程中造成的原文与译文的篇章纹理差异有哪些？

（3）在语篇层面上的翻译方法有哪些？造成源语文本和译文文本之间显著性差异的原因有哪些？

以上这些就是我们试图去分析和回答的问题。在论题确定的基础之上，分析之前，要厘清本书所需的理论背景。我们尝试从别人的研究中获取灵感，第1章将从研究对象中的空间和语言研究、篇章语言学研究、翻译与翻译学研究、篇章语言学与翻译学研究的结合四个方面进行前期文献综述。

第 1 章　理论框架和文献综述

1.1　空间与语言研究

20 世纪 70 年代，认知语言学派的兰盖克（Langacker）提出了"空间语法"（space grammar）理论。为什么"认知语法"最初被称为"空间语法"，因为兰盖克在其代表作《认知语法基础》（*Foundations of Cognitive Grammar*）的前言中解释：

一种叫作"空间语法"的理论显然不能被认真对待，但一种叫作"认知语法"的理论具有潜在的重大智力意义。为了不排除该模型的可能意义，我在这项工作中选择了后一个术语。[①]

[①] 原文：I initially called this framework space grammar. Why is not important—— in fact, there are so many good reasons to so label it that an official explanation would only impoverish the expression's value. But despite its obvious appropriateness, a number of people have reacted negatively to the apparent frivolity of the term, perhaps with some reason. A theory called space grammar can obviously not be taken seriously, but one called cognitive grammar is potentially of great intellectual significance. So as not to foreclose the possible significance of the model, I have opted for the latter term in this work. 此处为笔者自译。

文旭和匡芳涛（2004）解释：语言的空间系统是认知语言学研究的主要对象，这是因为"空间"位于概念化（conceptualization）的中心，而心理概念（mental concept）是认知语言学的基本语义单位，因而"空间"也就位于认知语言学的中心。

许多被描述为空间主义（localisme）的研究清楚地表明了语言空间的无所不在，提出空间表达方式在语法和词汇上比各种非空间表达方式更基本。对于空间主义者来说，空间表达方式在语言上更基础，因为它们可以作为其他表达的概念结构模型。正如一些心理学家合理地提出的那样，其原因是空间组织是人类知识的基础（Lyons，1980）[388]。有鉴于此，空间主义者认为，在语言中，空间指示是许多语言表达的起源。空间主义者认为，空间的重要性如此之大，以至于我们无法在不经历空间隐喻的情况下概念化其他领域，比如时间和空间共有的介词和方位词等，都是先有空间义，后有时间义的。热奈特（Genette，1996）[107]在《辞格Ⅰ》（*Figure* Ⅰ）中也肯定了语言中总是有空间的：

"我们所有的语言都与空间交织在一起。"①

无论是哪种研究取向，语言的空间认知还是语言空间的认知研究，都说明语言中空间表达方式的研究是非常重要的。

方经民（2002）认为语言空间认知研究有两种取向：一种称为语言空间的认知研究，代表人物有泰尔米（2000a，2000b）；另一种称为语言的空间认知研究，以兰盖克（1987，1991）为代表人物。两种取向从中文名称上来看只是"的"的位置不同，但后者是把人类的空间认知能力看作人类基本的认知能力之一，据此解释人类的语言能力，研究人类语言结构。

---

① 原文：Tout notre langage est tissé d'espace. 此处为笔者自译。

所以，后者属于是一种"空间/处所主义"（localiste）①观点。而前者是从研究空间表达方式入手，进而说明它在整个语言认知系统中的地位。鉴于我们所研究的对象是实际的物理空间在语言中的映现，而不是语言中空间概念隐喻的发展，所以我们以后者的研究为主要理论背景。

1.1.1　国外语言空间表达研究

语言空间是人们运用某种特定语言的结构形式表达出来的认知空间。语言空间包括空间区域（spatial region）和空间关系（spatial relation）两个部分。

空间区域是指实体在空间世界里所占据地方或与之相关的方位辖域，空间关系是指射体和地标之间随着时间推移而形成的存在（静态的、动态的）或位移关系。在通常情况下，作为空间关系的地标必定是一个空间区域范畴。空间区域和空间关系是通过语言形式表达出来的空间认知结果。在拓扑学里，区域（région）的概念既指三维的体、二维的面，也包括一维的线和零维的点。但同一个物体在空间表达中可以同时有这三种可能，比如"在箱子里""在箱子上"和"在箱子旁边"分别表示"箱子"这个物体的体、面、点三个特征。

关于空间关系理论，可以看到泰尔米（1983）和兰盖克（1986，1987）等人都有很多相关研究成果。在描述空间实体之间的不对称关系时，泰尔米（1983）借用了格式塔理论中的图形（figure）和背景（ground）这两个词；兰盖克（1986）提出了"射体"（trajector）、"地标"（landmark），分享了定位事件的概念化作为知觉策略的隐喻背景，以便于感知前景中的

---

① 地方主义有几种形式。在一般情况下，地方主义（来自拉丁语 locus, place）是一种学说，它包括赋予地方特权而不设定界线，它是促进参与性民主、社会凝聚力和地方经济的一种手段。我们在这里不是在谈论这种形式的地方主义。本书所说的是一种语言的地方主义，最初是由语言学家莱昂斯（Lyons）于 1977 年定义的。

对象，即图形—定位事件的组织结构。射体是要定位的实体，地标是与之相关的实体①。这也是拉考夫（Lakoff，1987）和伊万斯、格林（Evans and Green，2006）提出的意象图示结构。意象图示结构指在大多数情况下，人类对空间的经验以及由此所形成的概念，一般是借助意象图示构建起来的心理表征。一般有如下几种情况：容器、出发地—路径—目标、部分—整体、中心—边缘、上—下、前—后等类型。

接下来我们将针对本书的具体研究对象，选择与本书高度相关的三位语言学家对于空间与语言关系的研究进行介绍，他们分别是对跨语言动词编码有着代表性研究的泰尔米、对法语空间词汇有着深入研究的范德洛伊斯（Vandeloise）、不同语言中空间参照系研究的代表人物莱文森（Levinson）。

1.1.1.1 泰尔米的语言类型学研究

跨语言分析提出了关于语言与认知之间关系的核心问题，这个问题并不是空间特有的。语言的不同之处在于它们如何编码路径和方式，在这方面的先驱著作中，泰尔米（1985，1991，2000）提出②，主要有两种类型的语言："动词框架语言"（V-languages）和"卫星框架语言"（S-languages）。在动词框架语言中，路径主要是用动词来表示的。编码运动事件的核心特征，即它的路径。如罗曼语或闪米特语通常通过对主要动词（如法语 entrer、sortir、monter、traverser）进行词汇化来传达路径信息。相比之下，在卫星框架语言（如日耳曼语和斯拉夫语）中，路径是由动词的附属位置

---

① 这些术语除了可以用来谈论物理对象，也可以谈论人的感觉（如痛苦）、情感（如恋爱）、感觉（如对世界的希望）、情况（如他亲吻了谷仓后面的玛丽），以及各种内容的抽象关系（如时间关系、占有、比较、原因等）。然而，这一理论仍有许多特例，因为空间定位的过程中涉及物体的运动轨迹、凸显性等问题。

② 泰尔米把位移性运动和持续性静止都视作运动事件，其内部语义成分包括焦点（Figure）、背景（Ground）、运动（Motion）和路径（Path）。

(动词词缀、动词粒子)表示，如与主要动词相关的助词、前缀或介词（如英语 to run、to walk、to fly）。使用卫星框架语言对路径进行编码，允许卫星框架语言中子句的主要动词可用于编码运动事件的其他维度。斯洛宾（2004）认为汉语等连动语言中的路径成分和方式成分都是动词，难分主次，于是将现代汉语归入均等框架语言（Equipollent-framed language，简称 E-语言）。在将各种语言划分到哪一种类型的研究上，各位学者有很多争论。相对于英语的卫星框架语言来说，法语一般被认为是动词框架语言，对于汉语是存在一些争议的。

我们讨论的两种语言分属于印欧语系罗曼语族和汉藏语系汉语族，按照形态学分类法分属于屈折语和孤立语。目前，除了一些博士论文采用语料库方式研究汉法动词和介词对于方位信息的编码之外，范静（2016）在《法国研究》中，分别进行了口语和书面语汉法运动事件对比的类型学的实证研究。结果显示，无论是口语还是书面语，在运动动词使用和背景成分描述这两方面，汉语具备明显的卫星框架语类型特征，而法语则具备明显的动词框架语特征。中翻法的译者大量采用了删减原文路径信息和方式信息，而法翻中的译者则倾向于增补路径信息和方式信息。

泰尔米（2000a）提出语言中的空间表示对空间场景进行编码。空间场景根据三个参数进行配置，具体如下。

（1）图形背景分离。

（2）图形相对于背景的相对接近程度。

（3）图形相对于背景的位置。这是通过使用特定的参考框架来实现的。

语言变异在空间场景方面受到限制的第二种方式是，语言必须对图形相对于（通常是不可移动的）地面的相对接近度进行编码。在示意图的层面上，有三种与接近有关的可能性："接触"（contact）、"邻接"（adjacency）或"在一定距离"（at some distance）。下面给出了说明这些区别的语言编码的英语示例。描绘空间场景的第三个参数，在世界语言中很明显，是空间参照系。参照系就是在语言中使用参考对象来定位图形的手段。

《认知语义学（卷Ⅰ）：概念构建系统》的第三章"语言如何构建空

间"①，阐述了图式化（schematization）在空间语言描述中所扮演的基本角色。其中对于背景和图示关系，不同介词将背景图式化为不同的拓扑结构，比如英语当中的介词 near 把背景图式化为一个点；between 把背景图式化为两个点；among 是一组多于两个点；amidst 复合体即一组数量众多的点，相对于它们的大小而言，在空间上挨得很近，接近于或被概念化为一个连续的整体；through 在表达运动的用法中把背景描绘成一个从复合体发展为连续体的过程，这个背景可以统称为媒介（medium）形式；across 把背景图式化成一个有界平面，through 把背景处理为一个线性封闭体；into 把背景处理为一个能够弯曲的平面以界定成一个单一容积。英语之外的其他语言（如我们所研究的法语和汉语），则使用另外不同的几何差异标记背景。对我们而言，这些差异体现了语言的特点，这些语言中表示空间中背景名词邻近的介词甚至是后置词。

在某些情况下，说话者不能选择他偏好的重点或视角点，因为他所在的语言文化可能已经在不同的可能性中做出了"预选择"（preselection）。比如说车辆，说话者都可以认为，乘客是在作为一个整体的车辆里，即"封闭体"（enclosure）图式；或者也可以认为在车内的某一平面上（地板或座椅上），从而唤起"平台"（platform）图式。英语中的典型用法是 in a car（在轿车里），而公共汽车被图式化为一个"平台"，乘客则是"on the bus"（在汽车上）。"学校"在英法语言里都被认作一个平面："sur le campus/on campus"，而汉语中则被图式化为一个封闭体："学校里"。

1.1.1.2 范德洛伊斯对于法语空间词汇的研究

兰盖克代表作《认知语法基础》前言中，也提到了他的学生和一些其他的认知语言学经典著作，其中法国学者范德洛伊斯对于法语空间词汇的研究为语义领域发展做出了非常重要的贡献。作为兰盖克的学生，范德

---

① 我国北京航空航天大学的李福印等，翻译了泰尔米的代表作《认知语义学（卷Ⅰ）：概念构建系统》（*Toward a Cognitive Semantics（Volume I）Concept Structuring Systems*）。

洛伊斯也曾翻译介绍过兰盖克的法语。范德洛伊斯的研究初期（1980—1994 年），主要集中在空间关系上。他阐述了空间介词研究的方法论框架，并揭示了功能特征在其语义内容中的作用。在 1995—2007 年，他的兴趣转向了空间描述背后的本体论属性和类别的引出，促使他对亚里士多德物理学中引入的概念进行了彻底的分析，同时将它们与空间标记语义中涉及的概念进行了比较。比如他在 2006 年，区分了动词中动态（dynamic）、静态（static）和动能（kinetic）的关系，利用运动和力量来提出在我们的空间体验中遇到空间行为和情况的类型学。其实，范德洛伊斯前后所作研究的这两个方面根本没有分离，并且一直存在几个重要问题，比如语言多样性和相对性或空间术语的习得。王秀丽曾在自己的专著和《当代语言学研究动态》（2000）中，评介过他的专著《法语表达空间的方式》。下面我们将针对范德洛伊斯的研究做一些简单的介绍。

首先是法语空间词汇研究，以空间介词为例，根据原型（prototype）理论，即一个范畴的典型成员，莱文森和梅拉（Levinson and Meira, 2003）受柏林和凯（Berlin and Kay, 1969）提出的基本颜色术语创造的隐含尺度启发，对世界语言中空间术语形成的层次做了研究，这种层次结构涉及内部的词汇形成过程。

范德洛伊斯则进一步对比了法语和英语中的基本介词（at、on、in 和 à、sur、dans）。简单来说，就是说如果颜色有典型的三原色，那么在人类的语言使用过程中，空间介词也有最典型的原型介词。然而，在文献搜索过程中并未发现有学者对汉语中最基本的几个空间介词做系统的研究。法语的 à、dans、sur 和英语中 at、in、on 经常被认为是平行关联的，这是最常见且最常用的空间介词，特别是 on 和 in，是儿童习得的第一个介词。这些介词的几何分析（Clark, 1973）认为 à 和 at 是零维的介词，sur 和 on 是一维或二维介词，dans 和 in 是三维介词。然而，这些介词并不是完全对等的。其中，英语和法语都用在地区前使用介词 in 和 dans，比如森林或地区。但是英语中 in 后可以加国家，法语使用 à、en 作为国家地区前的介词，这就是说法语将国家和城市处理为地标，英语则将国家城市认为是

汉、法句首空间表达方式的对比研究及其翻译应用
——以阿兰·罗伯-格里耶小说平行语料为例

类似于实体的容器。范德洛伊斯提出了法语介词的"提前原则"（principe d'anticipation），描述当前静态目标位置的介词同样也描述了一个移动目标的潜在可能位置。法语用同一个空间介词在移动之初就表达目标的当前和潜在位置，比如 à；英语则使用 to 导入未来位置。比较法语和英语的介词系统提出两个问题：为什么，对比法语来说，英语有着 to、onto 和 into 三个明确的介词来表示目标的潜在可能位置？为什么 to 可以附加在 on 和 in 上，但是 underto 和 aboveto 却不行呢？

对于第一个问题可以在两种语言的动词系统对比中找到答案。众所周知，英语是一个卫星框架（satellite-framed）语言，而法语是动词框架（verb-framed）语言（Talmy，2000）。这就意味着，英语中，动词可以表达移动方式，而路径则被作为附加词（particles），比如使用 up、off 等表示路径。相反，法语位移动词表达了移动的路径，移动方式并不是被有规律地说明的。

其次是空间关系的研究，范德洛伊斯对法语中的"前""后"，四种主要的空间关系在《亚里士多德和空间词汇》（*Aristote et le lexique de l'espace*，2001）这本书中也做以介绍：共现（la coïncidence）、划界（la délimitation）、包含（l'inclusion）和包围（l'enveloppement）。范德洛伊斯因其理科背景，从字面上理解包含的拓扑定义：

如果说 A 中的所有元素都是 B 的元素，那么集合 A 被包含到集合 B 中。[①]

如果这样理解的话，那么珠宝（内容，contenu）和箱子（容器，contenant）就不能算作包含的关系了，因为显然珠宝和箱子的构成物是不同的。这个问题可以通过不直接考虑对象的关系，而是考虑物体所占据的空间扩展来解决。在这个层面上，珠宝确实在拓扑学上包含在箱子的扩展

---

① 原文：Un ensemble A est inclus dans un ensemble B si tous les éléments de A sont des éléments de B. 此处为作者自译。

空间内。但这个问题更困难之处在于开放的容器，比如玻璃的内部只能通过其封闭性证明。范德洛伊斯提到了"包裹"（enveloppe）与"包含"（inclusion）是不同的，葡萄酒在容器里属于包裹关系，两个空间实体的关系是上下义的。

1.1.1.3 莱文森的空间参照系研究

用于定位实体的空间参照框架研究中最为著名的是荷兰学者莱文森的研究，对于语言与空间、语言与思维关系的思考是颠覆性的，先后发表了一系列有关空间认知的文章著作[①]。莱文森的空间参照框架包括：内在参照框架、相对参照框架和绝对参照系/框架三种。

（1）内在参考框架（an intrinsic frame of reference）：其中坐标由地面物体的固有特征决定（如他在房子前面：房子有一个定义其正面的内在方向）。

（2）相对或以人类为中心的参照框架（a relative or anthropocentric frame of reference）：其中坐标系基于外部观察者或观点（如他在房子的左边：房子的左边是相对于说话者的位置定义的）。

（3）使用基点等固定轴承的绝对参考框架（an absolute frame of reference）。观点是说话者时（如他在房子的北边）。

从20世纪90年代开始，心理学方向，莱文森（2004）发展了空间参照系的概念，这是关于在空间中的方向问题。从这个角度来说，以图1-1为例，物体的空间定位（相对于另一个物体来说），在法语中可以用以下

---

① 2003年出版的《语言和认知空间：认知多样性探索》（*Space: In Language and Cognition: Explorations in Cognitive Diversity*）是莱文森对语言和空间关系研究的重要成果。2008年，世界图书出版公司、剑桥大学出版社出版了《语言与认知空间》的中文导读版。2006年，莱文森和威尔金斯（Wilkins）共同编辑出版了《空间语法：认知多样性探索》（*Grammar of Space: Explorations in Cognitive Diversity*）一书，从类型学角度出发探讨了空间概念与语言的关系、空间概念与文化的关系，是一部跨文化空间研究的著作。

三句进行描述。

图 1-1 空间参照系 Le cadre de référence（Levinson, 2004）

（1）Le ballon est à gauche de l'arbre（球在树的左边）。
（2）Le ballon est devant l'arbre（球在树的前面）。
（3）Le ballon est à l'ouest de l'arbre（球在树的西边）。

对于第一种描述，我们使用了看着这个画面的人的视角，并且利用了这个人的左右方向，这种参照系可以认为是以自我为中心。第二种描写了两个物体之间的关系，可以认为这个参照系是以物体为中心的。第三种描述方法则将视野投射到了画面外部，以环境的固定定位来锚定位置。与以自我为中心相反，最后这种描述方式不依靠看画面的人的位置来定位，可以认为这种参照系是以环境为中心的。如果说第一和第二种描述方式为欧洲人所熟悉，第三种则并不经常在西方文化中被使用，尤其是在一个有限的空间中，如工作台、身体。三种空间描述方式被不同文化和语言群体使用，虽然空间画面相同，但是描述方式不尽相同。

研究物体邻接（包括共现、包含、支撑）关系（Levinson, 2006）[164]，莱文森和维尔金斯（2006）将拓扑关系分为如靠近、接触、内含等类别。实际上，前人对于不同语言中空间表达和空间关系的研究，为我们提供了非常坚实的理论基础。拓扑学本质而言是研究"局部"与"整体"的空间关系，或"包含在内物"与"环绕在外物"的空间关系（Lewin, 1936）[87]；上述拓扑关系分类虽不完全一致，但空间关系的分析基本相同。弗劳利（Frawley，2013）在《语言语义学》（*linguistic semantics*）提到的八种空间关系中，其中三个位置是拓扑的，它们在理想立方体重合性（coincidence）、内部性（interiority）和外部性（exteriority）的任何变化下都是恒定的。其余五种，低于（inferiority）、高于（superiority）、前（anteriority）、后（posteriority），偏侧（laterality）是投射性的，它们需要一个视点，因此在变化中不是恒定的。我们遵循拓扑和投影位置之间的这种区别，因为我们讨论与每个可能的空间位置中每一个相关的语义和语法事实。

1.1.2 汉语界语言空间表达研究

我国谈论语言空间的研究很早就存在了，吕叔湘（2002）在20世纪40年代写的《中国文法要略》中，就使用"方所"这一术语谈论空间。最初的空间研究主要集中在语法和语义功能上，随着国外语言学知识的引入，逐渐有了从认知语法的角度讨论中文中空间表达的研究，而后还有一些学者进行了跨语言研究的空间表达的语言类型学研究。下面简单举例说明。

1.1.2.1 *语法和语义角度*

从前对空间的研究主要集中在探讨空间表达的语法功能和语义特点上。如戴浩一（1981）的《现代汉语处所状语的两种功能》认为，处所词在动词前表示动作/事态的处所，置于动词后则表示参与者的处所。

在汉语语法研究里首先引进参照点的概念研究方位词的是廖秋忠（1983）。引进参照点的概念研究方位词在方法论上是一大突破，这意味着方位词进入动态的语用、认知、功能研究的平面。廖秋忠（1983）《现代汉语篇章中空间和时间的参考点》探讨了汉语篇章中空间和时间的定位问题。空间的定位公式为（在+）名（+的）+空间方位词（+距离）。式中，"在"可以替换为"从、到、向"等词，名词为已知的人、物、处所等。

齐沪扬（1998）在《现代汉语的空间系统》中大致勾勒了现代汉语空

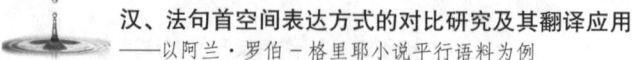

间系统的概貌，建立现代汉语空间位置系统，并把空间位置放到句法分析和语用分析的系统中考察。文中详细讨论了现代汉语空间系统，将其分为方向系统、形状系统和位置系统三大子系统。

1.1.2.2 认知语法角度

引进参照点的概念研究方位问题的重要论文有偏重认知语法研究的刘宁生（1994，1995），他介绍了汉语方位词的语法特点，认为参照物先于目的物制约了汉语偏正结构的语序，汉语的偏正结构必须是修饰语＋中心语。运用认知语法的理论方法研究汉语方位问题的还有崔希亮（2000，2001）。崔希亮（2002）的《空间关系的类型学研究》对比了多种语言表达空间关系的句法特征。

方经民（1987，1999）采用分组实验研究汉语空间方位参照的认知结构，方位表达同叙述者、观察点、位置参照点有关系，他对于空间方位参照的研究比莱文森还要更早一些。方经民（2002）根据认知功能把现代汉语的空间区域范畴分为地点域和方位域两类，进而分析这两类空间按区域范畴的不同特点，探讨方位成分的空间化作用。

1.1.2.3 语言类型学角度

刘丹青（2002）则从类型学角度探讨了汉语的"介词＋名词＋方位词"结构，认为这是一种"双层介词短语"，"在……上"类的形式被称为"框式介词"。储泽祥（2004）则进一步揭示汉语"在＋方位短语"里方位词的隐现机制。储泽祥（1997）从形式和意义两方面入手，揭示现代汉语方所系统的特点，他认为参照物与目的物的空间关系，可能有接触性关系、融入性关系和离析性关系，即参照物的作用是承载、包容和指示。"NP（名词短语）＋方位词"表示NP的表面或内部空间时，方位词最常见的是"上"和"里"，有隐去的可能；而当NP表示本身之外的空间时，方位词不能隐去。方位词还有韵律配置作用、句法强制作用。不考虑拓扑因素，物体都有可居点。储泽祥、王寅（2008）认为，影响实体可居点的数量进而影响汉语后置方位词选择范围的因素主要有是否固定、是不是离散物体、空间能否供人体活动和生命度高低情况四个条件。

1.1.3 空间研究小结

兰盖克让我们了解空间在人类认知概念化中的地位，以及人类是如何图式化物理空间的。通过关注空间的语言描述，并通过探索语言系统的语法可能性对空间的结构影响，人们对空间内的关系进行了经典的研究。然而，空间并不只是一个普通的指称：虽然它是由表达它的语言构成的，但它也起着结构作用，服务于给非空间实体提供秩序和信息。后一方面由众所周知的空间隐喻来说明，更具体地说，通过利用空间来可视化和组织话语对象和知识对象的模型来说明。

不同国家的学者对于空间区域和空间关系的表达从不同角度做了很多研究。比如，泰尔米和范德洛伊斯都指出，经典的几何工具不能准确地解释语言空间成分（如介词）的分布。在这方面，语言对于欧几里得几何的特定维度是中立的。这种中立性使语言变得灵活，并允许它们最大限度地利用有限数量的组件。例如，介词可以适用于任何大小的情况，介词可以描述太阳系中行星之间的距离或相对较小的区域内两个房屋之间的距离。有限的介词可以用于无限的物体，无论大小如何。而由于思维方式和文化不同，导致不同语言对于物体的图式化方式不同，对空间表达中的语言编码方式也不同。语言自然存在差异，但也有一定的共性。

1.2 篇章语言学研究

中国社会科学院语言研究所的徐赳赳（2019），在《篇章语用学研究七十年》中提出："话语篇章研究的对象是大于句子的结构和功能。"然而，话语不仅仅是一系列彼此相邻的陈述话语的简单并置。这些陈述片段必须以这种或那种方式相互联系起来，这些关系标记的出现无疑有助于赋予主题一定的凝聚力（cohésion）或连续性（continuité）。话语语言分析（L'analyse linguistique du discours）的主要任务是描述这些话语标记。从来源上来说，篇章研究是从古代修辞学发展而来的，因为中世纪将基础文化知识称为七艺，包括三艺（le trivium）和大学四学科（le quadrivium）。修辞学和语法、逻辑学共同组成了三艺。亚里士多德的《修辞学》（La Rhétorique）将演说的过程分为四个阶段：创意（l'invention）、布局（la disposition）、文体技巧（l'élocution）和动作（l'action），这些都与篇章的形成过程紧密相关。①

1.2.1 主要发展脉络

北京语言大学人文学院教授郑贵友（2002）在专著《汉语篇章语言学》中表示，西方篇章语言学发展可以分为三个阶段。

第一阶段：20 世纪 50 年代—60 年代，美国语言学家哈里斯（Harris）于 1952 年在《语言》杂志上发表的《话语分析》（"Discourse Analysis"），海姆斯（Hymes）和塞勒（Searle）主张从社会角度研究语言。20 世纪 50 年代，"篇章语言学"（linguistique textuelle）这个术语是由科赛留（Coseriu）首次引入，在一篇由西班牙语写成的文章中。1969 年，德国语言学家魏因里奇（Weinrich）也将 Textlinguistik 这个术语用到了自己用德语写成的文章题目中。范戴克（van Dijk）等学者在此背景下，试图找到篇章形成的抽象语法。

第二阶段：20 世纪 70 年代—80 年代，韩礼德（Halliday）于 1973 年和 1976 年出版的两本著作对"篇章""连贯（coherence）""衔接（cohesion）""纹理（texture）""主/述位（thème/ rhème）"等概念都进行了定义和讨论。奥地利学者伯格兰德和德莱斯勒（De Beaugrande

---

① 此处参考了 Buffard-Moret 于 2000 年出版的 *Introduction à la stylistique* 的 5.2 部分 *Les cinq parties de la rhétorique*.

and Dresler, 1981）合著的《篇章语言学入门》概括了篇章的七个成篇特征。布朗和尤尔（Brown and Yule）于1983年合著的《话语分析》。

　　第三阶段：20世纪90年代进入了更新的发展阶段，研究语种、研究主题都得到了扩展和深化，与翻译、教学、心理学等学科产生了交叉融合。进入21世纪之后的这二十年来尤为明显，研究者也开始使用语料库研究方法，并且希望机器能够深度学习篇章的语义百科网络。

　　法国的篇章语言学发展要晚于欧洲其他国家，夏罗尔（Charolles）关于篇章语言学的综述文章，时期介于1965—1975年，该文展示了格雷马斯（Greimas）和哈斯蒂耶（Rastier）关于"同位义素"（isotopie）的工作对于篇章连续性所产生的影响，对方法论和法语话语分析的理论也有贡献。德国语言学家魏因里奇，于1990年成为法兰西学院的第一位任职的欧洲教授，他在法国上了篇章语言学的首次课程。20世纪90年代，篇章语言学和篇章语法逐渐走进法国学界。亚当（Adam）于2010年总结了1975—2010年的100篇法国篇章语言学文献。早期的篇章语法研究始于一些语言学家试图突破单句的界限，把句法研究扩展到篇章，即句子的结合，试图寻找总结出连句成章的"篇章规则"。关于篇章的心理－认知转向研究处于20世纪70年代，主要代表人物有金切（Kintsch）和范戴克。范戴克20世纪80年代初期还用法语发表了一些文献。金切同样对于篇章语言学的理论知识框架做出了决定性的研究。跨句语法方向是关于回指和共指研究的。康贝特（Combette）的两本书——《主体推进》（*Pour une grammaire textuelle.La progression thématique*，1983）和《篇章的组织》（*L'organisation du texte*，1992）则围绕着布拉格学派的句子功能视角展开。

　　王秀丽（2018）指出：无论是篇章分析还是话语分析，真正的语言学意义上的研究发生在20世纪80年代初引进西方现代篇章语言学理论后。她在文章中介绍了由法国国家科学研究院（CNRS）支持的法国三个语言实验室（Lattice、LiLPa和ICAR），近年来做出了很多代表性成果。例如，三个实验室合作的项目DEMOCRAT［DEscription et MOdélisation des Chaînes de Référence : outils pour l'Annotation de corpus（en diachronie et en langues comparées）et le Traitement automatique］，即指称链条描写和模式化：语料库标注工具（历时/语言对比）以及自动处理。还有 Projet ANR « SFA »（Spatial Framing Adverbials），即空间范围副词研究计划，是由 ANR 即国家研究管理局 2006 年的"blanc"计划支持的，负责人是夏罗尔和萨尔达（Sarda）。2012 年夏罗尔以空间话语范围导入词为理论框架和语法化理论，采用质性和量性两种描写方式，最终建立了 BSP（base des syntagmes prépositionnels）数据库，也就是"介词组合数据库"，对超过两百万个词进行了句法和语义标注，主要标注了九个空间介词（à、dans、sur、en、par、à travers、depuis、vers、jusque），为了衡量其在文本中不同意思的比重，这些介词的非空间意义（常见的）也被标注出来了，句法分析借助 SYNTEX 软件实现。通过筛选过滤，可以得到介词在不同位置出现的情况概括，之后研究团队的各个成员对不同的介词进行分别研究。2014 年夏罗尔和朗德阿然（Landragin）合作，利用 ANALEC 软件对 *L'Occupation des sols* 这部作品的人物在时空定位的指称进行标注研究。

　　国内大概从 20 世纪 80 年代初期开始一直到现在，关于篇章分析的专著层出不穷，如黄衍（1994）、李棣华（1993）、许余龙（2004，2005）、姜望琪（2006，2011）、方梅（1996，2019）、王秀丽（2008，2018）。有海外毕业归来介绍学说理论的学者，其中以留学英美国家的学者为主（陈平、黄国文、许余龙），留学德国（钱敏汝）、俄罗斯（王福祥）、法国（李棣华、王秀丽）等其他欧洲国家的学者为辅；也有以汉语为研究对象进行篇章研究的专家，如廖秋忠、屈承熹、方梅等。从研究视角和研究方法来看，篇章研究可以分为篇章语法研究（亚当、屈承熹、方梅）、篇章语义研究（格雷玛斯的同位义素理论，范戴克的篇章语义结构理论）、篇章语用研究（钱敏汝）和篇章认知研究［阿里尔（Ariel）的可及性理论、福康涅（Fauconnier）的心理空间理论］。目前的研究有利用语料库对于语篇层面上的分布进行研究、批评话语分析和基于认知科学的语篇分析几种趋势。

　　北京语言大学的王秀丽所领导的团队对于篇章语言学的研究范式在国

内是比较有超前意识的,王秀丽先后出版了《篇章分析:汉法话语范围导入词对比研究》(2008b)、《当代法国语言学研究动态》(2010)、《当代法国语言学理论研究》(2011)三本著作,分别介绍了法国篇章语言学和法国当代语言学的发展情况。

随后,王秀丽联合国内外同行及其学生,基于其国家社会科学基金项目出版了《篇章分析:对汉语、法语指称链条分布规律的实证研究及其标注》(2018)、《篇章分析:实证汉法衔接方式对比研究》(2021)两本中法对比的篇章语言学论文集。论文集中王秀丽将篇章分析在中国学界的研究现状分为"下走"和"上走"两种:前者的研究对象是承上启下的副词性成分;后者研究各种回指构成的指称链条。2018年的论文集中的大部分文章都属于"上走"的指称链条研究,以及对计算机辅助语言学的前沿研究动态介绍。2021年的论文集则有田俊雷的连接词(connecteur)研究、梁云的《时间话语范围导入词研究动态》、周古乐的《空间话语范围导入词回指现象的研究》,之后王秀丽所带领的团队集中于"下走"的话语范围导入词研究。

研究概念是研究范式和研究方法的基础,只有先搞清楚研究对象的概念才能正确地做研究。所以我们将对篇章语言学中的一些重要概念做出解释。其中,包括篇章或语篇研究、回指和指称链条、话语范围导入词等。

1.2.2 话语、语篇和语境

术语表达至关重要,是研究讨论的基础。但是目前却存在两层误解:一是术语的翻译;二是概念的辨析。术语翻译指的是法语的"discours"和"texte"两个术语的中文翻译难以达成共识,即便是影响较大的专著、文献及教科书中,仍存在"话语""语篇""篇章""语段"或"言语"等多种译名。林予婷、张政(2013)曾在《外语研究》发文讨论术语翻译的规范性问题,吸收了海里斯(Harris)、克里斯特尔(Crystal)、布朗和尤尔、利奇(Leech)、沈家煊、黄国文、胡壮麟等国内外知名学者的意见,认为"discours"应译为"话语","texte"应译为"篇章",篇章语言学

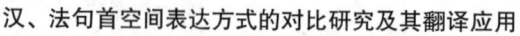

用法语表达为"linguistique textuelle"。本书将继续沿用这一术语翻译。

当我们提到篇章分析，还有其他的术语表达，如篇章语法、话语分析、话语篇章分析等，然而这些概念是不尽相同的。洛桑大学的篇章语言学家亚当（1990，1999）认为：话语＝篇章＋情景环境（Discours= Texte + Contexte），也就是说篇章分析是话语分析的学科之一，如图 1-2 所示。话语分析被认为是一个跨学科领域，需要语言学理论（索绪尔的"话语理论"）的支撑，也不能规避篇章作为人际交往单位的问题。篇章语言学是话语分析的一个分支领域。篇章是话语篇章分析的分析对象，是社会交际、言语的社会-历史行为的语义物质化的言语轨迹。此时，陈述（énoncé）可以被描写为是"脱离语境"的，也就是说，与给定的语言系统建立关系。文本同时也可以只研究其本身。这种脱离上下文断章取义方法的好处就是尽可能有条理地描述一个语句或文本，将其视为结构化的形式-意义。

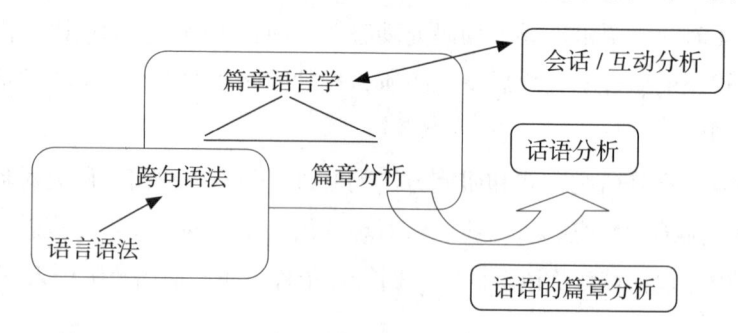

图 1-2　亚当的跨句综合科学图示（Adam，1990，1999）

（注：此处为笔者自译。）

但是，上面区分篇章和话语的公式未免过于简单粗暴，法国《实践》（*Pratiques*）杂志于 2006 年 103 期以语境（contexte）为题对许多学者进行了访谈。据法国语境协会（AFC）创始主席、法国巴黎六大教授布列兹隆（Brézillon）[①] 所说，语境这个概念大概有 165 种定义，"con-text"这个词

[①] 布列兹隆在 Cognisud Day 发表了题为"认知科学中的语境"的开幕演讲。他担任 AFC2005 年创建的"法国语境协会"的创始主席，并负责皮埃尔和玛丽居里大学（巴黎六大和巴黎九大共同认可）的知识，内容和情境管理硕士学位的教学工作。

第 1 章 理论框架和文献综述

的构词法中"con"表示外围，即围绕着文本的边缘概念。布列兹隆却认为，在人工智能（AI）中，语境根本不是外围的，而是核心。

杂志采访者首先对克莱伯（Kleiber）进行了访谈。因为克莱伯曾就语境发表了多篇文章（1994，1997，1999），并对语境的概念"做一点清理"（faire le ménage）（1999）[167]。目前，他首先保留并研究了四个"维度或区别"。我们也可以采用话语语言学家盖尔波拉－奥尔什欧尼（Kerbrat-Orecchioni，2002）[135]的观点，将宏观语境和对话者也纳入考虑范围内。

而后，亚当、康贝特两位篇章语言学家和两位话语专家曼戈诺（Maigueneau）和莫朗（Moirand）①也分别发表了对于语境的看法。从篇章语言学家角度来看，亚当承认"我们总是在语境中（en contexte）"研究跨句现象，这很显然需要"在语境内思考"，但是更应该用上下文（co-texte）替换语境（contexte），来指示语言单位（如连接词、篇章组织词和其他一些陈述话语的标记）左或右的管界范围。而康贝特的研究对象主要是微型语境（microcontexte），也就是狭义上的语言学语境（左侧语境和右侧语境），以及常识整体所构成的语境，也仅限于指称的识别和可及性上。他承认从未从说话人和对话人角度来考虑语境，这在方法论上确实是一种缺失。但是他认为与心理语言学联系起来考虑语境，必需且紧急。只有两种语境属于他的研究范畴，即语言学语境和认知语境（也仅限于指称处理和信息层面上的管理）。从话语语言学家的角度，曼戈诺和莫朗更关注陈述过程、说话人和对话人等角度。

不同于传统分类理论认为背景信息是不同性质的语义环境。克莱伯引用福康涅（1992）在意义的构造的想法：一个句子的意义被认为是一种功能，该功能将在其出现时变为另一种建构有效的意义（或语境）的功能。上下文背景不是预先确定的，而是由句子本身构造或确定的。这种思考特

---

① Jean-Michel Adam（Lausanne and Pôle de recherche en science des textes et analyse comparée des discours）、Bernard Combettes（Nancy 2 and Atilf）、Dominique Maingueneau（Paris XII and Céditec）、Sophie Moirand（Paris 3 and Syled-Cediscor）。

· 29 ·

别像是讨论鸡生蛋还是蛋生鸡。他区分了三种类型的基本语境：语言语境（contexte linguistique）、语言外场景（situation extralinguistique），以及被认为是记忆存储的常识（connaissances générales présumées）。这三种语境之间是有等级差别的：语言语境比语言外场景享有优先权，因为它要比后者在记忆中更容易获得。他认为传统语境理论中最短缺的部分就是精确度的缺失。但他也批评了语境认知理论，因为我们还不能完全拥有广博的无所不包的语义知识：最贴切的语境结构是什么，以原型形式还是以框架（frame/cadre）形式，抑或以语义网络形式？答案仍然是开放且没有定论的。

这就是说，即便我们使用上下文（co-texte）这个概念，也无法将常识、将人类世界、将宏观的语境排除在外。所以说，话语和篇章并不是可以简单剥离的，但是话语更复杂一些，更加关注篇章外部的世界。

1.2.3 指称链条研究

1962年，韩礼德首次提出了衔接的概念。他创造了一个语言学术语用于区分语法衔接和词汇衔接。1976年，*Cohesion in English* 这本书的出版标志着衔接理论的建立，在这部著作中韩礼德和哈桑（Hasan）解释了衔接的基本理论框架，以及在篇章中的应用。衔接是一个语义学概念，表示在篇章构件中至关重要的语义关系。当篇章中一个元素的阐释需要借助篇章中的另一个元素时，衔接关系就此建立起来了。像其他语义关系一样，衔接关系的实现是通过词汇-语法元素，称之为"衔接方法"（procédés de cohésion）。自从韩礼德和哈桑（1976）的观点普及以来，话语衔接标志被认为分布在两个大系统里：一个是回指连贯标记；另一个是句子内容或者语言行为之间的关系的标记。在传统的篇章分析研究中，研究者一般认为连贯和衔接关系有两种类型的元素，即话语关系（relations de discours）和指称关系（relations référencielles）。话语关系的连接由连接词（connecteur）来实现，而指称关系则由回指（anaphore）来形成指称链条。

第 1 章　理论框架和文献综述

指称问题作为篇章语言学的重点研究对象，则一直是语言学和语言哲学领域中一个充满挑战的课题。指称中的回指（anaphora）问题日渐成为句法学、语义学、语用学、认知语言学，以及计算机语言学等领域的重点课题之一，同时也吸引了心理学、认知科学、逻辑学等诸多学科的共同关注。很多大哲学家如柏拉图、莱布尼茨（Leibniz）、弗雷格（Frege）、罗素（Russell）、斯特劳森（Strawson）、奎因（Quine）都对指称问题有过研究，这也刺激了语言学家对于指称问题的研究。回指研究中比较知名的有伦敦大学的学者阿里尔（Ariel, 1990）、英国剑桥大学的霍金斯（Hawkins, 1978）、美国语言学家吉翁（Givón, 1983）。"话语连续模式"，建立在西德纳和格罗兹（Sidner and Grosz, 1986）等人的人工智能理论基础上。"向心理论"（centering theory）试图解决语篇回指和语篇连贯性等问题。斯珀伯和威尔森（Sperber and Wilson, 2001）提出关联理论。斯坦福大学的克拉克（Clark, 1975）使用"搭桥推理"（bridging inference）。国内研究回指和指称类型的有陈平（1987）、徐赳赳（1999，2004，2005）等。日本学者 Matsui（2000）出版《搭桥和关联》（*Bridging and Relevance*）。美国明尼苏达大学的学者冈德尔（Gundel），自 20 世纪 80 年代起就对篇章问题中的间接回指（indirect anaphor）、话题-评述结构、没有 NP 先行词的代词等进行研究。

查斯顿（Chastain，1975）[123] 对于指称链条（chaîne de référence）的定义是这样的：

一个语篇中的表达序列，这之间的阐释构建了一个共指识别的关系。[①]

夏罗尔（1988）[8] 对指称链条的定义如下：

---

① 原文：la suite des expressions d'un texte entre lesquelles l'interprétation construit une relation d'identité référentielle.

共指表达序列是指能够产生一系列被用作指称表达的链条。也就是说，只有名词（或代词）表达可以识别一个个体（话语的对象），无论它的存在形式（人、事件、抽象实体），无论它们的存在形式是怎样的。①

指称关系有诸多分类，按照词类可分为代词回指、名词回指，以及零回指（陈平，1987）。名词回指从词汇形式出发又可以分为忠实回指和不忠实回指（Kleiber，1990，1994）。忠实回指是回指词对先行词的重提，又分为完全重复和不完全重复。不忠实回指则指回指词与先行词词汇形式不同，前者通常是后者的同义词或上下义词。倘若按照先行词和回指词的指称对象是否一致，指称关系又可以分为共指回指和异指回指，最常见的异指回指是联想回指。因此，标注指称的时候标注的情况有共指回指中的代词回指、名词同义词替代、名词重复和不完全重复等，异指回指中同为名词回指的联想回指，以及概述回指等其他回指情况。我们将对主要的回指方式做举例说明。

法语中常见的共指回指的例子是名词本身不变，但它前面修饰的限定成分发生改变，比如：

（4）J'ai traversé <u>la rivière</u> pour venir. <u>Cette rivière</u> est particulièrement claire.

我为了过来穿过了<u>河</u>。<u>这条河</u>特别清澈。

当回指指称和先行词指示同一个实体的时候，比如：

---

① 原文：suites d'expressions coréférentielles [...]. Seules peuvent appartenir（donner lieu à）une chaîne des expressions employées référentiellement, c'est-à-dire toutes et rien que les expressions nominales（ou pronominales）permettant d'identifier un individu（un objet de discours）quelle que soit sa forme d'existence（personne humaine, événement, entité abstraite）.

（5）*Emmanuel Macron se rendra à Calais. Le président de la république tiendra un discours.*

马克龙将去往加莱。共和国总统将发表讲话。

此句中的马克龙（Emmanuel Macron）和共和国总统（Le président de la république）就是一个对称的共指指称。

但是也有不对称的指称情况，比如最常见的代词回指：

（6）Marie achète un sandwich parce qu'elle a faim.

玛丽买了一个三明治，因为她饿了。

这一句中的"Marie"和代词"elle"就是不对称的共指回指。

而异指回指显而易见就是回指指称和先行词不是同一个的情况，也可以成为间接回指（anaphore indirecte）（Erku and Gundel，1987），其中包括词汇回指（Anaphore lexicale）（Milner，1976）、派生回指（Anaphore générique）（Kleiber，1991）等情况。

（7）Marie a mangé deux pommes alors que Pierre en a mangé trois.

玛丽吃了两个苹果，而皮埃尔吃了三个。

副代词"en"回指前面的"deux pommes"，虽然都是苹果，但前后的指称对象并不相同。

最常见的异指回指就是联想回指。联想回指也有很多种分类，最常见的就是整体—部分类的联想回指。比如例（8），"les pages"回指前面的"un livre"，两者属于整体—部分关系：

（8）J'ai lu un livre. Les pages étaient jaunies.

我读了一本书。纸张泛黄了。

（9）J'ai trouvé un cèpe ! C'est étonnant, ces champignons ne poussent pas ici.

我找到一株牛肝菌！太奇怪了，此地并不产这种蘑菇。

例（9）中，牛肝菌"un cèpe"是一种蘑菇，"ces champignons"属于一种典型的异质回指。

还有一种情况是先行词和回指词是从统称到特指的关系，比如：

（10）Il apprécie les chats mais le sien est méchant.
他很喜欢猫，但他的猫却很凶。

回指先行词分散（Anaphore à antécédents dispersés）（Corblin, 1985）的例子如下：

（11）Pierre a appelé Paul hier. Ils ont discuté pendant une heure.
皮埃尔昨天给保罗打电话。他们聊了一个小时。

分散的名词指称"Pierre"和"Paul"，汇集到一起形成代词回指"ils"。
概述回指的例子如下：

（12）J'ai quitté mon boulot. Cette décision a été la meilleure que j'ai prise.
我离职了。这是我做过的最好的决定。

"cette décision"回指前面的整句话，也就是"辞去工作"这件事情。
而异指指称链条之间的焊接点也称为"网眼"（maillon），这些网眼也有强弱之分（maillon fort/faible），对此研究最为广泛接受的学者有阿里尔（1990）和朗德阿然（2014）。

1.2.4 话语范围导入词研究

2016年出版的《连接和索引》（*connexion et indexation*）是围绕着夏罗尔的研究而做的，标志着篇章和话语语言学在法国的发展。康贝特、夏罗尔以及亚当为法国篇章语言学所做的贡献不容忽视。这三个人和丹麦学者伦德奎斯特（Lundquist），致力于将篇章语言学在法国科学地成体系地发展，尽管现在在篇章语言学和话语语言学上仍有一些模糊之处。因为我们的研究理论基础框架始于夏罗尔的研究，所以现在将目光聚焦在他的研究上。如果我们足够有勇气寻求构成夏罗尔研究的话语篇章领域的中心谜题，可能会用这样一句简单却令人眩晕的问题总结：到底是什么让篇章不是多个句子的简单并置？

夏罗尔从三个层级模式评介了范戴克（1972）的观点。通过"普及"（généralisation）、"缩减"（effacement）、"融入"（intégration）和"重建"（construction）这几个宏观规则，从微观结构层级过渡到宏观层级，实际上宏观层级就是微观层级的 n 元组合模式。夏罗尔（1988）认为有四个"篇章组织层面"：①陈述话语的周期组织（période）[①]；②指称链条论题（chaîne de références）；③篇章单位的管界范围（portée）；④称之为序列（séquences）语言片段的切分单位。后来他又延续并修改这四个篇章组织层面，并细述了它们之间的互动关系（1993）：①连接词（connecteur）；②回指和指称链条（anaphore）；③话语领域或空

[①] 沙录窦（Charaudeau）和曼戈诺在2002年出版的 *Dictionnaire d'analyse du discours* 中的第425-427页，对"période"做出了以下解释：修辞学给相当长的散文和复杂结构的句子起了一个"période"的名字，其组成部分的组织方式是平衡和统一的。"période"通常以一句精彩的句子或者一个序列结束，其韵律特点构成了一个结束语（clausule）。夏罗尔是最初认为"période"是篇章组织层面要素的语言学家之一。根据篇章语言学观点，"période"源于几个连接（liages）的主要形式：命题韵律连接（通过音素/字符/词素/整个词语组合）、词汇—语义连接（平行、对偶、对照）、通过衔接的连接（由衔接词实现）。此处为笔者自译。

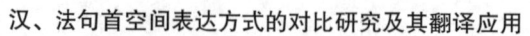

间（domaine，espace）；④组织标记（d'organisateur）。1997年出版的《话语的范围：宇宙、场、范围和空间》（*L'encadrement du discours：univers，champs，domaines et espaces*）细化了第三个组织层面，也就是话语空间。他的著作《法语的指称和指称表达》（*La référence et les expressions référentielles en français*）（2002），对应了第二个，也就是指称链条。他独立或合作的文章发展了管界/辖域（portée）这一概念。对于四个篇章组织层面，"辖域"这个概念"从内部打开了话语的范围，有多种性质的，但是其中某些话语范围依靠实证阐释"。这四个分析层面不能构成结构化的层级，因为这些范围承载的话语单位不能被彼此包含而形成一个高等级的单位。而这些话语单位承担了一个程序和认知上的功能：引导读者进行话语随着推进而带来的信息处理工作。（Charolles，1997）

总之，自从对篇章语法和篇章类型学的限制性存疑，夏罗尔就不再将研究领域置于篇章语言学领域内，而是置于话语分析框架（Charolles and Combettes，1999），以及来自格赖斯（Grice）的最大关联性原则的相关性理论中。他将研究中心放在话语的语用学框架内，因为他的研究与法国话语分析的其他流派完全无关。

夏罗尔（1997）根据马丁（Martin，1983）的"话语的领域概念"（la notion d'univers de discours）给话语范围下了定义。篇章分析主要由三个研究部分组成：指称链条、话语范围导入词和论元性衔接词。有一些副词组合位于句首（动词前），不是连接词、参与分句内容，但履行的是组织句子、衔接和切割语段的功能。话语范围副词组合起到的是导入作用，这种关系是向下（向右）的、没有等级关系的，一般来说不是本句话语的话题；而连接词和回指则属于连接关系，在句子中向上（向左）作用，对本句话语的话题有影响，是有等级的（连接词），或者是不对称的（指称）。

话语范围导入词大致可以分为以下四种类型：引导主题（ordre thématique）、引导篇章结构（ordre organisationnel）、引导发话（ordre énonciatif）、引导时间或者空间（ordre temporel ou spatial）（Sarda，2005；王秀丽，2008）。这些表达在法语中位于句首，是一种前置短语。

夏罗尔还提出要区别对待这种类型的话语范围导入词，概念范围介入陈述过程（énonciation），而时空范围则介入到陈述（énoncé）中，如图1-3所示。

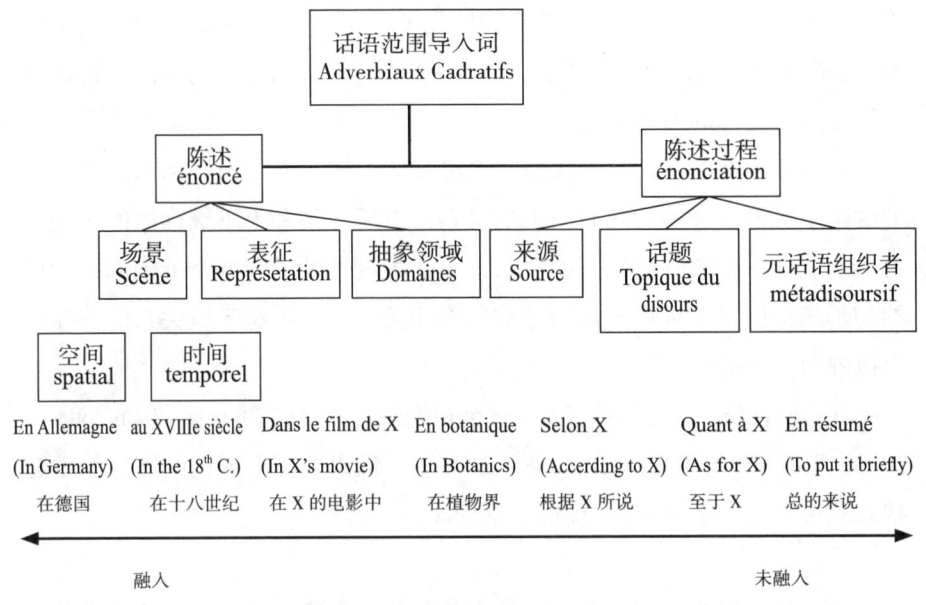

```
                    话语范围导入词
                 Adverbiaux Cadratifs
                   ／           ＼
                陈述             陈述过程
                énoncé           énonciation
          ／  ｜  ＼         ／  ｜   ＼
        场景  表征 抽象领域  来源  话题   元话语组织者
        Scène Représetation Domaines Source Topique du  métadisoursif
                                      disours
       ／  ＼
     空间   时间
     spatial temporel

En Allemagne  au XVIIIe siècle  Dans le film de X  En botanique  Selon X          Quant à X      En résumé
(In Germany)  (In the 18th C.)  (In X's movie)     (In Botanics) (According to X) (As for X)     (To put it briefly)
在德国        在十八世纪        在 X 的电影中       在植物界       根据 X 所说       至于 X         总的来说

        融入                                                                       未融入
```

图 1-3　话语范围导入词的分类（Charolles，2010）

不是所有出现在动词前的，没纳入句法结构的成分都能够被纳入话语范围导入词，并且承担组织句子的功能。在所有有资格履行组织句子功能的话语范围导入词中，空间和时间话语范围导入词处于首位。这些场景补语在某种属性上，在这个词义里，任何事物的发展都一定发生在这个空间和这个时间段里，总是可以借助这些时空坐标（一个或者两个）对话语进行导入。话语范围导入词兼顾话语表征功能和指示或程序上的功能，因为它导入的不只是所属句，也有潜在可能导入之后的一系列句子。比如：

（13）Dans le sud de l'Espagne，（P1）les amandes sont mûres au mois d'octobre.（P2）Les figues arrivent à maturité même tardivement dans les montagnes. À Paris，（P3）si les figues ne sont pas mûres en septembre，elles ne mûrissent pas.（P4）Elles pourrissent avec l'arrivée du froid et de la pluie.

在例（13）中，句首的副词组合（dans le sud de l'Espagne）扩大其管界范围，直到第二个位于句首的第二个副词组合（À Paris）的出现，这个副词的管界范围不止到 P3，还能管辖到 P4。这个外导入的功能与其他经典的衔接标志（回指和连接词）一样，被认为是话语衔接的标志，都被归为话语连接标志的参考标记。

夏罗尔（2003，2005）认为，连接和导入被定义为衔接标志的普遍类型的两个族群。连接意味着向上的关系，对所在句和上下级话语的主题都有影响。导入则意味着向下的关系，不是主题性的（在这个范围内，随后的句子与范围导入词所确定的标准并不相关），也不是等级关系的（在这个范围内信息被罗列出来）。

在这些性质中，是否具有主题这个功能引起了很重要的讨论（Charolles，2003；Prévost，2003；Vieu et al.，2005）。话语范围导入词的潜在的主题状态事实上是一个棘手的问题。夏罗尔认为：

"话语范围导入词不是主体（主题）的，在这个范围内，位于句首的话语范围导入词不指示被所指语段（话语范围导入词不是"话语主题"）。这种情况下，只提供程序上的指示，便于文本信息的细分，以及记忆上的获取（就像在记忆测试中，为了重新获取信息，我们将话语范围与一个已知地点联系起来）。"①

夏罗尔详细地进一步解释：

---

① 原文：Les expressions cadratives ne sont pas thématiques (topicales), dans le sens où, en principe, elles ne signalent pas ce sur quoi porte le segment en tête duquel elles sont détachées (ce ne sont pas des "topics of discourse"). Elles fournissent des indications procédurales destinées à faciliter la subdivision des informations textuelles et leur récupération en mémoire (comme dans les tests de mémoire où, pour récupérer une information, on l'associe à un lieu connu).

不可能只从所在句的单一内容就裁定出本句前置状语与什么相关（adressage）。需要考虑话语主题，主题随着话语前进不停变化。①

(Charolles, 2003)⁴¹

当话语不提供任何别的能够履行这个范围功能的主题时，属于（副词框架）管界范围内的句子不与之前的导入相关。这种可能性存在的情况使我们明白不可能在一个独立的句子中确定主题相关（aboutness）。②

(Charolles, 2003)⁴⁴

为了进一步解释，他给出了两个例子：

(14) Lola sortit faire un tour. En bas de l'immeuble, elle croisa le facteur. Il portait un énorme sac et elle lui proposa de l'aider.

(14') Lola sortit faire un tour. En bas de l'immeuble, un homme faisait les cents pas. Une fine couche de givre recouvrait le sol. Des enfants rentraient de l'école en se chamaillant.

在句（14）中，空间状语只限于确定范围，在此地点范围内，一系列独立连贯活动在此发生。此范围起背景（arrière-plan）作用，而不是用于评论的主题，也不是接下来的句子的主题。利用代词重提来实现主体的连续性。相反，在句（14'）中，没有连续的主体，而是引入新的主体，这些

---

① 原文：il n'est pas possible de statuer sur l'à propos (et donc l'adressage) des circonstants antéposés à partir du seul contenu de la proposition les accueillant. Il faut tenir compte du topique de discours, lequel varie au fur et à mesure que celui-ci avance.

② 原文：Les propositions qui tombent sous leur portée [des adverbiaux cadratifs] ne sont au sujet de l'index qu'ils mettent en avant que lorsque le discours ne fournit aucun autre topique à même de remplir cette fonction. Le fait que cette possibilité existe oblige à considérer qu'il n'est pas possible de statuer sur le topique (aboutness) d'une phrase isolée.

事件除了发生在同一个地点，没有其他别的任何共同点，这就在最低限度上让句子具有连贯性。

对这种分类是对时空副词的特殊处理，夏罗尔强调其单纯为话语范围的性质，与切夫（1976）所认为的两种类型的主题建立联系：建立概念范围的副词（individual framework）和建立时空范围的副词；主题相关的概念将适用于前者而不适用于后者。

然而，话语范围导入词虽然是篇章语言学理论，却与认知语言学理论密不可分。比如场景理论（théories des scénarios）（Fillmore，1975；Minsky，1975）。明斯基（Minsky，1975）在人工智能领域和菲尔莫（Fillmore，1975，1982）在语言学领域提出的"框架"语义（"Frame semantics"），是针对逻辑模型的密集的语义特征。在逻辑语义学中，我们传统上区分与意义（或内涵）相对应的特征集和与该意义兼容的（外延或外延）所指或事件集。

这种"亚里士多德"模型（Kleiber，1990）[21]，根据"必要条件和充分条件"描述了刺激和概念（可感知或不可感知的）之间的关系，这相当于说某些刺激（语义特征）的存在对于某个概念是必要和充分的。相对于这种严格的逻辑概念，明斯基和菲尔莫尔坚持认为，当面对新情况时，头脑会自动求助于"情景"，也就是说，对情况的刻板印象足以适应新情况。

一整套记忆的信息与情景刻板印象相关联，一旦我们发现自己处于类似的境地，就可以访问这些信息。例如，在一家餐馆，服务人员带我们到一张桌子，给我们带来菜单；然后，我们做出选择，等待上菜；在甜点和可能的咖啡之后，我们要求账单，付款并留下小费。我们已经很熟悉这种重复多次的场景，如何表现和注意什么几乎不需要考虑，因为事件的正确过程是直观地呈现给我们的。在餐馆（restaurant）场景中，可以识别事件或基本概念，如服务、桌子、银行卡、甜品、账单等这些元素不仅与场景的情境类型相关，而且还相互关联，鉴于它们同时或相继出现，元素之间的认知关系是邻接的关联。然而，这些关联是从整体的角度来构思的，因为就像格式塔一样，心灵通过对整体的识别来概念化各部分之间的关系。

1.3 翻译与翻译学研究

鉴于我们的研究对象是单向的平行语料对齐文本，一方为另一方的译文，有必要对翻译研究进行一定程度的梳理。首先需要明确的是翻译和翻译学的区别。翻译行为的存在久远到，可以追溯至公元前2000多年前的埃及。为了满足超出语言社团的需要，扩大人类交流范围，人类总是需要翻译。然而翻译学研究却是一门学科，是对翻译行为的反思。翻译学属于一个完全不同的话语，对于翻译来说是自省的元素。贝尔曼（Berman, 1989）[676]在《翻译和翻译话语》中说道：翻译学是从经验的性质出发对翻译自身的反思[1]。

德国哲学和浪漫主义、阐释学和诗学（在语言理论意义上）都是翻译学的基础，翻译学话语一直都基于这些研究之上，如今发展多样化，研究方法众多。

韦努蒂（Venuti, 2000）编辑的论文选集 *The translation studies reader* 中的文章（共30篇）涵盖了整个20世纪的研究，按时间顺序排列，可分为五个时期：20世纪初—30年代（4篇）、20世纪40年代—50年代（4篇）、20世纪60年代—70年代（8篇）、20世纪80年代（7篇）、20世纪90年代（7篇）。在他看来，重点在于翻译研究变成翻译研究学科的时期。20世纪上半叶呈现为一个前奏。在他选择的这一时期的文本中，韦努蒂遵循并验证了经典，包括本雅明（Benjamin）、庞德（Pound）、加塞特（Gasset）、纳博科夫（Nabokov）、奎因、雅各布森（Jakobson）。至于20世纪60年代—70年代，可以说韦努蒂遵循了该学科早期历史的经典，特别是经验和/或描述性导向的方法，主要的翻译学代表是奈达（Nida）、卡特福德（Catford）、莱维（Levý）、霍尔姆斯（Holmes）、佐哈尔（Even-Zohar）和图里（Toury）。对于20世纪80年代—90年

---

[1] 原文：La traductologie est la réflexion de la traduction sur elle-même à partir de sa nature d'expérience.

汉、法句首空间表达方式的对比研究及其翻译应用
——以阿兰·罗伯-格里耶小说平行语料为例

代,情况更加支离破碎,这是正常的,因为从丰富的不同角度来看,这是翻译话语激增的年份。鉴于韦努蒂自己的背景,这一时期非常重视以后结构主义为导向的意识形态学派,还有从弗米尔(Vermeer)的功能目的论(Skopos theory)观点,阐释学理论的贝尔曼和翻译的实用主义方法的格特(Gutt)、哈蒂姆和梅森(Hatim and Mason)的观点出发的文章。韦努蒂在自己的修辞中也有一些痕迹强化了这种印象,如他试图用单一标签概括整个时代("40—50年代:可翻译性""60年代—70年代:等效性")。在韦努蒂的论文集中有两篇文章值得引起我们的注意:一是20世纪40—50年代的维纳和达尔布勒纳;另一个是20世纪80年代的布鲁姆-库尔卡(Blum-Kulka)。因为前者试图提出翻译的文体比较,后者则在大于句子的语篇层面对翻译进行了探索。在后文我们将详细说明这两篇文献。

  这些翻译学研究基础如此不同,导致思维方式的分散。不同国家、学科主题和重心的理论研究方法迥异,附属于文化、翻译实践和研究传播等各种学科。尽管研究跨国,多变的理论方法却从来不是混合形态;有点像是每个国家都发展出了自己的翻译学研究,以至于这种突然爆发的思想看起来缺少全局视野,学科意识比较弱。

  翻译学实际上诞生于20世纪60年代初期,当时学者们想要把散乱的思想汇集到一个连贯的领域内。当时是语言学转向的重要时期:我们知道加拿大学者维纳与达尔贝勒纳(1958)的重要研究,以及雅各布森(1959,1963)、霍尔姆斯(1972)都从不同角度对翻译进行研究。20世纪八九十年代的中国,凡是研究讨论翻译问题的文章,奈达、纽马克(Newmark)和卡特福德是绕不开的名字,"等值""动态对等"等术语是当时译学界最时髦的理论话语和学术命题。21世纪初,霍尔姆斯、巴斯奈特(Bassnett)、勒菲弗尔(Lefevere)、韦努蒂、贝克(Baker)等人的名字走进我们的视野。

  实际上,韦努蒂在美国翻译背景下开创的异化和同化概念(foreignization and domestication)要归功于贝尔曼。韦努蒂翻译思想里属于阐释学转向的是从法国哲学思想中派生出来的,如德里达(Derrida)和巴迪欧(Badiou)

的思想。在英国，贝克和巴斯奈特最初的研究都以自己的方式对翻译学的发展起到了促进作用。贝克从语言学出发。巴斯奈特在20世纪70年代对于比较文学有所反应，这得益于佐哈尔（Even-Zohar）的思想和图里的描述翻译学。对于教学和传播领域以及翻译历史，法国和加拿大的理论学家一直维持着联系，轨迹相似。

1.3.1 文体比较翻译研究

两个文本之间的翻译，其中有源语文本（TS）和目标文本（TC），同时这两个文本属于两个语言体系——源语（LS）和目标语（LC）。因此，我们承认这个维度并不是单一的，尽管翻译操作从根本上来说是语言学性质的，但对比语言学在翻译学发展中扮演着重大角色。从这种观点来说，在法语范围内，以"文体风格比较"（stylistique comparée）为主题发表的著作，分别有维纳与达尔贝勒纳（1958）合著的《法语英语文体比较》（以英语-法语为语言对），和马尔布兰克（Malblanc，1968）以德语-法语为对象进行的研究。著作建立在贝利（Bally，1909）对于语言风格思想启发的结构语言学基础上，对比文体风格提出了一系列的翻译方法（procédés de traduction）[①]，通过在源语和目的语翻译中语言学元素之间引入的难度顺序和差距程度两个标准进行归类。到达极限程度，就像是翻译的0程度，最忠实的翻译程序就是使用借词（emprunt），也就是不翻译；而另一个极限，适应（adaptation）通过不同的语言方式将对等概念的外延对应起来，如图1-4所示。

[①] 许钧在《法国翻译理论》中将七种翻译方法分别翻译为借词、仿造词、字面直译、移植、灵活调整、等值与改写（对应法语中的emprunt、calque、mot-à-mot、transposition、modulation、équivalence、adaptation）。陈国樑（2020）的翻译方法略有不同，分别为借词、仿造、直译、变换、调换、对等、改写。

	Lexique	Agencement	Message
1. Emprunt	F. Bulldozer A. Fuselage	F. Science-fiction A. (Pie) à la mode	F. Five o'Clock Tea. A. Bon voyage.
2. Calque	F. Economiquement faible A. Normal School	F. Lutétia Palace A. Governor General	F. Compliments de la Saison A. Take it or leave it.
3. Traduction littérale	F. ink A. encre	F. L'encre est sur la table A. The ink is on the table	F. Quelle heure est-il ? A. What time is it?
4. Transposition	F. Expéditeur A. From:	F. Depuis la revalorisation du bois A. As timber becomes more valuable	F. Défense de fumer A. No smoking
5. Modulation	F. Peu profond A. Shallow	F. Donnez un peu de votre sang A. Give a pint of your blood	F. Complet A. No Vacancies
6. Equivalence	F. (Milit.) La soupe A. Br. (Milit.) Tea	F. Comme un chien dans un jeu de quilles A. Like a bull in a china shop	F. Château de cartes A. Hollow Triumph
7. Adaptation	F. Cyclisme A. Br. cricket A. U.S. baseball	F. En un clin d'œil A. Before you could say Jack Robinson	F. Bon appétit! A. U.S. Hi!

图 1-4　原作中对于七种翻译方法英法比较的举例（Vinay and Darbelnet，1958）[55]

《法语英语文体比较》有两个关键词：文体学（sytlistique）和翻译方法（procédé de traduction）。"风格"（style）这个词对于我们来说显得熟悉又陌生，法语中有很多常见用法，但其在文学研究中的概念定义，尽管涉及很多方面，却主要与写作方式联系在一起，言下之意即语言选择的变化。在这一角度，风格也是修辞学的研究对象。上文提到过修辞学与语篇研究也有着紧密的关系。西塞罗（Cicero）指出修辞学包括可以有效自我表达的方法：普通市民或是演讲者，每个人都应该在他的职业或行为中，找到一种恰当的（adéquat）并适合自己的（propre à lui）方式。如果说"恰当的"标志着多个集合标准的对齐，那么"适合自己的"表示个人特征。后者可以区分这些不同的演讲者。布丰（Buffon）更为直接地将风格和人联系在一起，他认为"风格即人"（Le style，c'est l'homme même.）。

许钧的《翻译论》中对于术语进行过辨析：

研究翻译过程，首先有必要就"过程"与"程序"这两个词作一点说明。在法文的有关研究成果中，一般用 processus 一词指"过程""进程"等。与之相关，procédé 一词具体的含义为"程序"和"方法"。总的来说，前者指抽象意义的整个过程，后者是指比较具体的一个步骤或一种方法、手段。在中文的相关资料中，常可见到"过程"与"程序"两种用法，有时可以互相代用。就此而言，两者的差别，主要在于"过程"为统称，而"程序"一般指具体步骤。

（许钧，2014）[54-55]

文体比较这一方法获得了巨大成功，在《法语英语文体比较》出版六十多年以后，仍然是被经常引用和提及。萨热和阿梅尔（Sager and Hamel）于1995年翻译了这部著作的英文版；2020年，陈国樑跨过半个世纪的时间翻译了这部著作的中文版，可见其生命力强大。但是这个方法也出现了很多批评，主要的两个批评是关于方法论的选择：第一就是源语中的表达在目的语中的对应表达不止一种；第二就是几乎每次的举例都是非常简短的，词语或者意群几乎没有超过一个句子的长度。第一点，需要归结为不只存在一种"好"的翻译方式？维纳与达尔贝勒纳在他们的前言中明确解释过：

可以假定如果我们很好地掌握了从一种语言到另一种语言的过渡的方法，我们就可以为更多的（翻译）情况找到唯一的解决办法。

（Vinay and Darbelnet，1958）[24]

翻译例子短小的问题是个弊端，阻碍语境信息扮演的角色分析作用在词汇和语法选择中（时态体标记、句法结构等）。因此，很多情况下，评估一个翻译对等的贴切与否是不太可能的，因为缺少上下文信息无法进行比较。

许钧的专著《当代法国翻译理论》（2001）[70-71]中也提到，拉德米拉尔（Ladmiral）也注意到维纳与达尔贝勒纳的七种翻译解决方法，并非建立在同一级翻译单位上，前三者主要针对目的语中词汇匮乏情况而采用的，按拉德米拉尔的话来说，只是处在'翻译的最底层'。而最后一项"改写"，又超出了翻译的限度，只能作为特殊情况下为着特殊目的的特殊存在（许钧，2001）[21]。

法国阿图瓦大学（Université d'Artois）的教授、英语研究专家巴拉尔（Ballard），是对法国语言学基础的翻译学反思发展做出了巨大贡献的人物之一，他也参与了维纳与达尔贝勒纳的研究的批评对话，从量化和质化两个部分对《法语英语文体比较》进行批评：量化是因为维纳与达尔贝勒纳将翻译程序归纳为七种。巴拉尔认为这非常不审慎，因为翻译操作非常复杂，仅仅在一个段落内就进行评论，所谓的翻译理论是不适合来描述这个翻译程序的。而质化是因为这些术语有伪操作（字对字翻译、仿造语、借词）和真正的创造性操作（移植、灵活调整、对等和改写）等。从理论角度来说，我们可以思考如今还剩下什么风格比较适合描述的翻译程序。在批评分析视角下，邱凯和帕亚尔（Chuquet and Paillard, 1989）编著的《翻译问题的语言学方法》（L'Approche linguistique des problèmes de traduction）只保留了两个：移植和灵活调整。至于移植，原型情况大概就是作者称为"交叉"（chassé-croisé）的翻译程序，从英语到法语的翻译过程中，有可能动词变成一个副词组合，而介词变成了动词。而灵活调整，主要跟词汇有关，比如英语中的 shallow 在法语中变成了 peu profond，译者通过反义词找到了合适的翻译方法。

尽管上文提到这么多批评和不足，文体风格比较仍然是以翻译和翻译教学为中心的对比语言学研究的重要参考，在微观分析的情况下尤其有用。但是很快我们就发现需要扩大源语和目标语的比较范围，在篇章范围内研究翻译是非常有必要的。

1.3.2 翻译单位

为了对人类翻译特点实现井然有序的系统分析，最根本的是要有一个方法可以定位、可以将译出语文本和译入语文本对等关系建立的一个可能篇章单位。在翻译学发展的过程中，翻译研究人员致力于定义并系统化翻译对等的单位,也就是"翻译单位"(unité de traduction)。

维纳与达尔贝勒纳(1958)将能够将译出语和译入语对等的"翻译单位"定义为"陈述话语的最小语段,其中符号的衔接不能被分开翻译"[①]。思想单位、词汇单位和翻译单位,这些术语从不同的观点表达同一个事实。翻译单位就是词汇学单位,词汇元素与思想的唯一元素相交。然而,"陈述话语中符号衔接且不能分开翻译的最小语段",这个定义是以源语篇章为中心的,这给我们一种错觉,就是可以预先把源语切割成翻译单位。总之,翻译单位将意义至上,并且翻译单位以源语为中心,不关心阐释阶段,没有将单一单位的概念纳入阐释阶段。马尔布兰克(1968)[22]、德利斯勒(Delisle,1980)[191]、勒代雷(Lederer,1994/2006)[98]和巴拉尔(2006)[76]而后都提出了自己对于篇章单位的看法。各位学者的研究虽然各不相同,但是都一致认为词汇只有在语境中才有意义,翻译单位既不在译出语也不在译入语中,因为翻译是需要在篇章范围内进行的。

翻译评论都是着重在对等研究,却忘了在可识别的对等背后还有译出语的翻译单位是可观察的,有篇章的阐释和重写操作。确实,因为翻译是融合性质的,在最终翻译完成过程中三个阶段倾向被碾碎融合在一起。巴拉尔强调翻译单位是一个在译出语和译入语中同样重要的元素,在译者的大脑中有一个实现过程。目标语系统要建立一个可接受的对等物,可能要重写文本,相对于译出语来说,整体对等,内部调整,连贯可读。所以,从形式层面上说,存在着好几种类型的翻译单位,根据译出语的表面,或者通过译出语的重构和接受文化的元语言要求产生的翻译单位。

所以巴拉尔最终得出结论,翻译单位既不是译出语的单位,更不是一个译入语的单位。译出语的预先切分只能提供待阐释的基础,我们不能百分百确定哪会成为翻译单位,但这些基础构成了语义－文体数据,译者重新整理并重组选择。

---

① 原文:le plus petit segment de l'énoncé dont la cohésion des signes est telle qu'ils ne doivent pas être traduits séparément.

对齐单位的概念与巴拉尔定义的翻译单位的概念相吻合，因为对齐的目的也是重建翻译的单位，可重复使用的对等提取的目的，借助信息化工具提供观察的可能性。

梅肖尼克（Meschonnic，1999）[335]就曾强烈谴责这种"诗学"的缺失："翻译诗学的原则是使整个文本成为不可分割的话语、历史性和主观性、统一性。"① 换句话说："翻译单位不是词，而是文本。"②

1.3.3 认知翻译学

拉德米拉尔（1997）开创了翻译历史的类型学，或者可以称为"四时翻译学"（quatrain traductologique），这种类型学可以将支撑不同翻译学观点的作者分类。其中的四个时期两两相呼应，两两对立：一方面是规范翻译学和描写翻译学（prescriptive/descriptive）；另一方面是产出翻译学和归纳翻译学（productive/inductive）。

第一个年代构成了以前的翻译学，或者叫作翻译学的史前史，即规范翻译学，构成了翻译必备类型。这个年代处于一个对于意识形态语言的反思的前语言学阶段。作者将本雅明、梅肖尼克、斯坦内（Steiner）都归在规范翻译学领域内。第二个年代对应昨天的翻译学（始于第二次世界大战之后）。描写翻译学信奉语言学，并以完成的翻译作品作为研究对象。描写翻译学成为应用语言学，并选择了对比方法进行研究。我们可以将维纳和达尔贝勒纳，以及弗莱舍（Fleisher）和穆南（Mounin）算作这个范畴内的。第三个年代为今天的翻译学。产出翻译学对于翻译行为过程中介入的过程感兴趣，目的是提前预知未来的翻译，并且助力译者的工作。与心理分析学密切相关，产出翻译学在这种意义上看来是一门实用学，属于面

---

① 原文：Le principe poétique est celui qui fait du texte entier comme discours, historicité et subjectivité indissociables, l'unité.

② 原文：L'unité n'est pas le mot, mais le texte.

向结果的一种行为,是行为研究。拉德米拉尔的作品正处于这个年代。最后我们来到翻译学的第四个年代,可以称为明天甚至后天的翻译学。这是一种特有的科学翻译学,特别是可以利用认知科学的习得/成果/经验。推导翻译学与心理学密切相关,着重研究正在发生的过程,也就是说分析译者工作的真实时间发生期间其大脑中的行为过程,需要科学研究来引导发生在头脑中的事情,更精确地说是译者头脑中的思想过程。

霍尔姆斯和哈尔弗森(Halverson,2010)等人对于翻译活动中译者的认知活动的关注,特别是后者提出的"认知翻译学"(cognitive translation studies)这一术语,引导越来越多的学者致力于在认知科学框架下探索译者认知活动和心理行为的研究。这正是拉德米拉尔所说的翻译学的第四个时代,即从认知角度去探寻为什么要这么翻译,是否因为操不同语言的人的认知方式不同,导致语言的表现形式不同。我国进行"认知翻译学"研究的学者主要有西南大学的文旭、四川外国语大学的王寅等。而实际上,即便从语言对比角度,我们也可以发现人类将真实的物理世界概念化必将经过自己的心智过程,而语言的转换也同样是思维的转换。

语言是一个认知系统,语言之外还有其他非语言认知系统,语言表达本身就是认知系统的表层表现,是整座冰山浮在水面以下的部分,是根基所在。心智的工作机制(How the minds works)体现在人类语言和人类思维是如何互相映现的。

(李福印,2008)[2]

崔希亮(2002)在《认知语言学的研究范围和研究方法》一文中将语言的认知研究分为两个方面:一是基于心理学的研究(the psychological approach),二是基于语言学的研究(the linguistic approach)。认知语言学的研究取向是三元论的,即语言—世界—知性(language–world–ception),知性又分为感知(perception)和概念(conception)。

李福印和崔希亮虽然没有谈论从认知角度讨论翻译,却再次说明了语言、真实世界和人类认知三者之间的关系。我们要做的正是从语言，这个浮在表面的冰山，去推测水面以下的心智工作机制。20世纪80年代，在认知科学（特别是认知心理学、认知语言学、现代实验设备和计算机软件）的影响下很多学者提出用实证的方法来研究"翻译过程（translation process）"，实际上翻译过程就是人们在翻译活动中的思维过程。显然，这一研究新范式跳出传统思路，因为对于实体的翻译作品的研究是相对容易的，但是人脑这个黑匣子在翻译过程中的思考是很难窥见的。近些年有很多对于翻译过程的研究探索，研究者使用各种仪器，采用很多现代化手段试图打开或者说描摹这个难以窥见的黑匣子。这方面的尝试是比较困难的，本书并没有采用实验或访谈的研究手段，只是通过翻译过程中文字层面上的变化，来推测不同语言使用者的认知方式，并反过来解释为何这样翻译，以后应该怎样翻译、什么是比较好的翻译等问题。

1.3.4 "好"翻译的标准

翻译可能有简化、丰富、补偿等情况，是从人类的认知角度，因为同样的空间场景，由于不同民族的认知角度不同，导致语言表达习惯不同。从语言学视角看，卡特福德（Catford, 1965）[20]认为：

翻译是用一种文字材料替代另一种文字材料。①

从交际视角来看，贝克（2002）认为：

翻译是一种跨文化的活动。②

---

① 原文：Translation may defined as the replacement of textual material in another language.

② 原文：Translation is basically a kind of inter-cultural activity.

许钧（2014）则认为，翻译就是一个字，差异的"异"。翻译因异而生，唯异而译，如果没有差异，根本不需要翻译。那么什么是好的翻译呢？标准众说纷纭，我们可以参考古今中外比较著名的几位翻译学家提出的标准。

严复（1898）在《天演论》的"译例言"中提出了翻译三原则，如今仍然是中国译者的信条：信、达、雅[①]。如果说"信"，也就是忠实，是对原作内容的尊重；那么"达"则追求一种表达的流畅；至于"雅"，属于对译者语言掌握的一种高水平的要求。

我们再转引奈达曾提到过的三条好的翻译的标准，具体如下。

（1）翻译应该对原文思想有一个完整的转写。
（2）译文的写作风格和方式应该与原文具有相同特征。
（3）翻译应该具有原始作品的易用性。

（Nida，1964）[19]

为了实现忠实，保留原作的意思和风格，译者应该在其工作中隐身，完全让作品本身呈现出来，正如本雅明（1923）在《译者的任务》中说的那样：

真正的译作是透明的，它不掩盖原作，不遮挡其光芒，而是让纯语言通过自己的媒介得以强化，只有这样，译作才能完全落实到原作。[②]

（Benjamin，1923）

---

① 《天演论》是严复根据英国生物学家赫胥黎所著的《进化论与伦理学》（*Evolution and Ethics*）翻译的，但加入了自己的观点。本书使用的版本是由北京大学出版社出版的，由宋启林等翻译的全译本，附《天演论》。

② 原文：La vraie traduction est transparente, elle ne cache pas l'original, n'offus que pas sa lumière, mais c'est la pure langue, comme renforcée par son propre médium, qu'elle fait tomber d'autant plus pleinement sur l'original. 此处为笔者自译。

汉、法句首空间表达方式的对比研究及其翻译应用
——以阿兰·罗伯-格里耶小说平行语料为例

但翻译真的可以"透明"吗？译者真的可以完全忠实原作吗？答案必然是否定的，越来越多的研究者敢于提出翻译并非透明。译者的干预长期以来是一个敏感的问题，甚至是禁忌话题。

翻译，就是一仆二主。①

罗森茨维格（Rosenzweig）的这句话表明了译事的二重性：对于译者，一方面要服务作品、作者和外语；另一方面，也要服务于读者和自己的母语。这同时也隐含了另一层含义，即译者的地位似乎低于他所服务和忠实的对象。还有另外一个等级原则也同样长期存在于翻译观念中，即首先需要翻译作品的意思和内容，然后才是风格。这在奈达和泰伯尔的书中有一段经典的话：

翻译是在受体语言中复制源语言信息的最接近自然等值物，首先在含义方面，其次在风格方面。

（Nida and Taber, 1969）[12]

译者的脐带（ombilicalité du traducteur）② 是布朗创造的词，是为了描写一种亲密状态，朝向一个人类和上帝之间的完美汇聚，可以被认为是译者试图要趋向的一种状态。译者还需要知道应该在哪里、在何时，保护这条关系，以及如何在源语言和目标语言之间的曲线上、在作者和翻译写作者之间波动。译者必须接受不可避免的手工匠工作的双重束缚。

利科（Ricoeur, 2004）《论翻译》（*Sur la traduction*）分为翻译的挑战和幸福、翻译的范式、过程：翻译不可译。他引用弗洛伊德（Freud）给

---

① 原文：Traduire, c'est servir deux maîtres. 此处采用杨绛女士的翻译。

② 这个比喻出自 Hœpffner，于 2010 所写的 *L'ombilicalité du traducteur*。本篇论文在 *Palimpsestes* 第 23 期 149–159 页。

"travail"这个词的双层含义，即"回忆的工作"和"哀悼的工作"。也就是，翻译从一开始就是不可能的任务，注定有所失去，有所哀悼和挽回，是不完美的。最后，他提出需要放弃完美的翻译，这种放弃让我们可以接受缺陷活下去。这就又提到了施莱尔马赫（Schleiermacher）、韦努蒂、贝尔曼所提到的异化和归化的问题，即翻译的两种可能："把作者带到读者那里"和"把读者带到作者那里"。从最初的不可译，达到最终的不可译的这个过程，在忠实和背叛之间达到一种平衡。

翻译的过程，既是某种挽回损失的过程，也是某种默许损失的过程。受到弗洛伊德的启发，利科将翻译工作与回忆工作进行比较，找到翻译工作中恰当的对等物，这两种工作都是面临双重阻力的工作。哀悼的工作在翻译方法中找到对等物，并把它带到自己的苦涩但珍贵的补偿中。一句话总结起来就是，译者只能放弃完美翻译的理想。所以，翻译过程中译者可能会做某种补偿行为。

1.4 篇章语言学与翻译学研究的结合

拉德米拉尔认为，语言科学即语言学所描绘的三角形，最高总和是哲学，然后是稍低一点的心理学。语言科学与翻译学直接相关，因为翻译学研究的是语言问题、词语和篇章等。语言学理论概念或反思的习得发生了，这一切都是因为我们从语言对象出发，从源语篇章到目标篇章的过程反思。然而，翻译学不满足于是语言学的附属品。我们翻译的不是语言，而是篇章；甚至可以说我们翻译的不是篇章，而是篇章中所承载的意义和话语效果。那么，篇章语言学与翻译研究结合的研究进展如何呢？

1.4.1 国外研究综述

很多研究者积极地将语篇理论引入翻译学领域，通过文献收集，我们发现很多学者都注意到了谈论翻译也不能在句内讨论，需要在篇章范围

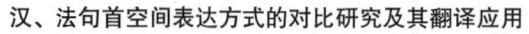

内进行思考。比如，维努蒂编辑的经典选集中，以色列学者布鲁姆－布尔卡（1986）的文章《翻译中的衔接和连贯转换》（*Shifts of cohesion and coherence in translation*）讨论了衔接和连贯在翻译中的转换情况，衔接在翻译中有明显的显化现象，而连贯性则无法定量分析，于是他从读者和篇章两个方面进行分析，提出需要进一步的实证研究。发现译者对原文进行阐释的过程会导致译文比原文冗长，这一冗余现象很大程度上表现为译文在衔接上的明晰化。布鲁姆－布尔卡据此提出"显化假说"（the explicitation hypothesis），后来作为首要子假说被贝克（1993）[243]纳入"翻译共性假说"（translation universals）。

哈迪姆和梅森，是整个西方较早把话语分析的基本方法和语篇语言学的基本原理应用于翻译研究领域的学者。在1990年出版的《话语与译者》（*Discourse and the Translator*）一书中，他们整合了一系列语言学术语，创建了语境三维研究模式。功能语言学方法，豪斯（House, 1997）在其著作 *Translation Quality Assessment：A Model Revisited* 中引用韩礼德的理论，将篇章功能分为语域和体裁两大方面，并且在语场、语旨和语式三个方面阐释了不同类型的篇章背景和它们之间的关系。

法国篇章语言学家亚当，曾在2013年出版过一本根据自己课堂教学和讲座内容而写成的书——《篇章问题，篇章语言学和翻译》（*Problèmes du texte, La linguistique textuelle et la traduction*）。这本书做了很多从篇章角度谈论翻译问题的尝试，亚当首先在开篇介绍了篇章的相关定义，并解释了篇章中的连贯和衔接的一些要素：重复和主体推进。并且从微观、中观和宏观三个角度介绍了篇章的连接（liage）类型，采用双语海报、魏尔伦和波德莱尔的诗歌、佩罗的童话故事、博尔赫斯的作品和其译文等风格迥异的作品作为语料，不仅从语义（回指、共指、同位义素、搭配）角度分析，也从话语组织和连接词等话语标记角度探讨，甚至从段落数量、语段的形态（副文本）和字体大小、插图等方面来进行翻译研究。

然而，现有语料库翻译学研究，多数限于描述译文的词汇运用，少量涉及句法特征，对译文语篇特征的关注较少。从阐释学角度来说，施莱尔马赫认为翻译是一个偶然的过程，要么译者让作者不动，读者走过去与作者相遇，要么让作者走到读者身边。第一种方法中原文让译者以异为异，尽量体现原文的异域特殊性；第二种方法相反，译者让其译本适应读者期待的文化场景，也就是接受的历史环境。这可能是比较早的将篇章情景环境信息与翻译结合的理论了，但他讨论的是广博的文化场景，并不是文本内的信息。也就是说，翻译与语境的结合研究倾向于广义上的"语境"（contexte），而对狭义的文本内部的"上下文"（cotexte）关注不够。

综上所述，我们发现英美德法诸国学者皆从不同角度探讨过篇章语言学与翻译研究的结合，其中语境信息是译者不得不考虑的因素。这实际上给我们一种新的思路，就是篇章语言学可以作为翻译研究的理论基础，我们可以观察对比源语文本和翻译文本在篇章层面上的变化，思考其背后的认知心理学或哲学原因。

1.4.2　国内研究综述

从20世纪80年代，国内就有学者为该领域研究提供了理论基础。胡壮麟（1989）最早在其专著中运用韩礼德语言学理论探讨翻译问题，但并未发表论文进行专门论述。而后，众多学者都发表了相关论著，如李运兴（2000）的《语篇翻译引论》、谭载喜（2002）的《语篇与翻译：论三大关系》、萧立明（2001）的《新译学论稿》。黄国文（2002）、赵彦春（1999，2005）、陈浪（2011）是我国发文时间较早的学者，司显柱和张美芳的一系列文章具有很高的引用率。还有很多学术论文非常有创新眼光地研究了这一主题。

以上将篇章语言学理论和翻译研究结合的国内研究所用到的理论，除了之前提到的哈迪姆和梅森等学者，美国学者德伯格兰德和德国学者德莱斯（De Beaugrande and Dressler，1981）在《篇章语言学导言》（*Introduction to text linguistics*）中将成篇性具体化为七大方面：意向性、可接受性、情

汉、法句首空间表达方式的对比研究及其翻译应用
——以阿兰·罗伯-格里耶小说平行语料为例

境性、信息性、连贯、衔接和互文性①，这是一个包罗万象的概括，针对篇章语言学研究的三个主要方面，即篇章本身、篇章的参与者，以及篇章所涉及的篇内和篇外语境。当然，也不乏利用自己所编教材中语料研究的，比如，侯向群（1994）发表在《山东外语教学》上的《篇章语言学与翻译》一文提出：翻译，无论是理论研究，还是实践，都必须以篇章语言学的研究成果来作为指导，走出句子，走向篇章。因为篇章语言学包括了传统语言学所不包括而翻译实践又必须涉及的诸多问题，如句子衔接与连贯、语义在篇章中的确定、语体风格、篇章结构等。他认为，如果从篇章的大结构（macrostructure）来看翻译，则更富有指导意义，可以有助于找到篇章各片段（小结构）之间的联系。但有关翻译文本衔接特征的研究，大多是基于某些特定作品，论证时只是援引个别例证。

许家金、徐秀玲（2016）认为现有语料库翻译学研究，多数限于描述译文的词汇运用，少量涉及句法特征，对译文语篇特征的关注较少。他们借助在线文本分析工具 Coh-Metrix，对比了汉译英翻译英语和原创英语中的语法和词汇衔接两大类。研究发现，翻译英语中有多项语法和词汇衔接特征与原创英语存在显著差异，呈现出衔接显化的特点。然而，该研究使用的在线文本分析工具 Coh-Metrix 3.0 只提供量化数据，适合考察文本语言特征的整体趋势，在解读语料原文的实际语言表现这个方面还有欠缺。刘国兵（2017）提出基于霍依（Hoey，1991）的词汇衔接理论，利用 WordNet 语义网络提取学生作文中语篇连贯相关的特征，尝试进行书面语语篇连贯自动评价。实际上 WordNet 这个语义网络的局限性早就在自然语言处理领域有过研究，袁毓林（2014）探讨了如何将具有情境联想关系的词汇概念联系起来，发现它们之间的语义和推理关系。他对主流的概念知识库系统（包括 WordNet、VerbNet、Framenet、ConceptNet 等）进行了比

---

① 原文：intentionality, acceptability, situationality, informativity, coherence, cohesion, and intertexuality.

较，指出它们在解决"网球问题"[①]上还都存在一定的局限性。以上可见，需要进一步精准定位语法和词汇衔接显化的真实语境，抑或使用开发的标注工具，辅助我们对衔接的词汇语法特征进行标注和分析。

1.4.3 总结和反思

虽然我们搜集到很多篇章语言学与翻译结合的文献，但是篇章层面上的翻译研究有两个问题：

一是国内原创理论的稀缺。文献浏览环节可以发现，这些文章的统一特点就是开头的理论部分采用的是国外比较成熟的篇章语言学理论，比如韩礼德和哈桑的连贯和衔接理论，或者是根据伯格兰德提出的篇章性七个标准，可以概括为功能语言学视域下的翻译研究。

二是篇章和话语概念不清的问题。当我们讨论篇章语言学和翻译的时候，大部分的研究都将眼光着眼于过大的语篇外语境，而对于文章内部的上下文语境却关注不够多，这就是为什么我们遍寻篇章语言学和翻译研究结合的文献，找到的大多是文本外的语境，单纯的文本内部连贯和衔接与翻译研究结合的情况却很少。

在对前期研究书籍和文献等研究成果进行梳理之后，我们将在下一章对本书所采用的技术手段做出简要的介绍。在科技迅猛发展的今天，我们不再靠手工作业，而是有了获得海量线上资源的机会，如何在理论指导下更好地利用这些资源是我们需要思考的问题。

[①] "网球问题"（Tennis Problem）指怎样把"racquet"（网球拍）、"ball"（网球）、"net"（球网）之类具有情境联想关系的词汇概念联系起来，发现它们之间的语义和推理关系。这是一个自然语言处理和相关的语言知识资源建设的世界性难题。

第 2 章 本书语料库建设与使用软件

经过前面对于语言中的空间表征、篇章语言学、翻译学等方面的理论介绍后，我们将在这一章界定语料库研究中的双语语料库的定义，并介绍本书中语料的对齐方法和篇章标注标准等信息。如今外语专业也面临着很多的机遇和挑战，外语专业出身的研究人员对于语料库的建设、检索和应用了解甚少，面对大量的数据即便手工作业可以完成，也很难将研究扩大并持续下去。因此，笔者在手动对齐并打字完成语料中第一部小说的工作后，尝试学习了很多与语料库建设，尤其是平行语料库的对齐相关的知识。笔者在摸索的过程中接触了一些语料库（语料对齐、简单编程、网页爬取）的知识，将在本章展示出来，与其他学习者共勉。我们可以通过 Tools for Corpus Linguistics（corpus-analysis.com）这个语料库工具网站，搜索我们需要的语料库工具。这个网站汇集了 266 个语料库工具，可以通过后面的 25 个标签（tag）对于所需功能进行筛选，如标注（annotation）、可视化（visualization）、词形赋码（postager）、词语索引（concordancer）、词表制作（wordlist）和对齐语料（aligner）等。

我们在本章中只介绍与本书相关的语料库相关问题，比如以下四个。

（1）如何界定双语平行语料库。

（2）怎样建立一个平行语料库，具体的操作步骤是怎样的。

（3）在取得所需要的句子后，如何在篇章中定位这个句子，标注这个所在句的上下游指称表达。

（4）如何利用这些软件的统计和可视化功能，取得我们所需要的统计结果。

2.1 双语语料库

鉴于本书要使用汉法双语平行语料，我们需要对双语语料库有一定的了解和认识，并且清楚自己使用语料的优势和劣势，根据其中的问题进行调整。关于平行语料库的定义，翻译学界一直未有定论。下面我们引用几位国内著名语料库专家的定义。

王克非（2004）引用了瑞典哥德堡大学的英语教授艾杰默和爱腾博格（Aijmer and Altenberg，1991）[12]，以及格兰杰、勒罗和佩奇－泰森（Granger，Lerot，Petch-Tyson，2003）[21] 的两种看法，认为双语语料库包括对应语料库或平行语料库（parallel corpora）和翻译语料库（translational corpus），前者有翻译关系且文本对齐，后者有翻译关系但文本未对齐。并且，平行语料库中的文本也分单向和双向翻译两种。

梁茂成、李文中、许家金认为：

单语语料库中的语料自然来自于同一种语言，而平行/双语语料库中的语料来自于两种语言，而且相互对应，即一种语言是另外一种语言的译文。

（梁茂成，李文中，许家金，2010）[4-5]

胡开宝认为：

"平行语料库是指收录某一源语言文本及其对应的目的语文本的语料库，不同语言的文本之间构成不同层次的平行对应关系。"

（胡开宝，2011）[33]

卫乃兴、陆军（2014）在其著作第四章《平行语料库的涉及原则和对齐方案》中也提到了平行语料库的定义：

"平行语料库又称为翻译语料库，通常包括两部分内容：一部分是原语言文本，如曹雪芹《红楼梦》的各章文本；另一部分是与之对应的译为另一种（多种）语言的目标语文本"。

管新潮（2018）认为，双语语料库可分为双语可比语料库和双语平行语料库。前者的两种语料文本之间存在不翻译关系，但两者在内容上有着极大的关联性；后者的两种语料文本之间存在翻译关系，可在语料文本之间实现句级、语块级甚至是词汇级的平行对等。双语平行语料库还有单向和双向之分，即仅有从一种语言到另一种语言的翻译关系的语料库为单向双语平行语料库，有着双向翻译关系的语料库则为双向双语平行语料库。

各位专家学者对于双语平行语料库的定义不尽相同，平行语料库和翻译语料库的概念在某些情况下是等同关系，而某些情况下又是不同的语料库类型。本书采取的是平行/对应语料库，其中两个文本为单向翻译关系，一个源文本加上一个对应的译文，两者可以进行大概率的文本对齐。

2.2 工具介绍

我们的语料处理有语料搜集、格式转换、语料对齐、查找所需句子等步骤，分别需要利用不同的工具帮助我们实现目的。可以见表2-1中整理出来的六个步骤。

第 2 章　本书语料库建设与使用软件

表 2-1　本书语料处理的步骤说明

序号	第一步	第二步	第三步	第四步	第五步	第六步
操作步骤	文本采集	文本整理与清洁	文本对齐	检索文本	篇章标注	数据统计
方法	网络上搜索到的各种格式的电子书籍，转换格式为纯文本格式	对文本进行降噪处理	在线对齐，并通过人工检查消除错误对齐情况	检索所需要的句首空间表达方式所在句的法汉对照版本	标注仍为手动标注，通过 Ctrl+F 可以寻找标注单位	利用语料库软件的统计功能
使用软件	ABBYY Fine Reader	文本整理器 V3.0	Tmxmall	Heartsome TXM Editor	ANALEC6.0	ANALEC/ Lancsbox/ NVivo12

当然，本书所选用的软件并不是唯一可行的，还有很多同类产品可供选择，但我们以简单易操作且开源为前提进行选择。下面根据操作步骤演示一下这些软件的使用过程。

第一步文本采集相对比较容易。网络上可以搜集到很多与语料相关的图书，但有 txt、mobi、pdf、epub、djvu 等繁多种类，一般来说我们需要 txt 纯文本格式，为了不产生乱码，需要将其调整为 utf8 或 unicode 格式。这一步一般在线工具就可以解决，比如 Convertio（图 2-1）、iLovePDF 等就可以解决格式转换问题。将现有格式导入在线工具，并点击转换格式按钮。这些工具还可以拆分、合并现有文档。

图 2-1　转换格式在线网站

但问题是当我们碰到纸质文档和图像形式的 PDF 或 Djvu 文档，就需要使用俄罗斯泰比软件公司开发的 ABBYY FineReader 进行光学识别（OCR）处理，该软件可以免费试用，但进一步使用则需要付费购买。虽然目前有一些软件甚至手机也有光学识别图片中的文字功能，但批量处理大量文本还是推荐 ABBYY 这款光学识别软件。该公司还有 ABBYY Aligner 软件用于语料对齐。在对齐软件的使用上依然需要进行选择，这一点在下面会讲到。

第二步，语料清洁，降噪处理。由软件识别出来的文档难免都有乱码、多余的空格符、制表符和换行符等杂质，还有一些冗余信息（前言、后记、注释、版权页、图表名称、广告文字等）。如果手动操作删除修正这些内容费时费力，我们需要找到一个可以帮助我们进行文本清洁的工具。风林文本整理器是一款针对中文 txt 格式设计的免费文本编辑软件，只需点击几个按钮就可以去除文本中的多余空格，转换标点符号格式，还可以修正乱码，得到一个标准格式的文本，帮助我们免于去做重复性的繁重工作。图 2-2 是文本整理器的操作界面，支持多个文档同时操作。

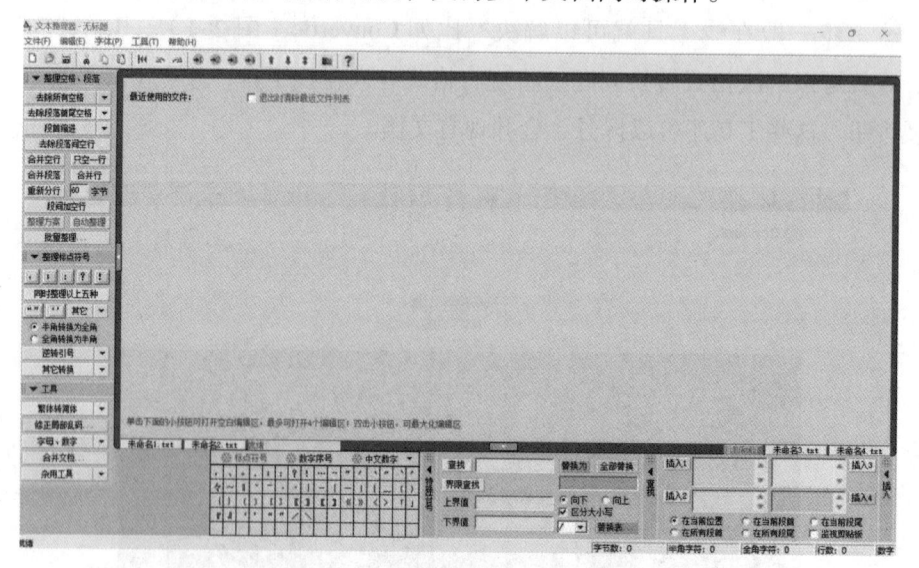

图 2-2 文本整理器的使用界面

第三步，清洁过后的语料对齐。传统方式来说，我们可以通过两种方法对齐语料：第一种基于计算技术，检查译出语和译入语的句子长度，建立联系；第二种建立在语料库内承载的语言信息基础上。从原理上来说，要进行平行语料库的段落对齐，先进行句子或者词汇对齐。有的时候句子的对齐算法明显地基于段落的前期对齐。比如句子对齐可以分两个步骤实现：首先将篇章的段落对齐，然后将已得到的段落内部的句子对齐。这种情况下，我们发现，段落和句子的对齐方法重合了。

缪君（2012）的博士论文采用了巴黎三大适应于中文的对齐软件之一 Alignator 对于语料的分析，并使用其导师萨勒姆（Salem）研发的词量学研究软件 Lexico4 进行数据分析。目前可在网站上查获有关《约翰·克里斯朵夫》的多部汉译信息。对于构建法汉语料库，某些对齐软件需要预先进行中文切分（大部分做法是采用张华平的 NLPIR 进行分词），然后使用适应于中文的对齐软件进行对齐操作。目前有很多留学法国的中国博士生，他们以中法语言对比为基础，采用先进的技术手段研究翻译学或文学等领域，非常值得我们关注。然而，缪君的研究是以词量学为理论基础，其研究对象主要在词汇层面，研究目的是比较几位译者的研究风格。

我们没有采取利用分词软件先进行分词再对齐的方法，但中文分词确实更加有利于文本对齐，而且分词对于词频统计的正确性也有帮助。不过目前很多软件比如兰卡斯特大学的 Lancsbox 内部就有分词功能，无须专门下载分词软件。我们采取直接将未经过分词的中法文档分别导入对齐软件进行对齐。目前使用较多的对齐工具主要有 Tmxmall 在线对齐、ABBYY Aligner 软件对齐，以及 Transmate 软件对齐工具。经过分析，笔者最终选择了 Tmxmall 在线对齐工具。几个对齐软件的基本功能和特色功能可以通过表 2-2 了解。

表2-2 三种对齐软件功能对比

工具名称	对齐文档	文档格式	导出格式	对齐方式	基本功能	特色功能	批量编辑	查找替换
Tmxmall	单文档/双文档	17种	tmx、xlsx、txt左右对照的文本文档（制表符分割，txt）/上下对照的文本文档（换行符分隔，txt）	段落对齐/一句对齐	合并、拆分、上移、下移、插入、删除、调换、回退、对齐	去除"原文=译文"、去除"一句多译"、一键去重、提取术语、调换（转变语言方向、制作反向、记忆库）、奇偶数段颜色区分	可以	可以
ABBYY Aligner	双文档	24种	tmx、rtf	段落对齐/一句对齐	合并、拆分、上移、下移、插入、删除、调换、回退、对齐	删除所有空行、选定单元格、对齐标记（分隔符）	可以	可以
Transmate	单文档/双文档	3种（doc、docx、txt）	Tmx	句对齐	合并、拆分、上移、下移、插入、删除、调换、回退、对齐		不可以（只可以单句编辑，无法批量处理）	不可以

在对齐方式、支持文档格式、导出格式、对齐方式方面，上海一者信息科技有限公司的YiCAT是基于人工智能的在线翻译管理平台，其在线对齐工具Tmxmall支持的文档格式多样，导出格式也有tmx、xlsx、txt等多种。Tmxmall可以通过去除"原文=译文"、去除"一句多译"以及一键去重，提高对齐语料的质量；通过"黄色"和"绿色"颜色区分原文奇偶数段；其对齐方式是先进行段落对齐，以句号、问号、叹号、分号、冒号五个标点，为界定对齐标志，然后再进行句对齐。经过人工校对查重，这样可以大幅提高对齐的效率以及准确率。

先将两个文本进行初步的段落对齐，然后点击对齐选项进行句子对齐。这种方式的句子对齐仍存在一定的错误，因为原文和译文中的标点无法完全对应，存在着一对多句、多对一句、交叉等现象，需要人工校对，该在线工具可以拆分、合并单元格，非常便利。虽然，本书所选用的语料非常幸运地很容易对齐，但实际上，经过多次实验，我们发现，文学文本的对齐存在着很大的难度，因为译者可能会删减或改写原作，或者将对话段落进行换行处理，导致段落无法对齐，差距很大，那么下一步的句子对齐则必然不够准确，如图 2-3 所示。而政府工作文件等文档则相对比较容易对齐，且后续人工校对的工作也非常少。

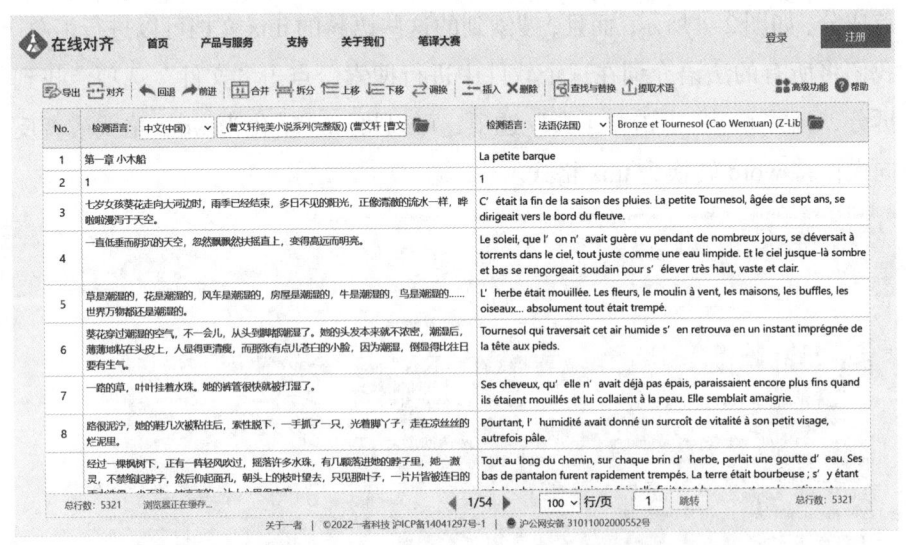

图 2-3 《青铜葵花》中法文档段落对齐之后的句对齐尝试

第四步，检索文本中以句首空间表达方式开头的句子和中文对照译文。

在写作过程中，本书参考了大量国内硕博和期刊论文，比如北京外国语大学的葛囡囡（2017）的博士论文《语料库支持下的专利文献德汉翻译探究——一项篇章语用学视角下的翻译研究》，与本书的研究方向有相似之处，并且在语料库支持下进行。该文提到了目前国内外常用的平行语料库软件有 Paraconc、中国传媒大学的 CUC-Paraconc 及北京外国语大学的 BFSUParaconc，但我们可以看到，作者最终没有使用这些软件进行对齐，甚至 Antconc 软件虽然介绍了功能最终却没有应用，而是采用的 Excel 表格人工对齐文本（句对齐）。实际上，Paraconc 主要应用于文本检索而非文本对齐，目前比较常用的平行语料的文本检索工具还有 Sketch

Engine[①]，该软件功能强大。

最终我们选择了由 Heartsome Holdings Pte Ltd 开发的 Heartsome TMX Editor 开源软件，因为对齐之后的导出格式可以选取 tmx 文档（还有 word、excel 格式文档）。打开 TMX Editor 软件，查找我们需要的句首空间表达方式，该软件支持按照大小写查找，方便我们锁定法文原文中的句首成分，如图 2-4 所示；而且，搜索到的这些语料的 tmx 文档可以进行汇总。我们将所有的法语介词在这个软件中进行搜索，点击"文件"选项，找到拆分、合并 tmx，点击"工具"选项，可以将 tmx 转化为 word 格式或者反向操作将 word 转换为 tmx 格式。

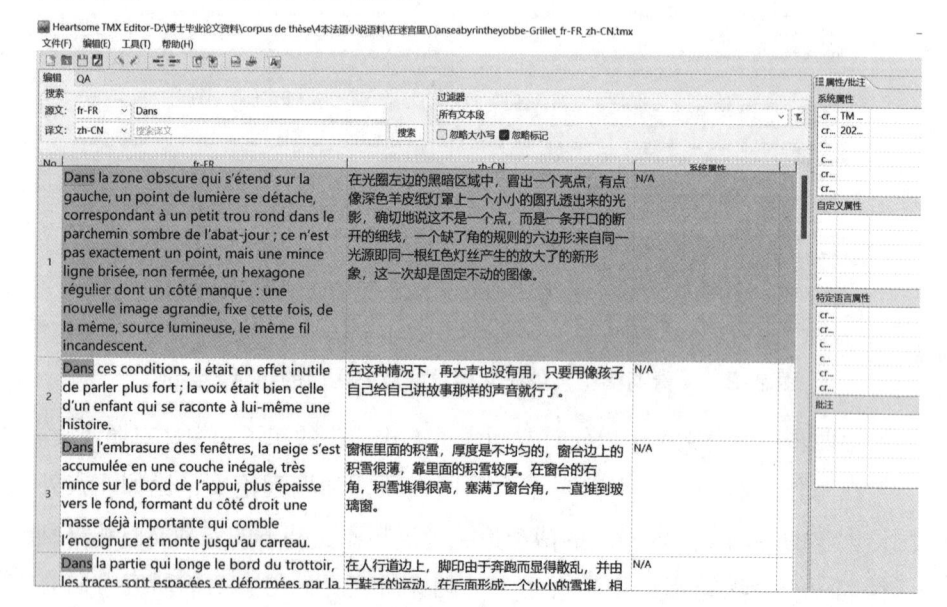

图 2-4 Heartsome TMX Editor 软件句首为介词"dans"的对齐文档搜索界面

第五步，篇章中的连接和导入两种关系的标注。主要方法是借助 ANALEC（Victorri，2011）软件对话语范围导入词的前后句进行标注和统计。

[①] 网址：https://www.sketchengine.eu/.

第 2 章 本书语料库建设与使用软件

由法国巴黎三大 CNRS 研究中心主任朗德阿然开发的 ANALEC 软件[①]是一种集语料库标注、可视化和查询管理于一体的工具，其主要思想是提供一种统一的、动态的文本数据注释方法。ANALEC 允许研究人员动态地构建自己的注释方案，并在注释过程中使用方案修改、数据查询和图形可视化的可能性。每个查询结果都可以使用图形表示进行可视化，该图形表示提出一组可以直接更正或完成的注释。然后将文本注释看作一个循环过程。诸如频率和相关性之类的统计信息使得在标注期间动态验证标注数据成为可能。ANALEC 拥有标注功能、部分标注数据可视化功能，以及三个统计模块：频率、相关性和几何表征。

ANALEC 允许研究者根据研究需要，动态地创建标注结构，然后按照这个结构进行标注，每个标注单位都有自己的属性，连接和导入关系则有类型和距离两个标注属性。因为，本书旨在对翻译中产生的变形所导致的篇章纹理（texture）和话语组织方法产生的变化，进行对比研究。所以，笔者首先对于标注单位（unité）和各个单位之间的关系（relation）进行自定义。虽然研究对象主要是话语范围导入词，但也需要借助指称知识，所以标注单位限定在话语范围导入词和指称两个部分，对其细致分类方便最后的数据统计。统计可以从多个维度进行：话语范围导入词的类别、名词前的限定成分、与上下文的衔接方式、同种语言不同文本、两种语言之间的对比等。

图 2-5 为根据我们需要统计的标注单位，经调整所设置的标注结构（structure des annotations）。标注单位主要是句首空间表达方式（也就是潜在的话语范围导入词）和前后指称表达，前者的标注还有语义类型、是否与主句分离、是否位于段落开头几个内容，后者的标注则关注了指称表达的语法类型、句法成分等；而二者之间的关系则主要标注了连接（connexion）和导入（indexation）两大类，衔接关系主要关注衔接距离和

[①] 网址：https://www.lattice.cnrs.fr/ressources/logiciels/ANALEC/.

衔接方式，空间导入则关注导入范围和与后文的空间关系。这就是我们设立的标注结构的基本逻辑。

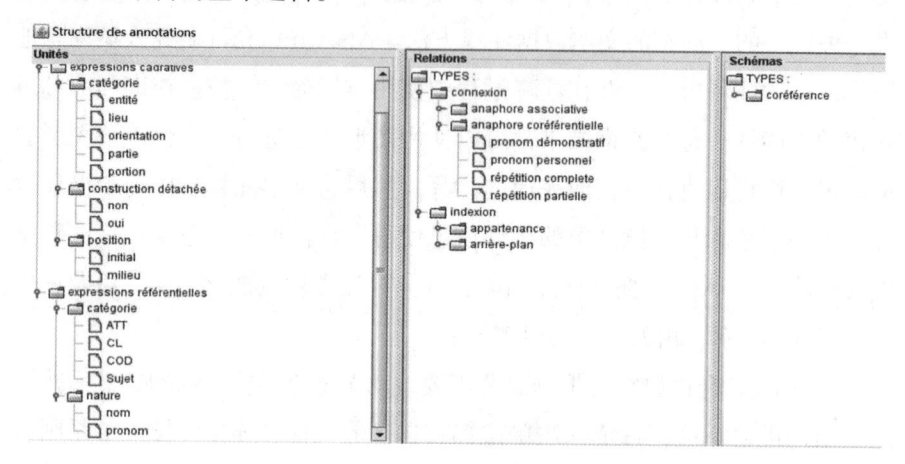

图 2-5 标注结构

可以将检索出来的平行语料库中的关键词通过 Ctrl+F 的方式在 ANALEC 软件中进行搜索，在篇章中找到所在位置，进行所在句的标注，具体操作如图 2-6 所示。

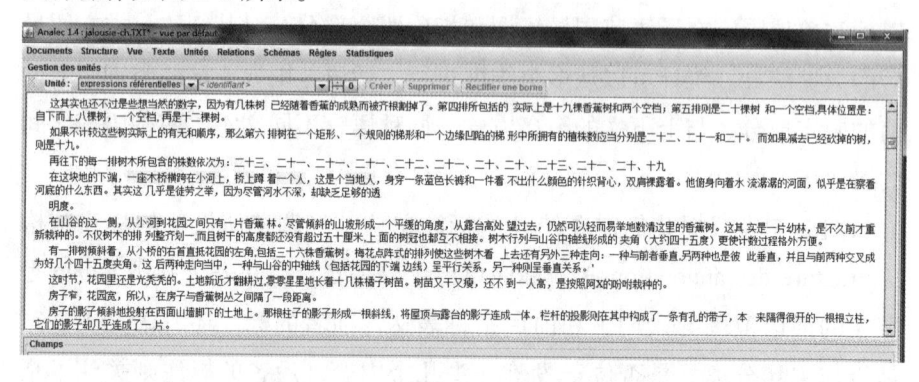

图 2-6 语言单位（unité）标注示意图

通过观察，发现其前句中的先行词和后句中的导入对象，再进行篇章关系的标注。比如，图 2-7 中的"sur le bois verni de la table"可以在上一段找到它的先行词，是完全重复的情况，我们标注了衔接的类型和距离两个要素。

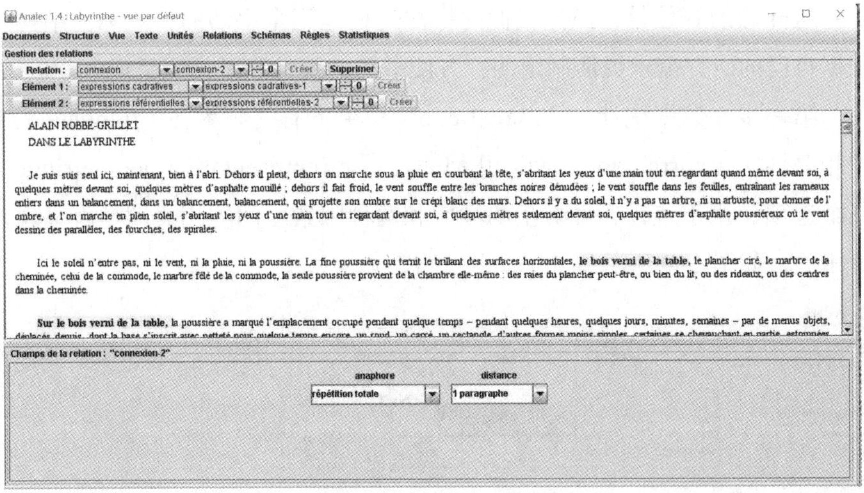

第 2 章 本书语料库建设与使用软件

图 2-7 衔接关系标注

而这个句首空间表达方式，我们会标注其辖域范围内最远距离的物体，比如图 2-8 中的"sur le bois verni de la table"导入的范围可以超越所在句和所在段落，延伸到其后的两个段落里，因为"l'abat-jour"置于这个桌子上。同样地，我们也标注了导入距离和两者之间的关系两个要素。

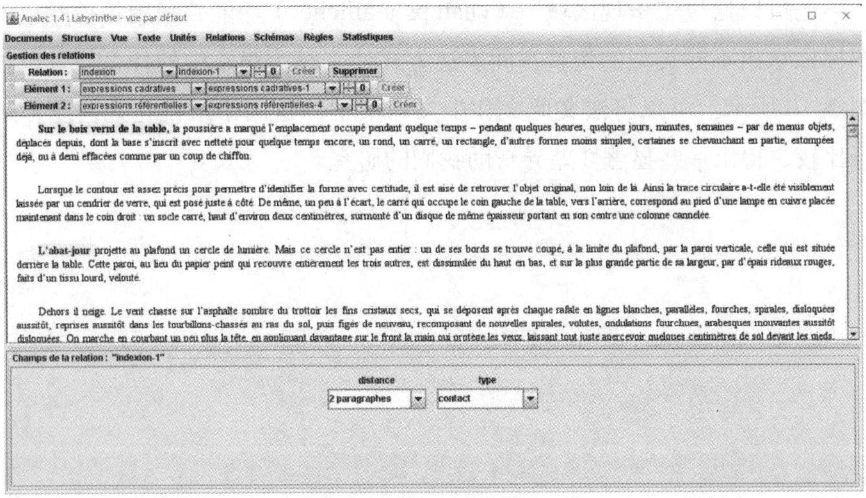

图 2-8 导入关系标注

这样做的好处是，虽然我们的标注过程是完全手动的，但标注结构是根据自己的研究需求灵活制定的，方便最后的统计和可视化呈现。

第六步，数据统计。"Statistique"菜单下有"频率"（fréquence）、"相关性"（correlation）和"几何表征"（representation géométrique）三个选项，用于统计各种类型的频率和两种因素之间的相关性是否呈现正负相关，如图2-9所示。

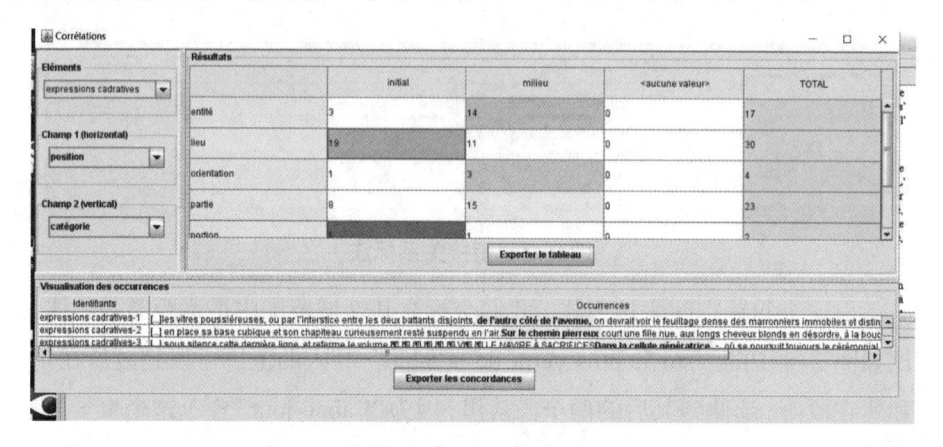

图 2-9　相关性统计

还可以通过"呈现区域"（champs à afficher）功能，采用各种颜色的图标标示出不同类型的句首空间表达方式处于整个篇章中的什么位置，如图2-10所示。可以将法文原文和中文译文中的这两个可视化几何图形进行比较，得出一些显著性差异帮助我们的研究。

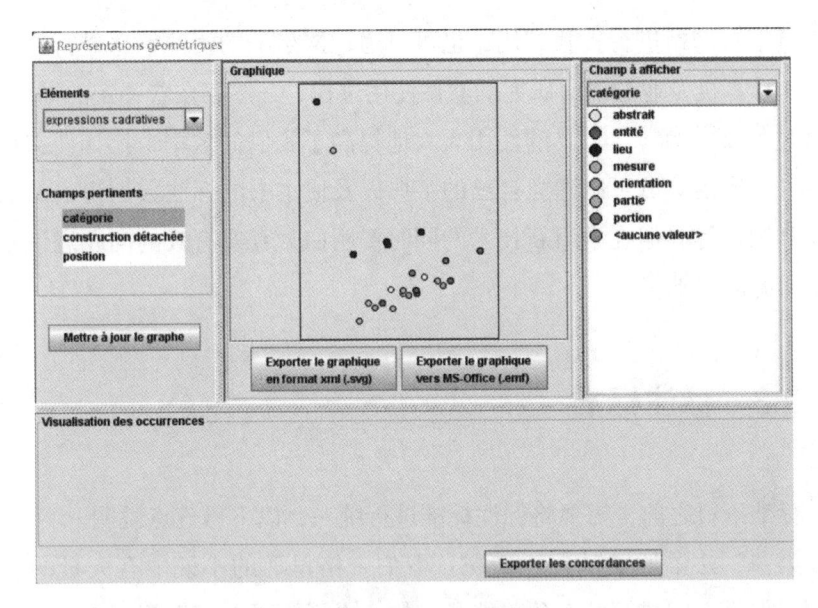

图 2-10　标注单位可视化

更加方便的是这个软件还可以反向查找，比如说，当我们想查找处于非段落开头的句首空间表达方式的例子时，就可以点击"milieu"这一栏，那么所有这一类别的例句都会呈现出来，点击句子就可以看到其在整个篇章中的情况，对于再次查阅上下文来说特别简单易操作。如图 2-11 所示。

图 2-11　ANALEC 软件反向查找例句功能

以上六个步骤所使用的软件都基于简单易操作、尽量为开源形式的原则，当然还存在很多同种功能的其他软件，可以通过本章开头提到的语料

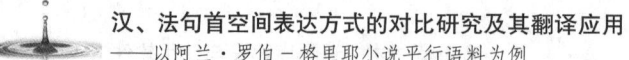

库工具汇总网站进行查找试用，也可以通过网络上的资源信息进行甄别筛选。非计算机专业的语言研究的软件使用过程，必然存在着一定的局限性，尝试过程仅供参考。工具的使用大大地提高了我们的效率，比如使文献管理软件、术语提取可以建立自己的字典以及使本书的标注数据得出的统计数据和图形等。但在学习新技术的同时要明白，真实有效的问题意识才是科学研究的基础。

2.3 标注标准

标准语料之前，需要将标注标准进行统一，以下做五点说明。

第一，法语原文的标注情况：罗伯-格里耶的小说中有大量的空间描写，但是空间描写的对象可能是实体（桌子、画、灯等等）、地点（十字路口、房子、山谷里等等）、房子的部分（墙、卧室、地板、天花板等等）、方位标成分（拐角、面）；再者，这个句首空间表达方式是不是分离结构（construction détachée）、位于段落的开头和中间段甚至篇章中的位置，都需要标注清楚。

第二，汉语译文的标注情况：分析译文使我们得知，中文译文的标注情况必定与法语原文有一定数量的差异。因为译文中有语序不变、位置移动、灵活改变几种情况，导致译文中句首话语范围导入词的位置移动、标点符号改变、成分不同等。

第三，与前文的衔接关系，需要标注先行词和回指词之间的指称关系。指称关系分类众多，因此，标注指称的时候标注的情况有共指回指中的代词回指、名词同义词替代、名词重复和不完全重复等，异指回指中同为名词回指的联想回指，以及概述回指等其他回指情况。

第四，对后文的导入情况，首先要标注清楚法语原文所在句中，句首空间表达方式和后面的主语是什么关系。意象图示结构，指在大多数情况下，人类对空间的经验以及由此所形成的概念，一般借助意象图示构建起来的心理表征有容器、出发地—路径—目标、部分—整体、中心—边缘、上—下，前—后等类型。在空间关系的确定中，我们参考了前人的理论，将空间关系按照由远及近的关系分为背景、参照、接触和整体部分关系四种情况，容器类也将其归入接触这一类别。对于辖域的标注准则是，我们不需要标注导入范围内部的指称链条情况，只需要将其辖域延伸的范围是多少个句子，或者多少个段落标注清楚就可以了。

第五，汉语译文标注的细节问题，比如"画面下方空白的地方"在法语原文中有个逗号将其隔开，在汉语中认为是两个标注单位；再如"桶里的水"对应的法语原文是"在桶里荡漾着水"，我们将"桶里的水"标注为指称表达，成分为主语。这样的标注可以凸显出两种语言的相异性，为之后的对比分析提供数据支撑。

经过统一标准的标注，取得数据之后的分析，希望可以解答以下几个问题：①句首空间表达方式的类型，所处的段落中的位置与后文的空间关系怎样？可以作为话语范围导入词的句首空间表达方式到底具备什么样的特质？这跟所处位置、语义还是空间关系有关呢？一个比较小的空间表达方式，如"门缝里"，可不可以作为空间话语范围导入词？②句首空间表达方式与前文的衔接类型和衔接距离，在法文和中文中有什么差别？③句首空间表达方式对后文的导入范围与什么有关，是介词、名词语义、段落中的位置，还是与后文的空间关系？

2.4 标注结果

在语料清理、对齐之后，我们得到了共 347 个（165+115+67）以空间表达方式占据句首的句子，按照语义构成、语序、空间词数量、篇章位置等因素将语料进行分类比较。需要说明的是，虽然空间话语范围导入词不包括指示性表达（如 plus loin、ici、là），或者那些不能自治的空间的某一部分表达（如 à gauche、au centre），但我们还是将这些样本纳入我们的语料中，因为译者可能将某些代词或部分表达明晰化，使其在译文中满足我们的研究条件，这种反向的观察也同样很有意义。我们将观察译者是如何在中文的语言个性限制下，尽量达到与原文形式和功能类似的效果，主要观察对于空间的表达两种语言有哪些差异，这些差异的原因又是什么。

语料中的三本小说的体量都不大，《嫉妒》中有 34 201 个类符，5 089 个形符， 4 949 个原型词；《迷宫》中有 46 759 个类符，6 105 个形符，5 956 个原型词；《拓扑》中有 33 587 个类符，6 866 个形符，6 525 个原型词。[①] 三本法语小说的原型动词（lemma）都处于五千个左右，形符数（词次，tokens），也就是说语料中共有不到十二万词（114 547），类符（词种，types），即每部小说词汇的丰富程度也都处于五到六千词，可以说并不是非常大型的语料。那么三本书的形符类符比，即 TTR（type/token ratio）反映出小说词汇的丰富程度并不高。而翻译之后的三部小说的形符数并没有很大的变化，依旧是三万多字，但是类符数明显增加到了八千到九千多，原型动词也增加了，相应的 TTR 也增高了。

最终标注的句首空间表达方式（有潜力作为话语范围导入词）、与前句连接的指称表达，以及对后句的导入指称表达，还有连接和导入两种关系每种的数量如表 2-3 所示。

表 2-3 ANALEC 标注单位数量统计表

小说名称 \ 标注单位	句首空间表达	指称表达	衔接	导入
《嫉妒》	179	259	95	170
Jalousie	197	266	127	175
《拓扑学》	87	144	59	79
Topologie	95	153	73	100
《在迷宫里》	114	213	88	114
Labytinthe	136	182	82	118

呈现了四个主要单位在法文原文和中文译文中的标注结果：句首空间

---

① 该数据由兰卡斯特大学研究的 Lancsbox 软件计算得出。

表达方式、前后的指称表达，以及句首空间表达方式为中心，与前句的指称表达之间的衔接关系、对后文的导入关系，这也将在其后的章节中进行探讨。这些标注单位还有子标注项：句首空间表达方式标注了其语义类型（部分、准方位标、实体、地点等）、是否为分离结构、是否位于段落开头；指称表达则关注其语法性质、句法成分等；与前句的衔接关系标注了衔接方式和衔接距离，对后句的导入关系则标注了导入范围和与句中实体的空间关系。结果显示：经过法翻中，语料中句首空间表达方式的篇章位置并没有发生显著改变，但分离结构的比例下降了大约 10%，语义从不精确的方位标类别转变为较为确切的实体类、地点类名词；指称表达中两种语言中句法成分占比最多的是主语，但是译文要比原文中主语数量明显减少，相应增加的是直接宾语和表语；语法成分来看，名词指称表达标注最多，还有一些副词、动词等词类；衔接关系中联想回指减少而不完全重复回指增加，衔接距离变化不大，大部分情况都可以在近处找到其先行词；导入关系类型最多的是背景类和空间参照类，翻译过程导致的导入范围发生了一定程度的变化，整体上中文话语范围导入词的辖域范围是有所增加的。这一系列不同语言中篇章结构变化都将在后面的章节中寻找答案。句首空间表达方式所在句的构成为 LOC +V1+S1 或者 LOC +S2+V2+d'autres 两种情况，下面我们将这两种句型分别切分为三个部分进行说明。本维尼斯特（1996）[98] 曾在索绪尔的启发下说：语言组织了一个系统，其中的各个部分之间的关系是独立且相依的。[①] 我们后面的分析也印证了这一点。

[①] 原文：La langue constitue un système, dont toutes les parties sont unies par un rapport de solidarité et de dépendance. Ce système organise des unités, qui sont les signes articulés, se différencient et se délimitent mutuellement.

第二部分

第 3 章　句首空间表达方式的所在句

在绪论中，我们谈到了问题的缘起和主要的论题，并且介绍了所选用的语料，以及语料的对齐和标注过程等内容。第一部分的理论框架介绍了本书所涉及的理论背景，分别是空间认知在语言中的映射、篇章语言学的发展、本书的主要对象（空间话语范围导入词、翻译和翻译学研究）、篇章语言学与翻译研究的结合，以及与本书相关的语料库研究五个方面。第二部分针对本书的主要研究对象——句首空间表达方式的所在句和前句中的衔接，以及其后句中的导入展开分析。

本章为句首空间表达方式的所在句的句首状语的分析，这一章有两种分类方法：一种是按照句首空间表达方式的数量，即单个、两个、三个或多个来分类，单个句首地点状语也分为无修饰成分的简单名词、一个较为宽阔的空间范围内特定的某一部分，以及有定语修饰的复杂结构（嵌入或分离形式）；另一种是按照句首空间表达方式中的语法成分，即介词+限定词+名词/代词来分类的。我们将探讨这几个成分在法汉两种语言中的对比情况。

3.1　句首空间表达方式

从微观角度来说，话语范围导入词的定义首先要求其处于句首，句首成分有着显著的认知效应，关系到承前启后，因而句首一直是各大语言学流派分析的重点。在很多语言中，话语的开头部分从言语角度起着非常重要的作用。句首成分有多种叫法（如 élément initial、zone initiale、périphérie gauche、dislocation à gauche、fronting 等），一般是副词或形容词短语、第二谓词、衔接词等，但并不是所有位于句首的空间表达方式都是话语范围导入词，形式和功能并非一一对应关系，同一个形式可能有多种可能性。

3.1.1　按照数量分类的句首空间表达方式

首先我们将针对句首空间表达方式的情况，按照其个数情况分别进行说明。从图 3-1 中可以看出，三部小说中单个 LOC 的数量比最多，有 252 个，其次是 2 个 LOC，有 83 个，3 个 LOC 的情况比较少见，只有 18 个。比例分别是 71.3%，23.5% 和 5.1%。我们将分析不同数量的句首方位表达的内部结构是如何构成的。

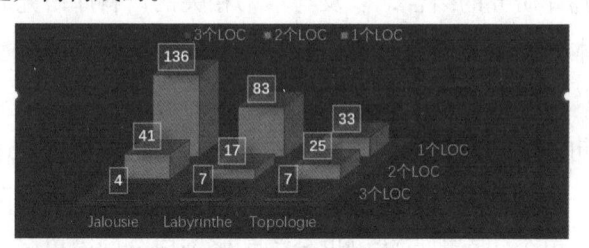

图 3-1　三部小说句首空间表达方式个数对比图

3.1.1.1　单个句首空间表达方式结构

最为简单的结构是介词短语，一般介词后为简单的名词或者简单的名词组合，一般由介词 + 限定词 + 名词构成，比如下面四个例句（表 3-1）①：

---

① 之后语料中出现的例句与前面理论背景介绍中的例句采用不同编码。语料中的例句从此处开始编码序号，从例1开始，如果出现相同例句但分析的是句中的不同成分，也采取不同编码。

第 3 章 句首空间表达方式的所在句

表 3-1 中文与法文对照观察（1）

序号	法文	中文
例 1	À（介词）l'（限定词）annulaire（名词）brille une bague（p.89）	无名指（名词）上（方位词）有一只戒指闪闪发光（p.66）
例 2	Dans la salle à manger（名词）brille deux lampes à gaz d'essence.（p.16）	餐厅（名词）里（方位词）点了两盏汽灯。（p.18）
例 3	Derrière（介词）l'（限定词）enfant（名词），l'homme à la béquille a cessé à son tour tout mouvement	拄着拐杖的男人站在（介词）孩子（名词）后边（方位词）也停止不动。（p.73）
例 4	Sur（介词）le（限定词）chemin pierreux（名词）court une fille nue	一个浑身赤裸的姑娘在（介词）碎石路（名词）上（方位词）奔跑（p.24）

然而，三部小说中这种类型的经典例子非常少，因为当 LOC 是一个单个的地点时，情况通常是复杂形式的。这个成分一般指示一个较为宽阔的空间范围内特定的某一部分：

表 3-2 中文与法文对照观察（2）

序号	法文	中文
例 5	À l'autre bout de cette brache ouest de la terrasse, s'ouvre l'office.（p.12）	在露台这一面的北端就是厨房的门。（p.16）
例 6	Sous le bord supérieur de la poche court une première piqûre horizontale, doublée par une seconde en forme d'accolade dont la pointe se dirige vers le bas.（p.90）	口袋的上沿缝了一道横线，下面又紧接着一道大括弧式的曲线，曲线的尖角朝下（p.66）
例 7	À l'extrémité de cette pointe est cousu le bouton destiné à clore la poche en temps normal.（p.90）	端部便是通常系住口袋盖的纽扣。（p.66-67）
例 8	Sur le coin de celui-ci se dresse un petit cadre incrusté de nacre, contenant une photographie prise au bord de la mer, en Europe.（p.98）	桌角上立着一只镶着珠贝的小镜框，里边是一张阿 X 在欧洲海边拍的照片。（p.72）
例 9	Au sommet du mât s'est perché un oiseau, qui n'est pas un oiseau de mer, mais un vautour au cou déplucé.（p.124）	桅杆的顶端栖息着一只鸟，不是一只海鸟，而是一只脖子上没毛的秃鹫。（p.88）

或者是介词后的名词有很多修饰成分（嵌入或者分离的形式），灰色阴影部分为标注出来的修饰成分：

表 3-3　中文与法文对照观察（3）

序号	法文	中文
例 10	**Entre la peinture grise** qui subsiste, pâlie par l'âge, et le bois devenu gris sous l'action de l'humidité, apparaissent de petites surfaces d'un brun rougeâtre - la couleur naturelle du bois - là où celui-ci vient d'être laissé à découvert par la chute récente de nouvelles écailles.（p.31）	在这两种颜色中间，呈现出一小块一小块的淡棕色——这才是木棍的本色——这些部位是由于漆皮脱落不久的缘故。（p.29）
例 11	**Au fond du verre** qu'il a déposé sur la table en partant, achève de fondre un petit morceau de glace, arrondi d'un côté, présentant de l'autre une arête en biseau.（p.86）	在他临走之前放到茶几上的那只杯子里，一小块冰快要化完了。一边变成圆形，另一边形成一个尖角。（p.64）

3.1.1.2　两个句首空间表达方式结构

更为让人印象深刻的 LOC 组合经常是由两个连续的方位表达共同组成的（LOC_1+LOC_2），这也符合视野的逐渐缩减过程。根据例子 LOC_1 可以限定在一定的范围内，而 LOC_2 则在这个范围内具体定位。第一个 LOC_1 可以被第二个绝对 LOC_2 更为精确地定位：

表 3-4　中文与法文对照观察（4）

序号	法文	中文
例 12	**En sens inverse**, **derrière les carreaux** repasse le chapeau de feutre.（p.43）（方向+方向）	**在窗棂外面**，草帽**朝相反的方向**掠过。（p.36）

这里被逗号隔开的两个成分，第一个指示方向，第二个表示的是静态的方位。这两个成分的顺序重现了观察者视觉感知顺序：他的视线首先瞄准方向，是与经过的戴毡帽男人的行动方向相反，之后才确定其具体位置

是"窗户后面"（derrirère le carreaux）。我们可以假设当两个 LOC 同时出现的情况下，一个是指示静态方位的，另一个 LOC 则是表明外围附加信息的，比如用来明确方向。我们还是可以在下面这个例子中观察到类似的情况：

表 3–5　中文与法文对照观察（5）

序号	法文	中文
例 13	**Juste à côté de chaque disque blanc**, mais **dans des directions variables**, a poussé le rejet de remplacement.（p.63）	**紧挨着每个圆盘**，**在不同的方位上**又长起了新的树苗。（p.49）

例 13 中，也有被逗号隔开的两个成分作为地点状语位于动词前。但是顺序刚好和之前的例子相反：第一个指示静态位置，第二个指示方向。这实际上是因为目光首先停留在被砍断的香蕉树的残桩上（后文提到了 troncs abattus pour la coupe laissant en place un court moigon terminé par une cicatrice en forme de disque，blanc ou jaunâtre selon son état de franîcheur），之后才看到了枝丫的多变的方向。中文翻译的情况可以从下表看到，从定位顺序来说基本与原文保持了一致：

表 3–6　中文与法文对照观察（6）

序号	法文	中文
例 14	Devant la porte, au bord du trottoir, un réverbère est allumé, bien qu'il fasse encore jour.（方向 + 地点）	门前，人行道边上，街灯亮着，尽管现在正是白天。（p.86）（不变）
例 15	Au carrefour, au pied d'un réverbère, un petit rond de neige piétinée présente la même teinte jaunâtre que les étroits sentiers qui longent les maisons.（大地点 + 包含物）	在四岔路口，街灯脚下的一小块圆形地面上的雪由于被践踏而变得与房子平行的小径一样微微发黄。（p.19）（不变）
例 16	Au-dessous de l'estampe, dans la marge blanche, une légende est calligraphiée en écriture anglaise : « La défaite de Reichenfels ».（方向 + 局部地点）	画面下方空白的地方是英文体的手写题名：《莱曾费尔兹的失败》。（p.21）（不变）

续表

序号	法文	中文
例17	Tout à fait sur le devant, dans la partie gauche du cadre, une seconde tache de lumière vive réunit de la même façon trois autres personnages féminins（方向+左侧）	在最前面，舞台的左边，第二圈明亮的光线同第一圈一样，把另外三个女人集中在一起……她躺在一张椭圆形的有点像手术台的桌子上，桌子只有中央一条腿，越到下面越宽阔，最后构成一个圆形的大底座。（p.55）（不变）
例18	Devant la porte, au bord du trottoir, un réverbère est allumé, bien qu'il fasse encore jour.（方向+地点）	门前，人行道边上，街灯亮着，尽管现在正是白天。（p.86）（不变）

当 LOC 内部结构复杂时，我们可以发现在两个逗号之间的 LOC$_2$；相反，当结构相对简单的时候，LOC 和动词没有被逗号隔开的情况。《嫉妒》中只有一个例子是简单的 LOC 呈分离结构，仅被一个逗号隔开，这也符合我们所说的标准（在 LOC 和动词之间如果没有逗号隔开，更说明倒装句句型中 LOC 是嵌入谓语核心成分的）：

表 3-7 中文与法文对照观察（7）

序号	法文	中文
例19	À droite, viennent, dans l'ordre, la manche courte de la chemise kaki, la cruche indigène ventrue, en terre cuite, qui marque le milieu du buffet, puis, posées au bout de celui-ci, les deux lampes à gaz d'essence, éteintes, rangées côte à côte contre le mur（p.90）	按照顺序，往右便依次出现了卡其布衬衣的短袖，陶制的土产花瓶，这瓶子正位于平柜的中心，随后，在这平柜的头上放着两盏汽灯，已经熄掉，靠墙摆在一起。（p.67）

3.1.1.3 三个句首空间表达方式

三个 LOC 的情况占比比较少。通常，LOC$_1$ 和 LOC$_2$ 之间是有着一定联系的，可能是同一个参照物的两个方向，比如台灯（la lampe）的右方和后方，或者山谷（vallée）的低处和深处；后面的 LOC$_3$ 可能继续指示方向，或者细化位置。总体来说，视野一般都是从大到小，越来越细化的。

表 3-8　中文与法文对照观察（8）

序号	法文	中文
例 20	À droite de la lampe et en arrière de celle-ci – contre le mur – une cruche indigène en terre cuite marque le milieu du meuble. (p.16)	在那盏灯的右后方，靠墙摆着一只当地人烧制的瓦罐，这是平柜的中央。（p.18）
例 21	Tout en bas, au fond de la vallée, devant la parcelle taillée en trapèze où les rayons obliques du soleil découpent chaque panache, chaque feuille de bananier, avec une netteté extrême, l'eau de la petite rivière montre une surface plissée, qui témoigne de la rapidité du courant. (p.168)	在很低的山谷深处，在那块呈梯形的地段前边，斜射过来的阳光将每一行树木甚至树木的每一片叶子照耀得清晰分明。小溪里的流水现出褶皱似的波纹，这说明水流够湍急的。（p.115-116）

例 22 中，LOC$_1$ 和 LOC$_2$ 其实用介词"de"联系在了一起，但也可以看作是分开的两个部分，LOC$_3$ 则细化到餐厅第一扇窗户上左侧的具体的某一块玻璃。

表 3-9　中文与法文对照观察（9）

序号	法文	中文
例 22	Dans le battant gauche, ouvert, de la première fenêtre de la salle à manger, au centre du carreau médian, l'image réfléchie de la voiture bleu vient de s'arrêter au milieu de la cour. (p.161)	在饭厅第一只窗子左面那扇敞开的窗户上，正中那块玻璃映现出蓝色的篷车刚刚停到院落中央。（p.110）
例 23	Juste au coin de la dernière maison, debout contre l'arête du mur, dans la bande de neige blanche en forme d'L comprise entre celui-ci et le sentier, le corps coupé verticalement par l'angle de pierre derrière lequel disparaissent un pied, une jambe, une épaule et tout un pan de la pèlerine noire, le gamin est en observation, les yeux fixés sur le lampadaire de fonte	就在最后那幢房子的拐角上，孩子紧贴着墙角在窥视，眼睛盯着铸铁的街灯，站在墙角与小径之间呈"L"形的白色雪地里，身体正好从横里被墙角的石头垂直挡住，一只脚、一条腿和一只肩膀，还有黑色斗篷的整个下摆，都看不见了。（p.40）

例 24 中，最后一个 LOC 虽然表示方向，但是顺序并不是从小到大的，而是越来越具体的，顺序是内部—黑暗房间的内部—黑暗房间内部的中轴线上：

表 3-10　中文与法文对照观察（10）

序号	法文	中文
例 24	À l'intérieur, tout au fond de la chambre noire et dans l'axe de symétrie de l'ensemble, brûle une torche	在屋子里面，黑暗房间的深处，把整体分为对称两半的中轴线之间，燃烧着一支火炬（p.41）

此时，当 LOC$_1$ 和 LOC$_2$ 表达方向和具体位置之后，LOC$_3$ 表达一种特定的条件（如在光线中）。而且，LOC$_2$ 只不过是将 LOC$_1$ 未说明是什么空间的内部补充了一下，实际上可以认为是同一个地点。

表 3-11　中文与法文对照观察（11）

序号	法文	中文
例 25	Contre la partie rentrante du mur, dans l'embrasure de la porte, du côté qui reçoit un peu de lumière du lampadaire le plus proche, est fixée à hauteur d'homme une petite plaque : quelque inscription concernant le locataire de l'immeuble, ou du moins l'un des locataires.	在墙角边的门洞里边，在一人高的位置上钉着一块小牌子，从最近的街灯照过来的微弱光线中，可以看得出是房客的名牌或者至少是其中一家房客的名牌。（p.76）

三个 LOC 属于并列平行的关系的情况也是有的，见下面两例：

表 3-12　中文与法文对照观察（12）

序号	法文	中文
例 26	À droite, à gauche, au-dessus, toutes les fenêtres sont closes, et montrent des carreaux noirs, sales, sans le moindre voilage, ne laissant deviner aucune trace de vie dans les pièces sans lumière, comme si l'immeuble entier était abandonné.	门的左右上方的所有窗户都关着，露出又黑又脏的一排排玻璃，窗上亦没有任何遮拦的东西，这些黑灯瞎火的房间里没有人住过的丝毫痕迹，仿佛整个大楼是一幢荒宅。（p.43）
例 27	Sur les joues creuses, autour de la bouche entrouverte et sur le menton, la barbe, très noire, est longue d'au moins quatre ou cinq jours.（这几个是并列平行的）	在凹陷的双颊、张开的嘴巴四周以及下巴颏上，长满黑森森的胡子，至少四五天没有刮脸了。（p.153）

这些空间顺序都在中文中得到了忠实翻译，但也有反向的例子，视野

是从小到大的，比如例 28 中，第一个介词 sur 表示一个二维的平面，entre 表示一个三维的空间，第三个 LOC 则表示方向，我们的目光也是从局部慢慢扩展到更大的周边信息。但是以下这些例子中，法语原文中方位词序的情况是由小到大，由聚焦的某一点再扩散到周边的环境，但中文译文并没有忠实翻译，而是使用从大到小的顺序进行描述。这从中西方地址的写法上就可以初见端倪，中文地址是从大到小，而西方一般以个人为中心，从小到大填写地址。

表 3-13　中文与法文对照观察（13）

序号	法文	中文
例 28	Sur le dallage, entre les arbres morts, de l'autre côté de l'avenue, sont apparus à présent quatre ou cinq hommes en survêtement de sport	林荫道的另一边，在枯死的树中间，石板地面上现在出现了四五个穿厚运动衫的男人，他们似乎在跳舞，或者在斗刀子（按照严格的规定，像比剑一样一把阔大而短的剑，不时在这个或者那个手中闪耀；简直好像步兵用的刺刀，不过在这里刀柄被夹克衫的袖子遮没了。）（p.127）
例 29	Sur le pont de rondins, qui franchit la rivière à la limite aval de cette pièce, il y a un accroupi.（p.29）	在这块地的下端，一座木桥横跨在小河上，桥上蹲着一个人（p.27）
例 30	Sur le second rang, en partant de l'extrême gauche, il y aurait vingt-deux plants（à cause de la disposition en quinconce）dans le cas d'une pièce rectangulaire.（p.27）	左起第二排树，要是在一个矩形中的话，应该有二十二株（因为植株之间是梅花电阵的排列方式）。（p.26）
例 31	Sur la cloison nue, entre la porte de l'office et le couloir, la tache formée par les restes du mille-pattes est à peine visible sous l'incidence rasante.（p.54）	在厨房门与走廊之间光秃秃的墙壁上，那块由蜈蚣的残骸组成的斑点，虽然擦拭仍清晰可辨。（p.43）
例 32	Depuis le fond jusqu'à la limite supérieure des pièces les plus hautes, sur le flanc opposé à celui où se trouve bâtie la maison, le comptage des plantes est assez facile（p.25）	在与房子遥遥相对的山坡上，从谷底到种植园最高处的地段边缘，树木的植株很容易数清（p.25）

当这些副词在句法上是同质的（多个表示空间的定位），形成了一个复杂的构成。LOC_2 占据了靠近动词的第一个位于核心的位置，作用是为了使 LOC_1 的定位信息更清晰。总体来看，语料中的情况符合我们之前的猜想，非常好地证实了这一点：当法语视角是从整体到局部或彼此为平行关系时，中文译文通常上是忠实原文的。而当法文视角是从小到大进行的，从局部一点上升到整体视野时，中文译文的翻译往往是相反的。比如 la cloison nue、le dallage、le pont、chaque disque blanc 等，都是具体的某个非处所名词表地点，而其后的 LOC_2 则是其修饰词和限定成分。这同时也是因为法语的修饰成分一般置于中心词的后面，而中文的修饰词在前。但究其深层原因，这也不禁让人联想到萨丕尔－沃尔夫假说，即人类的语言和思维是有紧密联系的。

3.1.2 句首空间表达方式中的各个成分

句首空间表达方式的内部结构一般为"介词＋限定词＋名词"的情况，所以下面我们将句首空间表达方式中的各个部分切分开来进行分析说明。因为我们也同时标注了代词的情况，所以也有"介词＋代词"的情况，但占比较少，因其翻译过程也可能导致代词在译文中显化为名词的情况，所以也归入名词一小节进行讨论。

3.1.2.1 句首空间表达方式中的介词

首先，我们将按照先后顺序对介词的法翻中的情况进行简单分析。这个分析不仅是两种语种之间的对应关系，也对原型介词这个概念（即介词的使用频率）感兴趣。另外，法语介词和中文介词的构成思路非常不同，对于中文表达方位时介词和方位词的隐现，我们也有论述。

法语中的介词按照意义或者形式有不同的分类方法：可以按照内部定位（à、dans、sur 等）和外部定位（devant、près de、à gauche de 等），或者按照单个介词或介词组合分类。我们可以从表3-14中（将无意义的助词、数字、单个字符等添加至停用词列表）看到，介词属于词频使用较高的词类，语料中前几位分别是 de、sur、au、du、dans，但 au、à、À、aux 都属于介词 à 的不同变形。这种统计方法没有区分 de 不同用法，所以 de 占比较高；实际上位于句首的空间介词 à 的使用比较明显地居于首位，占介词总数的25.6%；其次是介词 sur 和 dans，分别占总体的 12.5% 和 9.2%；也可以发现 par、devant、derrière、entre、autour 等介词。汉语译文的句首空间表达方式中的介词词频统计与法文版采取同样的方法，删掉重复的、不属于介词的词频，最终可以看到，中文语料中占比比较多的方位词按照顺序分别是上、里、中、下。

表 3-14　法文、中文介词词频统计表

序号	法文介词	计数	百分比	中文方位词	计数	百分比
1	de/du	276	37.2%	上	67	29.4%
2	au/À/à/ aux	190	25.6%	里	36	15.8%
3	sur	93	12.5%	中	19	8.3%
4	dans	68	9.2%	下	16	7.0%
5	en	41	5.5%	左	10	4.4%
6	par	22	3.0%	中间	9	3.9%
7	devant	17	2.3%	右	9	3.9%
8	derrière	14	1.9%	周围	7	3.1%
9	entre	12	1.6%	对面	7	3.1%
10	autour	9	1.2%			

然而这些介词并非一一对应的，比如翻译为方位词"上"的不一定是法语介词 sur，有可能是介词 à、dans 等，sur 也没有尽数翻译为方位词"上"。因此，我们并不能认定汉语译文中最为凸显的介词就是表格中的方位词"上、里、下"等。如同泰尔米和范德洛伊斯的研究，不同语言中的介词是无法完全对应的，因为语言编码的方式不同，所以真正决定用什么介词，取决于这个名词在说这门语言的人的认知方式中图式化为何种形式。法文和中文对于"餐厅""碎石路"可能都取的是容器图示和平面图示，但对于"无名指"的图式化方式，两种语言是略有不同的，一个认作是点，

汉、法句首空间表达方式的对比研究及其翻译应用
——以阿兰·罗伯-格里耶小说平行语料为例

另一个则理解为面。

图 3-2 和图 3-3 中，我们将句首空间表达方式分别拆开，可以看到介词 à 可能译为"上"，或者"在"，也有可能不翻译的情况；而介词 dans 一般译为"里"；介词 sur 译为"上"。不过当名词部分为某个整体的一部分，比如 bout、extrémité、côté 等词汇时，仅从这几个例子来看，翻译的情况也是很多的：有只翻译框式介词中的前半部分"在"；也有只翻译后半部分方位介词"上"；还有两者都不翻译的，只译出后面的名词部分。其中的规律是怎样的呢？

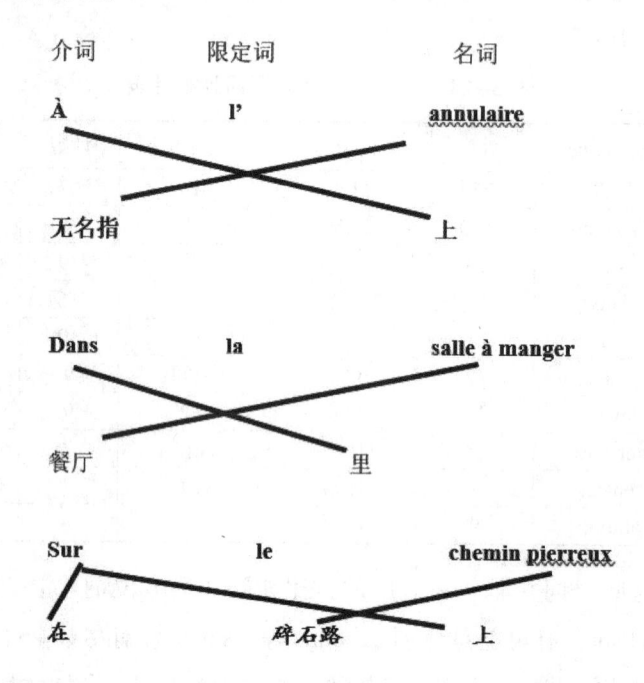

介词	限定词	名词
À	l'	annulaire
无名指		上
Dans	la	salle à manger
餐厅		里
Sur	le	chemin pierreux
在	碎石路	上

图 3-2　单个句首空间表达方式法文原文和中文译文对应图示 1

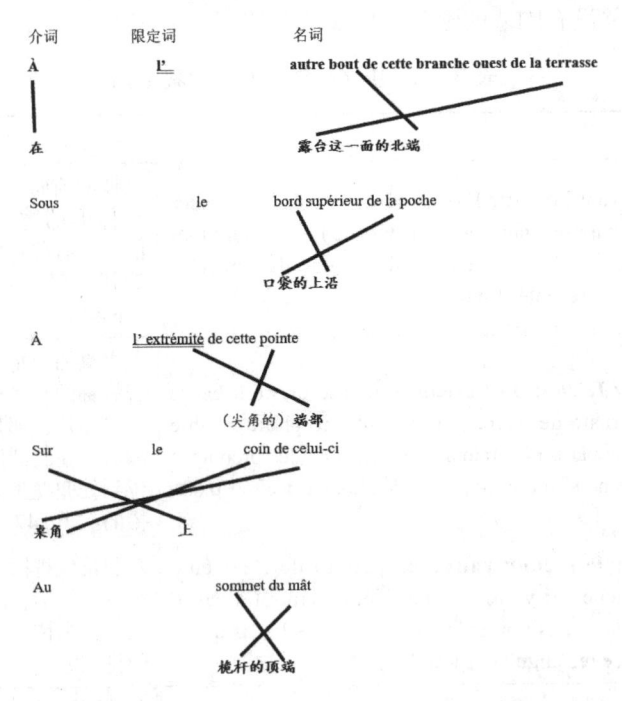

介词	限定词	名词
À	l'	autre bout de cette branche ouest de la terrasse
在		露台这一面的北端
Sous	le	bord supérieur de la poche
		口袋的上沿
À		l'extrémité de cette pointe
		（尖角的）端部
Sur	le	coin de celui-ci
桌角	上	
Au		sommet du mât
		桅杆的顶端

图 3-3　单个句首空间表达方式法文原文和中文译文对应图示 2

况且，语料中，介词 à 除了跟随一个比较小的局部地区（无名指、楼梯台阶、左右、内部、底部、侧面、顶端等）的情况，如 à chaque palier、à l'annulaire、à l'autre bout、à gauche/droite、à côté、à l'intérieur、à la surface、à la verticale 等；也存在一些固定用法，如 à table、à contre-jour；用于表示距离，如 À mi-chemin du comptoir、à la même distance、à proximité de、à vingt pas de lui；还用于一些合成词等，如 au-delà、au-dessus、au-dessous、à partir de、à travers。

介词 sur 一般表示二维的情况，和 mur、muraille、pont、visage、dallage、sol、plancher、table、fond、rive、superficie、terrasse、versant、cloison、tache 等平面名词连用时，这些词译为中文时大多译为"名词+上"这个形式。然而 sur 也有不太符合中文习惯的用法，如与 côté、plantation、le second rang 等名词连用，这些名词可能被理解为拓扑学上的

一个点，并没有围墙的限制，翻译情况如下：

表 3-15　中文与法文对照观察（14）

序号	法文	中文
例 33	Devant lui, **sur l'autre rive**, s'étend une pièce en trapèze, curviligne du côté de l'eau, dont tous les bananiers ont été récoltés à une date plus ou moins récente.（p.63）	在他的前面，**河对岸**，是一片梯形的香蕉林，靠河岸的一边有些弯曲，地里的香蕉树都已先后被收割过。（p.49）
例 34	**Sur le coin du bureau** se dresse un petit cadre incrusté de nacre, contenant une photographie prise par un opérateur ambulant lors des premières vacances en Europe, après le séjour africain.（p.60）	**在书桌的一角**立着一只镶嵌着螺钿的小镜框，里边放着一幅照片，那是早先离开非洲后，在欧洲度假时，由一位到处兜揽生意的照相师拍摄的。（p.47）
例 35	**Sur le second rang**, en partant de l'extrême gauche, il y aurait vingt-deux plants（à cause de la disposition en quinconce）dans le cas d'une pièce rectangulaire.（p.27）	左起**第二排树**，要是在一个矩形中的话，应该有二十二株（因为植株之间是梅花阵的排列方式）。（p.26）
例 36	**Sur la plantation** aussi, ce temps a été bien employé（p.75）	**种植园里**时间的确没有荒废（p.57）
例 37	**Sur ce côté**（le côté droite）la tête s'incline, de manière à mieux offrir les cheveux à la brosse.（p.51）	为了使头发凑向发刷，头歪向了**这一侧**（右侧）。（p.41）

虽然介词 dans 其后跟随三维的空间表达方式占比最多，其中比较大的封闭空间有 office、salle à manger、bureau 等，比较小的有 poche、assiette、tiroir、verre 等，还有比较抽象的诸如 air、nuit，这些地点状语译为中文的情况一般为"名词 + 里"。但也有一些并非封闭的空间表达方式，比如 battant、miroir、cour、parcelle、coin、fond du vallon、bananeraie、partie droite、zone、position 等，这些二维空间名词译为中文往往会变成"名词 + 上"，见例 38-40：

第 3 章　句首空间表达方式的所在句

表 3-16　中文与法文对照观察（15）

序号	法文	中文
例 38	**Dans le battant gauche, ouvert,** de la première fenêtre de la salle à manger, au centre du carreau médian, l'image réfléchie de la voiture bleu vient de s'arrêter au milieu de la cour.（p.161）	在饭厅第一只窗子**左面那扇敞开的窗户上**，正中那块玻璃映现出蓝色的篷车刚刚停到院落中央。（p.110）
例 39	**Dans le miroir taché**–de mauvaise qualité sans aucun doute car il n'est pas tellement ancien–s'encadre le visage d'une très jeune fille aux cheveux pâles, défaits, à la poitrine nue, sa longue chemise de nuit blanche en dentelle ayant glissé jusqu'à la taille, sous l'action sans doute de deux bras agiles et de deux mains aux doigts effilés qui retiennent encore le tissu de chaque côté, sur les hanches.	**在有斑点的镜子上**——这面镜子肯定质量不好，因为它还不十分旧就有了斑点——显出一个非常年轻的少女的脸，她的散落的头发呈淡白色……她的白色花边长睡袍已经滑落到腰部，一定是她两条灵活的臂膀和十指尖尖的双手移动时滑落的，两只手还在腰部两边提着睡袍呢。（p.69）
例 40	**Dans les branches dénudées** se profile – mais c'est sans doute un effet de perspective – un signal de circulation ferroviaire au bout de son mât : une plaque de tôle carrée divisée en quatre carrés plus petits, deux blancs et deux rouges alternant en damier.	**在它的枯枝间**显现出——这大概是透视的效果——干顶上一个铁路交通信号的轮廓：那是一块方形的铁板，分成四个小方块，两块白色，两块红色，互相间隔。（p.138）

介词 dans 有一系列语义近似的介词短语 au sein de、au milieu de、au cours de、au cœur de 等，这些介词短语属于介词 à 这个介词范围内。在语料中，我们找到了一个例子，介词和限定词没有被译出，只翻译了"milieu"为"中央"：

表 3-17　中文与法文对照观察（16）

序号	法文	中文
例 41	**Au milieu de celle-ci** figure déjà un autre plat intact, où, sur un fond de sauce brune, sont rangés l'un près de l'autre trois oiseaux rôtiss de petit format.（p.56）	**桌子中央**有一盘菜尚未动过。盘子底上铺了一层棕色的沙司，并排摆上三只个头儿不大的烤炙飞禽。（p.44）

《现代汉语八百词》提到汉语里一般用"介+名+方"来表示方位，

有时候可以不用"介",但是不能没有"方"(吕叔湘,1994)[8]。也就是说,汉语处所的表达不一定需要介词,介词可以时隐时现。刘丹青(2002)根据当代语序类型学概念提出前缀词和后置词都为介词的一种类型,汉语的"介词 + 名词 + 方位词"结构被称为"框式介词"。比如:

在桌子上　　　sur la table
在我心里　　　dans mon cœur
在两人之间　　entre ces deux personnes

也就是说,中文的介词翻译实际上是分为两个部分来看的,即介词和方位词。这就意味着,英法等语言只用一个介词就可以表达空间方位关系(如 sur、dans、entre 等),即"介词 + 名词"同时表达空间关系和维度特征。而汉语则用两个部分:介词表空间关系,方位词表维度特征。这样的语言特征使得很多汉语语言研究者都关注一个问题,即介词和方位词何时可以隐去不用?下面我们将分别讨论中文里介词"在""从"等与方位词"上""里""下"的隐现情况。

3.1.2.1.1　汉语介词的隐现

以前对于介词的定义重点在名词前的那个部分,后面的成分称为方位词,我们可以看到吕叔湘对于介词的定义与名词和动词紧密联系在一起:

介词,加名词构成介词短语,介词短语的主要用途是修饰动词。最常用的介词是"把、被(叫、让)、给、和(跟、同)、对(对于)、用(以)、为、在、从"等。介词短语一般位于动词之前。

(吕叔湘,1994)[13]

介词的翻译在《嫉妒》这本书的中译本中占据很高的比例,165 句话中有 85 句的句首空间表达翻译中是有介词的,其中介词"在"是出现频率最高的介词,使用"在"来表达空间关系的句子达到了一半,只有5个句子的介词是"从";《拓扑》中译者使用"在"的比例是33/64个;《迷宫》的比例是38/109,较其他两部译作少一些,但是数量也非常可观。除了占比最多的"在",译文中还有其他介词如"从""到""跟"等。我们下面对处于前两位的"在"和"从"的隐现情况做进一步探查。方位介词"在"在词频方面也占有绝对优势,语料中的句首空间表达句中共出现111次"在",而"从"仅有14次,其余方位介词更是少之又少。所以我们以"在"为主要研究对象,同时也简略分析"从"的用法。

关于"在 + 方位短语"的隐现,储泽祥(1996,2004)做过研究,介词"在"的隐现有三种情况:必现的、必不现的以及可现可不现的。这三种情况并非单一原因造成的结果,储泽祥从"在"的涵盖义(也就是强调所处位置)这个角度出发,认为一般事物名词,如望远镜、电话、手、汽车等,可以后加方位词,但一般不能作"在"的宾语。由"国、省、市、县"等命名标构成的处所词,以及没有明确标记的地名,可以作"在"的宾语,但都不能在其后加"上/里"这样常用的方位词。最后,他提出,制约"在"字隐现的因素主要有四种:①处所的音节数量;②处所的结构类型;③句子的内部结构;④"在"的涵盖义。"在"必现、必不现都是少数的情况,可隐可现的占多数。

一般来说,倒装顺序的存现句中的介词"在"是需要隐去的。因为存在句的一大特点就是,句首处所词语一般不可以加"在"。因为存现句要求有表示处所的词语作处所主语,如果加上"在",就变成了"介宾短语",在汉语里,介宾短语不能作主语,只能作状语或补语。所以,如果有"在",那么一般把介宾短语移到动词后,作处所补语。"屋里坐着很多人"不能加"在",但可以说"很多人坐在屋里"。类似的还有"墙上挂着一幅画"或"一幅画挂在墙上"是正确的(孙冬惠,2018)[142]。也就是说如果翻译为倒装顺序的存现句,一般来说"在"是需要删去的。实际情况确实如此,大部分的 XVS 定位倒装句的中文翻译中,确实将"在"删掉。比如:

表 3-18　中文与法文对照观察（17）

序号	法文	中文
例 42	À l'annulaire brille une bague, un mince ruban d'or qui fait à peine saillie sur les chairs. (p.89)	无名指上有一枚戒指闪闪发光，其实只是在肉体上凸现出一条狭窄的金线。（p.66）
例 43	Dans la salle à manger brillent deux lampes à gaz d'essence. (p.16)	餐厅里点了两盏汽灯。（p.18）

LOC 前加了介词"在"的句子，有如下几种情况。

（1）有多个 LOC，只有第一个或仅有一个 LOC 的译文前加了介词"在"，或者用一个逗号将空间状语与主句分割：

表 3-19　中文与法文对照观察（18）

序号	法文	中文
例 44	Entre les deux battants, comme à travers celui de droite qui est à demi poussé, s'encadre, divisée en deux par le montant vertical, la partie gauche de la cour où la camionette bâchée stationne, son capot tourné vers le secteur nord de la bananeraie. (p.45)	跟右边那扇开着的窗户一样，**在**两扇窗户中间，镶着左边这一半院子的景物，只是被窗扇那根垂直的边框割成了两半。小卡车盖着帆布停在那儿，车头朝着北边那片蕉林。（p.37）

（2）原文中的 XVS 倒装句在中文译文中没有被翻译为存在句，而是翻译为 XSV 或者其他句型：

表 3-20　中文与法文对照观察（19）

序号	法文	中文
例 45	En sens inverse, derrière les carreaux repasse le chapeau de feutre. (p.43)	**在**窗棂外面，草帽朝相反的方向掠过。（p.36）

（3）介词"在"起到一定的篇章衔接或者引起话题的作用：

表 3-21 中文与法文对照观察（20）

序号	法文	中文
例 46	À l'autre bout de cette brache ouest de la terrasse, s'ouvre l'office. (p.12)	**在**露台这一面的北端就是厨房的门。（p.16）
例 47	Juste au-dessus est accroché le tableau.	**就在**这面墙上挂着那幅画。(p.18)
例 48	Juste au coin de la dernière maison, debout contre l'arête du mur, dans la bande de neige blanche en forme d'L comprise entre celui-ci et le sentier, le corps coupé verticalement par l'angle de pierre derrière lequel disparaissent un pied, une jambe, une épaule et tout un pan de la pèlerine noire, le gamin est en observation, les yeux fixés sur le lampadaire de fonte.	**就在**最后那幢房子的拐角上，孩子紧贴着墙角在窥视，眼睛盯着铸铁的街灯，站在墙角与小径之间呈"L"形的白色雪地里，身体正好从横里被墙角的石头垂直挡住，一只脚、一条腿和一只肩膀，还有黑色斗篷的整个下摆，都看不见了。（p.40）

就我们的语料来说，介词"在"必不现的情况通常是在单个 LOC 的存在句中，方位词是单音节时；"在"必现的情况包括用于强调地点的"就在"，以及在篇章中起顺接、跳接、补接、反接等篇章连接作用的情况；可隐可现的情况比较多，只要处所有两个以上的足够数量的音节，且没有别的因素制约，译者的翻译方法就比较自由。因为语料中没有命名标构成的处所词和地名等出现，一般不太需要强制加"在"。一般来说，"在"可隐可现的情况，如果译者选择了使用它，就有一定的语用价值。

介词"从"可以算作起始介词，可以表起点义、经过义、凭借或依据义，除了一般搭配以外，经常与方位词、准助词、介词、连词（而）等高频率共现成分构成固定搭配，即"从"字框架："从+X+方位词/名词/准助词"等。常见用法有"从+X+方位词"，如从凳子上跳下来、从学校（里）出来了、从五点（以后）。表示空间意义上的起点时，且 X 为普通名词，需要添加方位词。"从+X_1+介词+X_2"，此框架中与"从"共现的介词有"到、至、往、向"，如从始至终、从春到冬、从前往后等。

语料中译为"从"的介词，在法文原文中的介词可能为 de、depuis、à

partir de，还有 à contre-jour（从逆光中看去），有的时候"从"的翻译是来自动词：

表3-22 中文与法文对照观察（21）

序号	法文	中文
例49	Sur le mur, du côté de l'office, la tête de Frank a disparu. (p.17)	弗兰克的头从靠厨房的那面墙上消失了。（p.19）

一般来说，这些表示空间框架中的方位词在句法上较为自由，有"从+起点"的情况（如"从房子的另一头"），还有"从+X+方位词"，以及"从+X+到/往/而"的情况，介词"从"通常很少隐去。

3.1.2.1.2 方位成分的隐现

上文提到，汉语前置词无法表示空间关系的具体位置，只能通过后置方位词"上、下、里、外、边、中、之间"等表达。后续有很多研究者讨论过汉语框式介词的隐现机制，比如方经民（2002）根据能否加方位成分将名词分为三类，分别称为先天处所词（inherent place-word）、可选处所词（optional place-word）和非处所词（non-place-word）（屈承熹，1999）。先天处所词（如亚洲、中国、北京、苏州等）不能加方位成分，可选处所词（如黄山、花园、饭店、公司等）可加可不加方位成分，非处所词（如桌子、黑板、汽车、邮筒等）必须加方位成分。

所以，中文翻译中是否加方位词与介词短语中的名词语义有很大的关联。上文已经分析过这些句首空间表达，法语原文中句首空间名词占比最高的是地点、物体或身体的一部分，这样的名词属于非处所词。语料中几乎没有先天处所词，可选处所词占比也不高（山谷、花园等），后置方位词大部分都是不能省略的。因此，可以看到大部分的名词后都接有一个方位词，如栏杆以外、花园里、平柜上、牢房里、镜子上、衣柜前、大厅里等。

3.1.2.2 句首空间表达中的限定词

我们在上一个小节中详尽地对比了法中两种语言对应的介词，句首空

第3章 句首空间表达方式的所在句

间表达的第二个部分限定词的情况将在这一小节中进行。首先，需要对法中两种语言中的限定词有一些了解，通过查阅法语和中文的字典和文献资料来了解限定词的定义和分类。然后，再根据这个分类对原文中的限定词进行词频统计。最后，分析词频高低的原因分别是什么，中文译文在无法完全对应的情况下又是如何传达出原文中的特殊语言学意义的。

功能学界代表人物韩礼德认为英语名词词组中，限定词对中心词起特指或非特指作用，其中特指分为指示和属有。

法语中的限定词是这样定义的：限定别的词的词，冠词、主有形容词、指示形容词都是名词实体的限定词。"语法词"描绘名词特征，并与名词性数配合。①

(Halliday, 2000)[181-183]

布法尔-莫亥（Buffard-Moret, 2005），阿图瓦大学文学艺术系主任，在她的专著《文体学入门》中是这样介绍限定词的：

限定词可以实现（actualiser）名词，使名词从死的语言到活的话语，限定词可以指示一个特别/真正的对象，发言者（locuteur）将名词投射到这个物体上：也就是指称（référent）。限定词系统可谓是指称价值承载者。②

汉语中，除冠词外，其他限定词在很长时间内均被放在定语，即修饰

---

① 原文：Déterminant n.m. Mot qui en détermine un autre. Les articles, les adjectifs possessifs, démonstratifs, sont des déterminants du substantif.

② 原文：Les déterminants permettent d'actualiser le nom, le faisant passer de la langue, tel qu'on le trouve dans un dictionnaire par exemple, dans le discours, et de désigner un objet réel particulier auquel renvoie le locuteur: le référent. Le système des déterminants est porteur d'un grand nombre de valeurs référentielles.

语范畴内讨论。黄伯荣、廖旭东（2017）[66]编写的《现代汉语》中提到：实词和短语大都可以作定语，从定语的表义作用看，可以分为限制性定语（哪一种/类/多少/何时何地）和描写性定语（什么样的）两大类。

对于汉语限定词的研究主要集中在两个方面：

一是限定词和修饰定语的区别（何伟，李璐，2019）。限定词和修饰语对中心词的作用存在着不同：限定词主要是对中心词起特指或泛指、定量或不定量等限定作用；修饰语主要起描绘功能。在汉语之中，位置限定词的语义功能在于锁定所指物的位置，在体现形式上，可以由介词短语或名词词组填充。

二是汉语中的零限定词或称光杆名词（何元建，2000），集中在汉语光杆名词的指称研究上，可以表示定指、全称特指、部分特指。白鸽（2015，2018）从语言库藏类型学视角对名词性成分的指称类型，特别是光杆名词的类指表达做了多语言研究。光杆名词的类指能力有明显的语间差异，中文和法文正好处于两个极端：中文光杆名词可以自由表达类指；而法文则限制严格，完全没有类指功能。

通过观察，可以发现语料中大部分介词后名词前都是定指词（定冠词、指示形容词或者主有形容词）。只有个别例外，《嫉妒》中只有一个句子中名词前是不定冠词，《拓扑》中有两个句子中名词前为不定冠词。

表 3-23　中文与法文对照观察（22）

序号	法文	中文
例 50	La voix de Franck continue de raconter les soucis de la journée sur sa propre plantation. A... semble y porter de l'intérêt. Elle l'encourage de temps à autre par quelques mots prouvant son attention. **Dans un silence se fait entendre le bruit d'un verre que l'on repose sur la petite table.**（p.16）	弗兰克的声音继续讲述着他种植园里白天的许多琐事。阿 X 显得很有兴致。她时不时地应上几句，说明她在注意听，以此鼓励着弗兰克。四周**万籁俱寂**，只能听到把杯子放到茶几上时发出的声响。（p.18）

第 3 章　句首空间表达方式的所在句

续表

序号	法文	中文
例 51	Puis il reprend sa marche le long **du couloir**, s'arrêtant à chaque seuil pour y lire le ou les noms, empruntés aux fleurs et aux vierges martyres. **Sur l'une des portes**, les lettres manuscrites se trouvent barrées par plusieurs traits à l'encre rouge. Le visiteur pousse **le battant**. L'intérieur est en ruine ; un trou béant large d'au moins deux mètres s'ouvre au ras du sol dans la muraille éventrée, donnant sans même un garde-fou provisoire –en planches hâtivement clouées ou en cordes tendues–sur ce qu'il reste de la rue aux trois quarts détruite. **Un lit** de fer aux draps bouleversés, souillés de larges taches rougeâtres, est resté en place au milieu des gravats. **Contre un pan de mur** est encore suspendue **la peinture ovale** représentant quelque sujet antique où une jeune fille cadrée à la taille, fixant le vide de ses grands yeux trop ouverts, sans expression, sans regard, appuie la pointe d'un stylet d'or contre la chair nue de son sein gauche, un peu au-dessous de l'aréole ; l'extrémité très effilée de la lame a dû déjà pénétrer de quelques millimètres à travers la fine peau nacrée, qui laisse échapper une perle de sang.	然后他继续沿着**走廊**走去，在**每一扇门**前停下来，读长方形小纸板上面所写的名字……**在一扇门上**，手写的字母被人用红墨水在上面画了好几条横线。男人推开了**门**。里面是一片废墟：一个起码有两公尺的大洞，开在一面破墙上，洞口与地面平齐，没有任何临时遮挡物——匆忙地钉起来的木板或者拉起来的绳子——望出去就是路面被破坏了四分之三的街道。一张铁床还留在瓦砾中，上面被单凌乱，有大滴红色的污迹。**一块墙上**还挂着一幅**椭圆形的画**，上面画着古典的主题的画……（p.134）
例 52	Mais D. H. continue sa montée, par **un escalier** maintenant plus étroit et plus raide. **Le grenier** est encore plus chaud que l'étage précédent. **Par un œil-de-bœuf**, placé très bas, l'homme solitaire aperçoit les prairies ensoleillées où les longues adolescentes jouent à rester sans bouger des heures entières, en conservant sur leurs lèvres sans fard un imperceptible sourire préraphaélite, qui semble le reflet de secrets ineffables et lointains, fragiles, fugitifs, inexistants.	可是大卫继续**上楼**，现在他爬的**楼梯**更狭更陡。**顶楼**上比下面一层楼更热。**通过一个开得很低的眼洞窗**，大卫，这位孤寂的人看见外边阳光下的草原，身材修长的少女们在草原上好玩地停在那里一连好几个钟头动也不动，只在她们不涂口红的嘴唇上保留住很难觉察的拉斐尔前派画家笔下的那种微笑。这种微笑似乎是难以形容的、遥远的、不稳定的、短暂的、不重要的秘密的反映。（p.68）

· 101 ·

名词有时是所指自治的（也就是说作为背景或者已知场景呈现出来的，需要距离很远或很难找到其先行词），有时则是指称性的（各种类型的回指类型）。当名词所指是自治的，其限定词通常都是定指的，作为背景出现，一般出现在段首（标注中可以看出位于句首的比例分别为58%、40%和42%），这个名词组合一般表示一个地点（通常是房子、监狱、种植园或商店等地点的一部分），抑或某物体（尤其是家具或者房子里家具的一部分），与前文没有明确联系。这个物体/地点就作为一个基本的框架范围，属于已知的常识。当然，所指自治的情况也可以出现在段落中间，一般为嵌入的附加物，指示的是一个更为精确的装饰物，而不是话语范围。相反，名词也有出现在段落开头，但是并非自治的情况。可以发现，当名词处于段落开头；地点、物体或身体的一部分是占比最多的，门、窗、嘴唇等并不适合作为一个背景地点。同样地，抽象名词、距离、不明确的一个部分也不适合作为背景地点。这一部分我们将在篇章的衔接和导入一部分进行详细说明。

表3-24为我们利用兰卡斯特大学开发的语料库工具Lancsbox，对语料中的句首空间表达这一部分进行统计得出的词频统计结果，按照定冠词、不定冠词、主有形容词和指示形容词几种类型分类，可以发现定冠词的数量最多，占比86.4%，指示形容词和主有形容词的数量明显远远少于定冠词，分别为5.2%和2.6%。

表 3-24　法文限定词词频统计表

类型	限定词	数量	总计	比例
定冠词	le	91	529	86.4%
	du	73		
	au	54		
	la	200		
	l'	92		
	les	19		

续表

类型	限定词	数量	总计	比例
不定冠词	un	12	35	5.7%
	une	7		
	des	16		
主有形容词	sa	3	16	2.6%
	son	5		
	ses	8		
指示形容词	ce	11	32	5.2%
	cette	18		
	cet	2		
	ces	1		

语料中名词前的限定词主要有冠词（不定冠词和定冠词两种，以定冠词为主）、指示形容词和主有形容词三种，还包括一些泛指形容词（如chaque 等）。但汉语中不存在定冠词，而是经常使用光杆名词表定指意义，那么在翻译过程中是否正如我们的猜想呢？指示形容词和主有形容词也得到忠实翻译了吗？

3.1.2.2.1　冠词

除了上文对于词频的粗略统计，我们也需要进入文本中，考察语料中三部小说的开篇词（incipit）中提到名词实体的情况，看看作者是怎么带领读者进入他的文字空间的。

在此之前需要知道，不定冠词在话语中引出一个还没有被识别的元素，而定冠词限定一个名词实体（substantif），其指称被认为是完全可识别的。这是为什么不定冠词通常出现在叙述的开头词里，尤其是为了限定那些第一次提到的指示定位的人物名词实体，第二次提到人物就使用了指示限定词，因为概念变成了"思想的现今占有"（Moignet, 1981）。定冠词具有一种记忆性（mémoriel），有着回指性作用（un rôle anaphorique），因为回指是语篇中先前的一个要素的重提。

然而，我们的三部语料小说中，《迷宫》的开篇词是这样的：

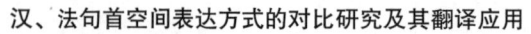

（15）Je suis suis seul ici, maintenant, bien à l'abri. [⋯]Ici le soleil n'entre pas, ni le vent, ni la pluie, ni la poussière. La fine poussière qui ternit le brillant des surfaces horizontales, le bois verni de la table, le plancher ciré, le marbre de la cheminée, celui de la commode, le marbre fêlé de la commode, la seule poussière provient de la chambre elle-même : des raies du plancher peut-être, ou bien du lit, ou des rideaux, ou des cendres dans la cheminée.

（15'）现在，我独自一人待在屋里，不受风雨的侵袭。……油漆过的桌子、打过蜡的地板、炉台上的大理石、衣柜上的大理石、衣柜上有裂纹的大理石，都变得暗淡无光。这唯一的尘埃来自房间本身：可能是来自地板缝，或者是来自床、窗帘，或者是壁炉里的炉灰。

《迷宫》一开始就强调"ici, maintenant"（此时此刻），这里的此时此刻与叙述话语世界之外的作者毫无关系，也与读者的时空毫无关系，只是叙述世界内部中某个不重要的叙述者的"此时此刻"，小说中的时空只记录当下的其所见所闻。开篇第一句就有三个连接词（法语为 embrayeur, 英语为 siffer）：代词 je，直陈式现在时，指示陈述过程场景所在地的副词，这些在上下文（cotexte）中都无法识别。

罗伯-格里耶作为新小说的领军人物，拒绝像传统小说开头那样明确叙述场景和还原叙述世界，他说：

小说写作并不旨在提供信息。①

(Robbe-Grillet, 1963) [175]

而且，原文中的名词从最开始就使用了定冠词，桌子、地板、大理石、衣柜都可以解释为是独一无二的屋内的那一个，但包括"尘埃"（la fine

---

① 原文：l'écriture romanesque ne vise pas à informer.

poussière）前都使用了定冠词 la，这不符合法语的一般用法，作者想表达连灰尘也是确定的。但汉语由于缺少定冠词这种用法，无法传递出同样的效果。

《拓扑》的开篇词不断重复一句话，睡前的城市（la ville）没有明确说明和介绍，直接映入读者眼帘的就是定指的"城市"，仿佛你我也身处于此。译文采用的方法是将定冠词"la"译为指示形容词"这座"，表示说者和听者都熟悉知道：

（16）Avant de m'endormir, **la** ville, de nouveau[……]

Mais il n'y a plus rien, ni cri, ni roulement, ni rumeur lointaine ; ni le moindre contour discernable accusant quelques différences, quelque relief, entre les plans successifs de ce qui formait ici des maisons, des palais, des avenues. **La** brume qui progresse, plus dense d'heure en heure, a déjà tout noyé dans sa masse vitreuse, tout immobilisé, tout éteint.

（16'）在我入睡以前，这座城市，又一次……

再也没有任何声息，没有喊声、没有车辆行驶声、没有遥远的喧哗声；也没有一丁点儿较明显的轮廓，使人可以看出在这些连续的景物中，有任何不同和起伏的地方。在这里，连续的景物就是房屋、宫殿、林荫道。不停地向前推进的雾，每小时更浓密一点，早已将一切都淹没在半透明的气体中，使一切都静止不动，一切都朦胧暗淡。

《嫉妒》的开篇词：

（17）**Maintenant** l' ombre du pilier—**le** pilier qui soutient l' angle sud-ouest **du** toit — divise en deux parties égales l' angle correspondant de **la** terrasse. Cette terrasse est une large galerie couverte, entourant **la** maison sur trois de **ses** côtés. Comme sa largeur est la même dans la portion médiane et dans les branches latérales, le trait d'ombre projeté par le pilier arrive exactement au coin de **la** maison ; mais il s'arrête là, car seules les dalles de la terrasse sont atteintes par le soleil, qui se trouve encore trop haut dans le ciel. **Les** murs, en bois, de la maison — c'est-à-dire la façade et le pignon ouest — sont encore protégés de ses rayons par le toit (toit commun à la maison proprement dite et à la terrasse). Ainsi, à cet instant, l'ombre de l'extrême bord du toit coïncide exactement avec la ligne, en angle droit, que forment entre elles la terrasse et les deux faces verticales du coin de **la** maison.

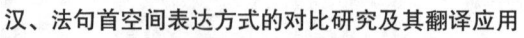

（17'）现在，**柱子的阴影**将露台的西南角分割成相等的两半，这个露台是一条有顶的宽廊子，从三个方向环绕着**房舍**，那根柱子就撑住廊顶的西南角。露台的宽度在横竖两个方向都是一样的，所以，柱子的阴影正好投在房子的墙角上；不过阴影并没有向墙上延伸，因为太阳还很高，只照到了露台的地面。房子的木板墙（即指南面与西山墙）仍处在屋顶（房舍与露台的顶端是连着的）遮蔽的阴影中。这样，此时此刻，房檐犄角的影子和两面墙与地面形成的夹角正好重合，而且都是直角。

"Maintenant"即"现在"作为时间状语，指示陈述话语过程的时刻。因为其处在文章的开头，不能只是被理解为确切时间，而是一个特定的陈述者使用这个时间副词的时刻。现在与以前（avant）相悖：它与过去切断，打开了一个时间范围。它也不会没有 ici 和发生在那里的事件，即在这部小说的开头，某根柱子的影子在某个梯田的相应角度上分成两等份。这个陈述话语过程的时刻与读者读这个文本所处的时刻是毫无关系的（maintenant vous allez appprendre l'histoire de…），第一个句子和段落中接下来的内容被理解为是说话主体的所感所思。这个人物的身份（作者？叙述者？要引入的人物？）都不重要了。从读者的角度来说，这一切就是某个人看到了某物，并且在他看到某物的时刻说出他所看到的东西。这就足够开始叙述了，甚至在《嫉妒》这本小说中，全篇都是这样的，直到结尾。

在我们所选取的篇章最初几段中，观察者—陈述者感知到的东西，复杂的定冠词名词组合（le N_1 de le N_2）接踵而来，这表示观察者很熟悉这个场所。这不仅因为定指限定词表示所指的唯一性，还有排除一般阅读的特定的谓词。那个支撑房顶，将其分成两部分的柱子实际上只是一个普通的柱子，以及它的影子，还有屋顶和露台。这些名词组合中的 N_1 和 N_2 实际上都是有联系的：它们影射了那些实体，我们不能独立地看待，必须和其他实体一起联系起来，表示整体中的一部分（pilier、toit、angle、terrasse）或者是实体制造出来的（ombre）。这些实体彼此定位，但是完整的定位就是那个整体，tout，就是 la maison 在下一段中提到的房子。这个房子，实际上已经被其部分定位了，又一次提醒那个感知讲话的主体，这个房子他是很熟悉的。

这种熟悉效果（Effet de familiarité）源于确定指称名词组合的使用，名词"maison"的使用既不能指示一个独一无二的实体（如 le soleil），也不是抽象的（如 le liberté），使用"la maison"指示为了谈论一个已知的，无须赘言的特别的房子。接下来的屋顶、墙壁都是使用定冠词修饰，没有说明是房子的屋顶、墙壁，甚至下一段中的房间，虽然不是房子中唯一的房间，也一律使用定冠词修饰，而没有说明。

从开篇词到全篇结尾，可以看出，不同于传统小说中使用不定冠词引入新的人事物的方式，罗伯-格里耶全篇都采用定指性限定词来营造一种熟悉效果，尤其是大量非常规定冠词的使用都营造出一种读者已知的效果。中文译文的解决方式一般为译为光杆名词，也有译为指示形容词"这座城市"的情况，其目的都是拉近与读者之间的距离。而主有形容词的使用实际上与定冠词有着一定的区别和联系，这两者在文中的使用频率对比悬殊，分别为 86.4% 和 2.6%，主有形容词明显要少于定冠词。下面我们将讨论二者在法语中的对比和译文中的不同解决策略。

3.1.2.2.2　主有形容词

相比于定冠词，主有形容词的使用频率并不高。定冠词或主有形容词的使用会产生不同的效果，因为小说中的对于人物和房屋内的物品描写必然涉及人物的身体部位和穿戴，以及物品的一部分这些下义词。部分名词之于整体而言，使用定冠词还是主有形容词正说明了两者联系的紧密程度，

汉、法句首空间表达方式的对比研究及其翻译应用
——以阿兰·罗伯-格里耶小说平行语料为例

主有形容词的使用证明了其与主体之间连接的紧密性，定冠词则展现了身体部分名词与主体的疏离感。

语料中对于主要人物的名字也显得非常潦草，《嫉妒》中用缩写 A 作为女主人公的名字，《拓扑》为大卫，《迷宫》中为士兵和孩子。罗伯-格里耶本人说：

为什么执着于要知道一个在小说里不说话的人叫什么名字呢？①
（Robbe-Grillet，1963）[150]

A 的出现，与时间范围的改变吻合了（此时出现了一个新的 maintenant），这个房间称为"la chambre"，显然不是房子里唯一的房间，但是叙述者对于这个房间里的一切都很熟悉。其实"sa chambre"这种表达也是可以的，但是叙述者认为 A 与房间之间的关系是分离的。

在这个"maintenant"的时间范围里，A 完成了一系列的动作，但这与"maintenant"这个时间状语很难共存，因为"现在"后面应该跟着一个静态的视角，可是这个时间范围的辖域一直延伸，一直到又出现了一个新的"现在"。

开篇段落的呈现方式在第二段中也同样维持着，尽管有人物施动者（actant）的突然出现打断，然而他的动作却没有房子的灯光效果更吸引读者眼球。在篇章所呈现的世界里，很显然某些事情发生，且按照时间顺序前进着，但是开篇词中暗含的事件并不是如此呈现的，而是以定格的方式被读者了解。叙述以固定景别（plan fixes）的方式一帧一帧地前进。这些定格画面，观察-叙述者的目光停留下来，为了观察、评论、解释。在谈论 A 的过程中有个目光短暂地停留到露台上的栏杆上，但在此之前还是有 A 的一个整体印象，更确切地说，是 A 的身体：

---

① 原文：Pourquoi s'entêter à découvrir comment s'appelle un individu dans un roman qui ne le dite pas?

第 3 章 句首空间表达方式的所在句

表 3-25 中文与法文对照观察（23）

序号	法文	中文
例 53	Les boucles noires de **ses** cheveux se déplacent d'un mouvement souple, sur **les** épaules et **le** dos, lorsqu'elle tourne **la** tête.	她一扭（φ）头，（φ）漆黑的发就会随着轻柔的动作在（φ）肩背上摆来摆去

不同以往的是，这个景别是动态的，A 并不是固定在一个动作里的，动词表示是动态过程的，现在时意味着拥有所谓的记录价值：就是说观察-叙述者对他所见的那一刻做了记录，好像在"现场直播"。事件发生的时间顺序前进着，被记录的场景实际上不应该与陈述过程中的"现在"的固定指示定位共存。"现在"不和感知到的场景融合，而是和观察者的感官行为和谐一致。maintenant 不能被提前确定，就是说副词并不与事件时间联系在一起，而是以另一种层级运行着。从元语言角度来说，待到原始观察者来到视角中心，就像在电影中，摄影师不移动，A 的全景中她的头发（ses cheveux）吸引着人的目光。头发、肩膀、背部、头四个部位，法文中只有"cheveux"（头发）前使用主有形容词，而译文中所有的身体部位都以光杆名词的形式出现，译文并没有办法从限定词角度来突出头发这个视觉焦点。

表 3-26 中文与法文对照观察（24）

序号	法文	中文
例 54	前句：**A**... termine **son** verre d'eau gazeuse dorée, le repos vide sur la table et se remet à caresser du bout de **ses** doigts les trois gros clous à tête bombée qui garnissent chaque montant de **son** fauteuil.	前句：阿 X 把（φ）汽水喝干，将杯子放到茶几上，又用（φ）六个手指分别去抚弄每根（φ）椅子扶手头上的那三个圆钉帽
	Sur **ses** lèvres closes flotte un demi-sourire de sérénité, de rêve, ou d'absence.（p.158）	她那紧闭的嘴唇上浮着一丝轻微的、迷茫的、梦幻般的笑意。（p.108）

再来看 A 的另一个喝水的动作，对于杯子、手指、椅子前的限定成分，

·109·

对比两种语言中的指称链条如下。

法语：A…– **son** verre d'eau gazeuse–**ses** doigts–**son** fauteuil–**ses** lèvres closes

中文：阿 X– 汽水 – 六个手指 – 椅子 – 她那紧密的嘴唇

罗伯–格里耶别有深意地在水杯和扶手椅这两个非身体部位名词前使用了主有形容词，而手指和嘴唇这两个身体部位名词前也没有使用定冠词。罗伯–格里耶为何时而在身体部位前使用主有形容词，时而使用定冠词呢？

对于人的身体部位（annulaire、visage、dos、cheveux、mèche 等），夏罗尔（2016）有专门论述，他发现，在《嫉妒》这本小说中，罗伯–格里耶在身体部位前毫不犹豫地使用了定指限定词，在与前文中人物指称之间形成联想回指时，不同于主有形容词，导致出现了一种显著的分离效果（effet d'aliénation），导致读者只关注分离于主体的这一部分的身体部位。这种效果，让读者或多或少有一些感觉，觉得 Franck 的身体部位好像与这个人物是分离的。

（18）Franck se lève de son fauteuil, avec une vigueur soudaine, et pose sur la table basse le verre qu'il vient de finir d'un trait. Il n'y a plus trace du cube de glace dans le fond. Franck s'est avancé, d'un pas raide, jusqu'à la porte du couloir. Il s'y arrête. **La tête et le buste** pivotent en direction de A…, restée assise.

正如富克斯（Fuchs）和勒高非克（Le Goffic）指出的那样，方位倒置句子的解释迫使读者模仿观察者—陈述者讲述他所发现的情况的方式，从它们发生的地点（真实的或想象的）开始。在我们研究过的句子中，它们不是以相同的方式给出的。主语限定性名词组合设置一个所指对象，它会谈到这个所指对象的某物。这个所指对象是新的，因为它暗指一个实体，直到那时还没有明确提到,但它与一个应该在上下文可以被接受的人物密切相关。这个所指对象作为陈述的起点,当在位置倒置结构中时,这种情况在主题陈述中作为一个整体呈现。我们分析的异化限定性名词组合并没有定位它们出现的句子所表示的情况,但是由于它们专注于一个人身体的一部分,它迫使我们将该部分视为某种独立于整体的事物。由于整体事物与其不可分割的部分之间的关系不言自明,因此读者不禁将这些限定性名词组合归因于能够以这种方式理解事物的陈述者,这将我们带回到隐藏观察者的位置,就像位置倒置结构一样。

表 3-27　中文与法文对照观察（25）

序号	法文	中文
例 55	À l'annulaire, **il** porte une grosse chevalière à pierre grise.	**他的**无名指上戴着一只粗大的镶灰宝石的镌名戒指。（p.121）
例 56	Sur **ses** demi-bas en coton rugureux, **il** porte des chaussures de tennis enduites d'une épasse couche de blanc, qui se craquelle aux endroits où plie la toile sur le dessus du pied.（p.36）	（ϕ）腿上套着中统粗线袜,（ϕ）脚上着一双网球鞋。白色橡胶的鞋底很厚,并且在布面打弯处裂了开来。（p.32）

从例 55 可以看出,译者并没有完全做到忠实原文,从一个分离的局部出发,再过渡到一个人的整体上去,"无名指"前加上了"他的","中统粗线袜"也变成了"腿"和"脚"这种相对于人这个整体而言可及性较强的身体部位。当整体不是人而是非生命体时,作者有的时候反而会使用主有形容词。

表 3-28　中文与法文对照观察（26）

序号	法文	中文
例 57	**La maison** est construite de plain-pied avec cette esplanade, dont **elle** n'est séparée par aucune véranda ou galerie.（所在句）Sur **ses** trois autres côtés, au contraire, l'encadre la terrasse.（p.9）	**房子**与空场分布在同一高度上,并且紧密相连,当中没有走廊或门厅之类的间隔。**房舍的另外三面**,就是那环抱着的露台了。（p.14）

把主有形容词显化翻译，将主有形容词中包含的人称显化为先行词中具体的名词，可以观察原文和译文中的话语链条。

法语：la maison–elle–ses trois autres côtés–l'（la）

中文：房子–房舍的另外三面

法语原文中采用了代词回指、主语代词 elle、整体–部分联想回指 ses trois autres côtés，以及直接宾语人称代词 la（法语句中的主语为 la terrasse），而中文译文则只有一个不完全重复的忠实回指"房舍的另外三面"。原文中有一些拟人的意味在其中，不仅因为法语中名词具有阴阳性特质，所以出现了 elle、la 这样的阴性代词，在代指其部分时为了连接紧密作者甚至使用了主有形容词 ses，这在译文中并没有得到充分体现，译者只是做到了阐明翻译。

《迷宫》中的这个描写士兵在铁床上的面貌状况的例句如下：

表 3–29　中文与法文对照观察（27）

序号	法文	中文
例 58	Il repose sur le dos. Ses yeux sont fermés. Les paupières sont grises ainsi que le front et les tempes, mais les deux pommettes sont marquées de rose vif. Sur les joues creuses, autour de la bouche entrouverte et sur le menton, la barbe, très noire, est longue d'au moins quatre ou cinq jours	他仰面躺着。他的双眼紧闭。（φ）眼皮、（φ）前额及（φ）两鬓处的脸色发灰，但（φ）两块颧颊处却是一片潮红。在（φ）凹陷的双颊、（φ）张开的嘴巴四周以及（φ）下巴颏上，长满黑森森的胡子，至少四五天没有刮脸了

法语：il–ses yeux–les paupières–le front–les tempes–les deux pommettes–les joues creuses–la bouche entrouverte–le menton，la barbe

中文：他–他的双眼–眼皮、前额及两鬓处的脸色–两块颧颊处–凹陷的双颊–张开的嘴巴–下巴颏–胡子

"Ses yeux"忠实翻译为"他的双眼"，剩下的身体部位名词前法语中的限定词都是定冠词，中文译文也基本与原文保持一致，因为这些身体

部位与表整体的代词"il"这个连接网眼联系紧密,在法语和中文中都不需要进一步解释。

3.1.2.2.3 指示形容词

指示限定词有两个基本用法:指代(deictique)和回指。指代是说在指定陈述情况下存在的指称,不需要借助上下文就可以被识别,一般情况下会假设有一个当前的对话者;回指用法,表示在上下文中前文已经提到的一个指称。所谓的忠实回指,也就是同样的名词再被重提,不忠实回指则是指重提过程中伴随着词汇变化。

观察语料中的指示形容词,一般来说都符合忠实回指的情况,即在很近的上文就可以发现名词部分相同的先行词:

表3-30 中文与法文对照观察(28)

序号	法文	中文
例59	前句:Mais elle s'écarte sans dommage de la voiture bleue,[...] et, après un dernier regard en arrière, se dirige seule, de son pas décidé, vers **la porte centrale de la maison** qui ouvre directement sur la grande salle	前句:但是,她离开车子时浑身上下并无任何变化,而那辆蓝色大轿车的马达却在继续运转,使院子里充满越来越大的轰响。阿X朝身后又最后看了一眼,便独自迈着坚定的步伐径直朝**中间的房门**走去
	En face de cette porte débouche le couloir, sans aucune séparation d'avec le salon-salle à manger.(p.59)	**这房门**直接开在客厅兼餐厅里,并且与中央走廊相通,没有任何间隔。(p.46)

这个例子中,翻译基本是忠实的,修饰定语"中间的"和"房子的"顺序有些微改变,是因为"门"是单音节词,一般来说,中文考虑到韵律会将单音节词加上一个单音节的修饰词凑成双音节的,比如说"树梢""河岸""窗框"等,而且中文也不会让一个表整体中一部分的名词单独出现,所以即便是三个字的"门把手"也会把整体作为修饰定语置于中心词前。"这房门"是忠实于原文的,但介词短语"en face de"并没有字对字翻译,一来不符合中文表达习惯,二来中文句子以名词作为主语置于句首,较之法文原文,与前文联系更加紧密。

表 3-31　中文与法文对照观察（29）

序号	法文	中文
例 60	**La chemise** est en étoffe raide, un coton sergé dont la couleur kaki a passé légèrement par suite des nombreux lavages. **Sous le bord supérieur de la poche** court une première piqûre horizontale, doublée par une seconde en forme d'accolade dont **la pointe** se dirige vers le bas.（所在句）À **l'extrémité de cette pointe** est cousu le bouton destiné à clore la poche en temps normal. C'est un bouton en matière plastique jaunâtre ; le fil qui le fixe dessine en son centre une petite croix. La lettre, au-dessus, est couverte d'une écriture fine et serrée, perpendiculaire au bord de la poche	**衬衣**的料子是一种很挺括的卡其布，洗的次数过多，纹理已经模糊了。**口袋的上沿**缝了一道横线，下面又紧接着一道大括弧式的曲线，曲线的**尖角**朝下，**端部**便是通常系住口袋盖的纽扣。这是一粒黄色的塑料纽扣，钉纽扣的线在它的中心画成一个小小的十字。那封信从口袋上方支棱出来，与袋口垂直，写满纤细紧凑的字迹。（p.66-67）

例 60 的法文原文中是一个忠实回指，有相同的名词"pointe"，只是限定词不同，此时的指示形容词"cette"起回指作用。可是，中文译文中没有将"cette"翻译出来，这是一种简化现象，"端部"指的是"曲线尖角朝下的一端"。这是一个原文中的忠实回指在译文中演变为联想回指的例子。

例 61 则是非常典型的情况，原文"un cheminée- cette cheminée"，译文"一个壁炉－壁炉"，都属于忠实回指，但中文没有翻译"cette"。我们不只需要对应先行词和回指词这两个指称，还需要完整地观察两种语言中的话语链条。

法文中的话语链条：Une cheminée- un âtre- les cendres- cette cheminée

对应中文翻译链条：一个壁炉－炉膛－炉灰－壁炉。

法文可以用其他与主体看似无关的名词来表示部分，中文却在每一个部分名词前都添加了"炉"这个主体，所以不需要再使用"这、那"这样的指示代词来回指了，"炉"字让整个指称链条非常清晰完整。

第 3 章　句首空间表达方式的所在句

表 3-32　中文与法文对照观察（30）

序号	法文	中文
例 61	Une porte s'ouvre à présent sur une pièce carrée, meublée d'un lit-divan, d'une table rectangulaire et d'une commode à dessus de marbre. La table est couverte d'une toile cirée à petits carreaux rouges et blancs. **Une cheminée au tablier levé**, mais sur **un âtre** sans chenets, aux **cendres refroidies**, occupe le milieu d'un des murs. （所在句）**À droite de cette cheminée** se trouve une autre porte, entrebâillée, qui donne sur une pièce très sombre, ou sur un débarras.	现在，门打开了，它通向一个正方形的房间。里面的家具有沙发床、长方桌和大理石台面的衣柜。桌子上铺一块带红白小方格的漆布。一堵墙面的正中是**一个开敞式的壁炉**，炉膛里没有炉栅，而炉灰已经冷却。**壁炉再往右**是另一扇门，半开着，门后面是很暗的另一间房间，或是堆放杂物的地方。

例 62 的中文依旧没有翻译"ce"，而是将联想回指翻译为忠实回指：一个壁炉–壁炉，原因同上，中文译文联系非常紧密，使用了大量的重复回指。

表 3-33　中文与法文对照观察（31）

序号	法文	中文
例 62	前　句：C'est **une bille de verre ordinaire**, d'environ deux centimètres de diamètre. **Toute sa surface** est parfaitement régulière et polie. **L'intérieur** est tout à fait incolore, d'une transparence absolue, à l'exception d'un noyau central, opaque, de la grosseur d'un petit pois. Ce noyau est noir et rond ; de quelque côté qu'on regarde la bille, **il apparaît comme un disque noir** de deux à trois millimètres de rayon. **Tout autour**, la masse de verre limpide ne laisse apercevoir que des fragments méconnaissables du dessin rouge et blanc dont elle occupe **une fraction circulaire**.	前句：这是**一颗普通的玻璃球**，直径约两公分。**整个圆球的表面**是十分均匀、光滑的。**圆球**本身没有颜色，绝对透明，除了中间部分是一个豌豆大小黑色的不透明的圆形内核。不管从哪一边看，**这个球的内核就像一个半径两三毫米的黑色圆盘**。

续表

序号	法文	中文
例62	所在句：**Au-delà de ce cercle** s'étend de toutes parts le quadrillage à damier de la toile cirée qui couvre la table. Mais, à la surface de la bille, se reflète en outre, pâli, déformé, considérablement réduit, le décor de la salle de café.	所在句：**圆盘的周围**，透过清澈的玻璃，可以看见难以辨认的红白色图案，玻璃在它们周围形成**一个圆圈**。**圆圈的外面**，向四面八方散布开去的是盖在桌子上漆布的红白方格子图案。

整个链条的翻译情况如下。

法文：une bille–sa surface–l'intérieur–il–une fraction circulaire–ce cercle

中文：一颗玻璃球－整个圆球的表面－圆球－这个球的内核－一个圆圈－圆圈。

显而易见，中文译文出现了"球""圆"等重复性字眼，特别是这个链条最后的两个指称是紧邻的，完全重复的光杆名词很好地表示了特指含义。

总结以上实例，对于三种限定词的翻译，按占比多寡，大致分为以下四种情况。

（1）光杆名词（-）：无论原文中是什么情况，指示形容词、主有形容词还是最没有存在感的定冠词大都被翻译为光杆名词，因为汉语中的光杆名词非常常见，可以表示类指、定指、泛指等。而小说中的名词多为定指，是默认为读者熟悉的物体。而且汉语中不存在定冠词这种限定词，译者大多数情况只能求助于光杆名词。比如，une cheminée–cette cheminée 译为 "一个壁炉－壁炉"，une fraction circulaire–ce cercle 译为 "圆圈－圆圈的外面"，这两个例子中的指示形容词都掉落了。还有个例子从原文的重复回指变为联想回指，la pointe–à l'extémité de cette pointe 译为 "尖角－端部"，不仅指示形容词掉落，甚至重复信息名词也省去了。

（2）忠实翻译（0）：忠实翻译是说指示形容词和主有形容词都如实翻译出来了，如 la porte–cette porte 译为 "房门－这房门"，il–ses yeux 译为 "他－他的双眼" 等。

（3）添加（+）：我们的语料中的名词大部分都是实体，很少有抽象名词，作为上下义联想回指，一般与主体都可以分离，无论是生命体还是非生命体，法语原文中使用定冠词的比例较大。三本书的译者经常做的就是将定冠词或主有形容词，通过上文的信息，还原为"名词＋的"这样的限定修饰语。比如，la maison–sur ses trois autres côtés 译为"房子－房舍的另外三面"，à l'annulaire–il 译为"他的无名指上"，une bille–sa surface 译为"一颗普通的玻璃球－整个圆球的表面"。

（4）改变词性：上面提到的不仅限定词发生了增减改变，译者甚至将名词也译为他物。这种情况比较少见，将在 LOC 组的指称翻译部分详细分析。

3.1.2.3 句首空间表达中的指称表达

句首空间表达内部的指称表达不仅包括名词，还有一些代词、副词的情况，而代词和副词往往会依据上文信息将名词信息重复一次。

对于名词作为回指词，从回指词与先行词是否一致可以分为忠实回指和不忠实回指两种。其中，忠实回指主要是限定词的改变，回指词与先行词的名词部分是相同的；而不忠实回指则有可能分为共指回指（用不同的词指代同一实体）和异指回指（先行词和回指词所指代的实体不同）两种情况。翻译过程中可能会造成回指从不忠实回指变为忠实回指，或者产生其他情况，下面我们将具体逐个分析。

有一种特殊类别的名词是由表身体／物体部位的一般名词通过泛化和隐喻机制虚化而来，其分布特征游移于一般名词与方位词之间，用法语表示就是"bout、côté、fond、dos、pied、base"等，我们在标注过程中将其与物体真正的部分名词区分开来，前者称之为"方位标"（portion），后者称之为下义名词（partie）。汉语研究中，储泽祥（1997）把方所标记分成三类：一类是方位标，由方位词构成；一类是准方位标，包括"面、角、头、端、域、片、心、顶、脚、根（跟）、沿、尖、梢、口、底、腰、边"等；还有一类是命名标，那是一种词汇标记。"X + 准方位标"式的名词，如水面、墙角、船头、坝端、异域、中南片、湖心、山顶、山脚、皇城根、河沿、山尖、树梢、门口、湖底、半山腰、桌边。与这一类体词组合成的表述形式是汉语方所表述的一个突出的特点。他把这一类体词称作"准方位标",可以使整个表述形式"性质体词化范畴方所化",于是使之能做"在""到""往"的宾语,并能用"这儿""那儿"指代。

通过观察统计,在三部小说句首地点状语中,名词忠实翻译的情况占比最多,有233个,而"准方位标"类名词译为"命名标"类名词的句子有26个,有些名词在译者对于整体信息的把握之下发生变化的有12个,代词或副词等需要参照前文信息理解的指称形式也在翻译过程中得到了信息还原,统计情况见表3-34。

表3-34 句首地点状语中指称表达的翻译情况统计

指称表达的翻译	《嫉妒》	《迷宫》	《拓扑》	合计	频率
"准方位标"译为"命名标"	8	14	4	26	7.7%
代词/副词译为名词	8	2	0	10	2.9%
名词改变（从名词A到名词B）	7	2	3	12	3.5%
名词消失	1	0	0	1	0.3%
其他（名词的忠实翻译）	141	92	57	290	85.5%
合计	165	110	64	339	100%

从表3-34可以看出,虽然说当句首空间表达中的指称为名词形式的时候,忠实翻译的情况仍占大多数。看起来前三种情况的类别还是占比较少,但是当指称为代词或副词信息时,代词或副词等模糊信息被翻译为确指名词的情况,和"准方位标"译为"命名标"的情况占比却非常高。译者将名词指称也译为他物的具体情况我们将在下面的小节中详细举例说明。

3.1.2.3.1 "准方位标"译为"命名标"

表达准方位标部分（portion）的情况等在汉语中被明晰化,翻译成了"命名标",如水面、墙角、船头、湖心、山顶、山脚、河沿、山尖、树梢、门口、湖底、半山腰、桌边。语料中具体的例子：

表 3-35　中文与法文对照观察（32）

序号	法文	中文
例 63	Au **dos** se trouvent le nom et l'adresse de la jeune fille qui les a écrites	**信封的背面**是那位写信给他的年轻姑娘的姓名、地址
例 64	Il s'avance de quelques pas, machinalement, dans sa direction. Par **l'entrebâillement**, il est impossible de rien distinguer, tant l'intérieur est sombre	他朝那扇门机械地走了几步，朝**门缝**里看，但什么也看不清，房子里暗得很
例 65	Depuis **le fond** jusqu'à la limite supérieure des pièces les plus hautes, sur le flanc opposé à celui où se trouve bâtie la maison, le comptage des plantes est assez facile（p.25）	在与房子遥遥相对的山坡上，从**谷底**到种植园最高处的地段边缘，树木的植株很容易数清（p.25）

可以看出，中文译文中的部分词（partie）减少，相应地，表达实体（entité）的 LOC 整体增加了。这是因为在翻译过程中发生了阐明现象。

3.1.2.3.2　代词/副词变为名词

前文提到过，我们将代词类句首空间表达也收录到语料中，从中文译文中可以看到，这些代词几乎都被翻译为名词，或者说是重新清楚地重复了一遍先行词。三部小说的翻译出自不同译者之手，却都可以找到很多这种类型的例子。代词有指示代词 celui-ci、celle-là，人称代词 elle 等；副词有 ici、là。下面是其中的几个例子：

表 3-36　中文与法文对照观察（33）

序号	法文	中文
例 66	**Sur celui-ci** se presse une foule multicolore, près d'un amas de ballots entassés, en avant du navire.（p.123）	**小船**上挤了五颜六色的一群人，旁边则是一大堆货包，堵在大船的前边。（p.88）
例 67	**Là**, l'obscurité est totale.（p.21）	**露台**上更是一片漆黑。（p.22）

续表

序号	法文	中文
例68	Dans le coin de **celle-ci**, un liquide foncé a coulé le long du bois, traversant les voliges l'une après l'autre d'arête en arête（p.127）	**窗台**的角上，一缕发黑的水渍沿着木板流下来，横跨过鳞状披盖的板条，从一个棱边跳到另一个棱边（p.89-90）
例69	À partir de là, il longe le mur vers la droite, se glissant entre celui-ci et les grilles de fer qui forment la tête des lits, et il poursuit l'opération de proche en proche, repoussant les battants et manœuvrant les crémones, qu'il est obligé de forcer en s'y reprenant à plusieurs fois	从**那扇窗**开始，他顺着墙根向右，在墙和床头之间，一扇扇地将窗户关上，他先将窗扇关上，再拨弄插销，有些窗他得用好几次力才能关上
例70	Entre **elle** et l'ouverture béante du couloir, il y a le mille-pattes.（p.129）	在**这扇门**和走廊门洞之间，是那只蜈蚣。（p.91）

从上面的例66~例70我们可以看出，译者几乎将所有的句首空间表达中所有的代词都翻译为明确的名词了，无论是人物、物品还是前文提到的地点，几乎都是先行词的完全重复。从回指的角度来看，源语文本中以代词回指形式出现的前置空间表达，在目的语文本中都被转换为名词回指。

3.1.2.3.3 名词改变

此外，我们发现某些空间表达被译者修改了，修改的情况不尽相同：有的名词如"la bouch"（蟹嘴）、"l'appui"（窗台），由于韵律原因将上文信息补足；有的名词如"la pochelatéra l"（垫板的夹层里），则不是为了读起来更为悦耳才将其翻译为更详细的信息，而是为了使译文信息对读者来说更加清晰。比如下面两例中，replantation 本意为"种植园"，"l'isolé"本意为"剩下的那个人"，但译者译为"蕉林"和"工人"，这是储存在语境和读者记忆中的已知信息，更加便于理解：

第 3 章　句首空间表达方式的所在句

表 3-37　中文与法文对照观察（34）

序号	法文	中文
例 71	Dans certains parcelles de **replantation** très récente – celles où la terre rougeâtre commence tout juste à céder la place au feuillage – il est même aisé de suivre la fuite régulière des quatres directions entrecroisées, suivant lesquelles s'alignent les jeunes troncs.（p.10）	有些地段**蕉林**是新近翻种的，枝叶间刚好露出一片片发红的地面，所以甚至可以清楚地辨认出横平竖直的一行行树。（p.15）
例 72	Derrière **l'isolé**, un des bois neufs a disparu（p.85）	右岸这个**工人**的身后，有一根新木料不见了（p.64）

再比如，下面两个例子中的两个中文译文都是"舞台"，原文分别是 premier plan 和 cadre：

表 3-38　中文与法文对照观察（35）

序号	法文	中文
例 73	À droite, **au premier plan**, il y a un grand arbre mort, à moins que l'hiver seulement ne lui ait fait perdre ses feuilles.	右边，**舞台前端**，有一棵枯死了的大树，如果没有枯死，那就是冬天使它脱落了树叶。（p.138）
例 74	Tout à fait sur le devant, **dans la partie gauche du cadre**, une seconde tache de lumière vive réunit de la même façon trois autres personnages féminins, dont en particulier cette jeune prisonnière dévêtue qui est allongée sur une sorte de table chirurgicale en forme d'ellipse, munie d'un pied central s'évasant vers le bas pour constituer un large empattement circulaire. L'ensemble de l'appareil est laqué d'un blanc éclatant.	在最前面，**舞台的左边**，第二圈明亮的光线同第一圈一样，把另外三个女人集中在一起……她躺在一张椭圆形的有点像手术台的桌子上，桌子只有中央一条腿，越到下面越宽阔，最后构成一个圆形的大底座。（p.55）

有的例子中名词改变较多，比如下面例 73 和例 74：

· 121 ·

表 3-39 中文与法文对照观察（36）

序号	法文	中文
例 75	**Sur ses demi-bas en coton rugueux**, il porte des chaussures de tennis enduites d'une épasse couche de blanc, qui se craquelle aux endroits où plie la toile sur le dessus du pied.（p.36）	腿上套着中统粗线袜，脚上着一双网球鞋。白色橡胶的鞋底很厚，并且在布面打弯处裂了开来。（p.32）
例 76	**Au milieu de celle-ci** figure déjà un autre plat intact, où, **sur un fond de sauce brune**, sont rangés l'un près de l'autre trois oiseaux rôtiss de petit format.（p.56）	桌子中央有一盘菜尚未动过。盘子底上铺了一层棕色的沙司，并排摆上三只个头儿不大的烤炙飞禽。（p.44）

如果直译这个句子是否正确的呢？"中统粗线袜上穿着一双网球鞋"，以及"棕色的沙司，并排摆上三只个头儿不大的烤炙飞禽。"这样的表达似乎并没有任何问题，中文句子是通顺的。这时译者的选择就非常值得深思了，在即便直译也不影响理解的情况下，译者选择了与上下文的指称联系更紧密的名词。

阐明，这是一种将来源语中未言明却可以在语境或情境中显现出来的内容，在目的语中明确化的翻译方法。译文的明晰化现象显著的结论，布鲁姆-布尔卡（1986）、贝克（1995）等学者都有过精彩的研究。然而，明晰化其实更是一种篇章层面上的操作，因为译者需要借助语境才能将本来不清楚的东西明晰起来。需要从上文中提取信息，才可以在下文当中进行说明。无论译者做怎样的修改，这些修改都需要在上下文中找寻根源。目的都是使得译文更加清晰明了，增加可读性。

这一部分主要针对句首空间表达所在句中最为重要的地点状语的各个成分进行解剖分析，下一节按照顺序将仔细研究所在句中的动词对比情况。

3.2 句首空间表达所在句的动词

上一节中对于句首空间表达所在句中的第一个成分——句首地点状语按照数量和构成成分两种方式做了详尽的分析。这一部分，我们将对比分析语料中的句首空间表达所在句中的第二个成分——动词。实际上，动词与介词有着千丝万缕的联系，我们知道法语中介词的选择实际上是与动词有很大关联的。而不同语言则可能将方位信息置于动词或介词之中，所以动词的分析对于空间表达来说同样至关重要。我们将采用量化的词频统计方法对比法语原文中存在句和事件句两种句型中的动词，这两种句型中的动词有静态和动态之分，在法语内部的动词对比分析完成之后，再来对比分析其对应的有着自身特点的中文动词。

3.2.1 法语动词

因为语料中包含有倒装句型 XVS 和非倒装句 XSV 两种类型，所以动词 V 和主语 S 分别有两个部分。动词部分分为倒装句中的动词 V_1 和非倒装句中的 V_2 两个大部分分别进行分析说明，不仅从动词的时、式、态、体几个方面进行分析，也对不同语言中动词的类型进行讨论。

3.2.1.1 倒装句中动词 V_1 的构成

典型的 XVS 句型中，动词一般是"轻"动词：句法和语义上都是。在句法层面上，动词是一个不及物动词，代词式动词或者被动态动词；动词变位时态非常简单（现在时、未完成过去时表示一个状态），原则上不伴随其他成分（语态、副词或者别的插入成分）。那么语料中的方位倒装句中的动词 V_1 是否都满足这一特征呢？

从语料整体情况来看，在倒装句中除了三个例子之外，几乎所有的动词都是现在时的，甚至 être + 过去分词（participe passé）都是表示被动态的现在时（如 est suspendue、est posé、est fixée、est tracé、est accroché、 est apposée、est appuyé 等）。*Jalousie* 中的两个例外动词是复合过去时（a poussé 和 s'est perché）；*Topologie* 中有一个（sont apparus）。

　　动词一般都是肯定形式，但是也有例外，如 n'arrive aucun。因为句法上轻形式，动词基本上都是单一的（或者是被动态带有一个助动词），*Jalousie* 中只有四个例子带有副词，与动词紧密相连的有三个例子带有一个体助动词（achever de、continuer de、venir de）；*Topologie* 中也有三个例子带有副词信息（passe à cet instant précis, traîne encore、sont apparus à present）；*Labyrinthe* 中有两个例子带有副词信息（alors、aussi）。但后两部作品中没有体助动词的情况。

　　语义层面上这些动词也是轻形式的，只是单纯联系了定位（localisateur）和被定位的主语：自身并不带有任何信息，细化了主语的定位方式（站立、坐、躺的姿势）或者特征化的性质（briller 对于星星，brûler 之于火炬等）。这种语义上的轻形式依附于使用的动词词素本身的语义特征。小说中，有很多典型的表示状态的动词（如 figuer、reposer、flotter）或者表示状态的被动态（être empilé、être aligné、être disposé、être cousu、être rangé）。其中，表示视觉感官的动词标示了主语的特点（如 briller），让观察者可以通过这个特点定位物体。举个例子，Dans la salle à manger brillent deux lampes 的意思，等于 Dans la salle à manger, il y a deux lampes brillantes/qui brillent 的。也就是说，即使将"briller"置换为"il y a"，句意也并不受太大影响，"briller"只是点明了灯的存在状态而已。

　　观察语料，可以看到有一个例子其方位倒装句中仅带有一个及物动词，后面跟随着直接宾语，而不是主语，这也给翻译带来了难题。译者的解决方式是将动词译为修饰成分"那环抱着的"，而房舍和露台之间用系动词"是"来连接：

表 3-40　中文与法文对照观察（37）

序号	法文	中文
例 77	Sur ses trois autres côtés, au contraire, **l'encadre** la terrasse.（p.9）	房舍的另外三面，就**是那环抱着的**露台了。（p.14）

可见大部分的句子中动词都是静态意义的，但是，在这种类型的例子中，动词固有的语义特征是静态的，要比那些动态的语义特征数量少很多，这也是罗伯-格里耶小说的主要特征之一。在大部分的例子中，语料中都有一个运动动词（verbe de mouvement）。主语被描写成一个突然出现的物体（apparaître、paraître、s'encadrer、se dessiner、venir、se placer、se succéder、venir dans l'ordre），或者是移动的物体（courir、se déployer、se projeter、s'ouvrir、converger），变换位置的物体（s'étendre、se dresser）、走出或到达的物体（commecer、partir、déboucher）。在语言学中这种类型被大量研究的情况被泰尔米（2000）命名为"虚拟运动"（mouvement fictif）。XVS 这种倒装句中，动词最典型的情况就是"虚拟运动"，或者称为"抽象运动"（Fuchs and Fournier, 2003）: Au fond du jardin se dresse une statue 与 à côté de moi, une jeune femme se dresse brusquement 不同，后者保留着 se dresser 的动态意义——"站起来"（se mettre debout）。这种动词的动态被固定地操作在罗伯-格里耶的小说中，比比皆是。

我们还发现固有语义特征为动态的动词，比如听觉感官动词（se faire entendre、se laisser entendre、arriver）确定了一个声音（bruit/son），以及固有语义为静态的动词，即视觉感官动词（voir、apercevoir）。主语本身的特征性质的动词很少使用（如 hurler、murmurer、gazouiller 等动词），好像一切都发生在观察者的视野范围内，而声响类行为则从其声音轨迹范围内抵达观察者的感知领域内。因此，可以注意到语料中视觉和听觉感官动词之间的不对等：视觉感官动词固有的静态语义特征，听觉感官动词固有的动态语义特征。这是因为视觉感官都是由小说中的观察者眼中接收的，而听觉感官则是在声音轨迹范围内进行的。此外，还有一些动词，语义中具有固有的动态意义，即所谓的行为动作动词（如 pousser、repasser、se presser），以及完成动词（se percher）。

但罗伯-格里耶在方位倒装（inversion locative）的非经典句型运用上走得更远一些，他在一些句子中使用了复合过去时。作者使用倒装句的程度达到了读者接受的极限（这也是翻译的难点所在），其中行为动词或者运动动词（所指是一个非人类的主语）前有一个体标记的助动词在法语中也并不常见。此时，我们不能说这些例子是虚拟运动了，因为句子确实通过话语的不定过去时（aoriste）①涉及一个动态过程。然而，复合过去时让不定过去时滑向一个既定的状态。作者利用这种双重性给读者一种固定的动态行为的印象，也就是说一个状态。例如，il y a la pousse du rejet de remplacement/il y a l'oiseau qui est perché，源于一个背景中隐含的现在过程，即植物的生长／鸟儿的飞翔（la croissance de la végétation/le vol de l'oiseau）。

3.2.1.2 非倒装句中动词 V_2

那么没有方位倒装句的限制，非倒装句句型中 V_2 是否与 V_1 的情况截然不同呢？是否有很多的及物动词、非轻动词、非虚拟运动动词？时态是否也多样一些？并且跟随的副词等附加成分更自由呢？可以看到，副词修饰非常丰富，如 de nouveau、presque、ensuite、encore、légèrement、avec lenteur、cependant encore、seulement、plus ou moins、fixement 等；也有否定形式，如 n'a plus bougé、n'est plus guère qu'ovale gris 等。但是其实有以下四种情况仍旧表示存在地点＋存在方式＋存在物。

（1）我们可以发现大量的无人称主语（如 il、on、c'est）的情况，这样的句子实际上也应该归入 XVS 方位倒装句的行列，因为它们本身并没有实际意义，无论是 on découvre 还是 il lit 实际上都是为了引出存在地点上的存在物，发现、看到、读等动词都可以被替换为 il y a，语义也不会发生变化。

（2）感官动词［如 apercevoir（发现）、voir（看到）、entendre（听到）

---

① 不定过去［Aorist，来自希腊语 αοριστός（没有范围，无限制）］，是用在某些印欧语言（如古希腊语）中的动词时态，用来指示行动，或在直陈语气中的过去行动，而不带有进一步蕴含。在其他语气（如虚拟语气、祈愿语气和祈使语气）、不定式和（大部分）分词中，不定过去纯粹是语法体而不带有任何时间意义。

第3章 句首空间表达方式的所在句

和considérer（认为）等］前即使有一个真实的人物，如David，这个人物也可以忽略不计，因为这个人物身为观察者，也是为了帮助读者观察倾听小说世界中的情况。

（3）那些表示静态存在的动词，如marquer（标示）、distinguer（分辨）、porter（穿戴）、disparaître（消失）、remplacer（取代）、s'écailler（掉皮）、est assis（坐着）、montrer（展现）、former（形成）、figurer= apparaître（出现）、servir de（作为）、reposer sur le dos（躺着休息）、est rassemblée（聚集）、a été décousue（脱线）、se mélanger（掺和）、éclaire（照亮），还有s'arrête、n'a pas bougé non plus、se tient、présente、est fixée、sont encore couchés、reposent、sont assis等，无论是肯定还是否定，现在时还是过去时，依旧和前面的无人称动词和感官动词一样，表达的是同样的意思。当动词是être的情况，可能以名词（comptage）或过去分词（tourné）等其他形式存在。

（4）同V_1一样，V_2中也有很多表达虚拟运动的动词［mener（通往）、descendre（垂下）、s'étendre（扩展）、succéder（跟着）、s'estomper（消失）、réunir（聚拢）、rejoindre（连接）、déboucher（开向）、déployer（展开）、s'accentuer（加重）］。其主语一般都不是人，可能是瀑布、阳光、门等，它们并没有真正做出这个动作。甚至表示开始或结束的continuer（开始）、cesser（停止）、消失等动词，也可以计入其中。

（5）表示动作意义的直接及物动词（主语为生命体，做出了实际的动作），如extraire（挑出）、être en train de peler（剥皮）、boire（喝）、cracher（拟人，火车头通过烟囱）、apprendre（学习）、se laver（洗）、s'envolopper（裹紧自己）、retrouver（找到）、ont dessiné（画）、allumer 开（灯）、éteindre 关（灯）、barrer（阻拦）等。

（6）表示真实位移的，如tomber de（从高处掉下来）、évoluer（走动）、se déplacer（移动）、s'incliner（歪）、s'incurver（弯腰）。

经过动词的归纳、整理、分类，可以看出XVS方位倒装句型中的动词V_1，受到的限制要多于非倒装句XSV中的动词V_2，表现在三个方面：①V_2的附加成分（副词修饰）要明显多于V_1。②V_1的时态变化和否定形

式明显要少于 V_2。③ V_2 中存在着及物动词，表示真实位置移动的、表达方式的实义动词；而 V_1 中多为轻动词，即没有实际意义的，只表示存在状态的动词。但是 V_2 中也存在着无人称动词、表示静态，以及虚拟位移的动词，可以在后续的翻译研究中观察这些动词的种类和时态等因素是否影响到中文句型的翻译。

无论是 V_1 还是 V_2，其共性就是法语动词中除了某些固定搭配（如 jaillir de、donner sur、partir de、est appuyé contre）非常依赖介词表达路径的，大部分的单个动词之内就包含了宾语信息［s'écailler（掉皮）、a été décousue（脱线）］、程度信息［éclaire（照亮）］、路径信息［descendre（垂下）］，以及方式信息［cracher（咳痰）、longer（沿着）］等情况，也就是说法语中的单个动词一般都包含其他信息，属于动词框架语言。

3.2.2 动词 V_1 和 V_2 的中文翻译

法语的传统语法中动词一般从时（le temps）、式（le mode）、体（l'aspect）、态（la voix）四个角度来分析。吕叔湘（1999）[10] 的《现代汉语八百词》提到：汉语动词没有"时"的分别，但是有"态"的分别。他提到了进行态、完成态、经验态、短时态（尝试态）和可能态五种，分别由助词"着""了""过""得"等补充成分实现。相对于法语中的"体"，汉语有很多不同的称谓，比如王力称为"情貌"，吕叔湘称为"态"，还有时态、动态、情态、动相等不同说法。

汉语中的动词没有语式和时态的变化，一般使用一些附加成分，即体标记来表示时态的变化，语料中的倒装句中的动词 V1 大致可以分为几类：V 着、V 了、V 到、是和有。吕叔湘（1999）[10] 提到，动词可以有三种连带成分：宾语、补语、状语。动词和它的连带成分构成动词短语，其中特别提到了动趋式和动结式。

三部小说中的中文译文的动词类型统计见表 3–41。

第 3 章　句首空间表达方式的所在句

表 3-41　中文译文中的动词类型统计表

类型	《嫉妒 1》	《嫉妒 2》	《迷宫 1》	《迷宫 2》	《拓扑 1》	《拓扑 2》	合计
V 了	8	15	2	3	1	2	31
V 过	0	1	0	0	0	0	1
V 着	11	14	10	8	8	5	56
V 到	2	6	0	2	0	1	11
正在 V	0	4	0	0	0	0	4
有	4	12	4	17	3	9	49
是	6	9	10	9	1	2	37
空白	5	6	0	2	0	1	14
其他	11	72	0	0	5	27	115
合计	47	139	26	41	18	47	318

注：这里的 1 和 2 分别指的是存在句和事件句两种句型的翻译情况。前期工作中，我们将两种句型分类到两类 Excel 表格中，分别命名为"作品名 1"和"作品名 2"，所以此处可以通过这个表格比较两种句型对于动词的不同翻译策略。

从形态上来说，占比最多的情况是表示存在状态的"V 着"[56 个，"正在 V"（4 个）也可以计入"V 着"这个类别]；接着是"有"和"是"，分别有 49 和 37 个；"V 到"11 个，一般为感官动词"听到""看到"等，这些动词的引入是为了描述存在事物；"V 了"31 个；"V 过"只有 1 个，即便是过去时态，在我们的语料中也一般不是过去的行为，而是一种画面上的停留状态；空白无动词有 14 个，即汉语的动词省略现象。其他没有"了""过""到"等体貌助词的动词有 115 个，这些特殊的动词主要处于 V_2 动词的翻译中，可以看到明显数值差异，11/72 和 5/27。我们将在后面继续分别分析两种动词的翻译情况。

3.2.2.1　中文存在句中的动词

法语方位倒装句，对应着汉语中有一种与其构成非常相似的句型构式，即存在句。语料中，方位倒装句几乎全部被翻译为存在句，而一部分表示静态存在状态的动词所在的句子也被译为存在句。因此，我们无法将法语原文中存在句中的 V_1 和事件句中的 V_2 与汉语中的动词完全对应，因为法语中的非倒装句有一部分也被译为存在句，所以我们将从中文角度出发，对译文中存在句中的动词做一定的解释，以便理解动词的翻译特点和模式。

对于汉语存在句学界有很多研究，例如周祖谟（1957）、吕叔湘（1999）、陈庭珍（1957）、范芳莲（1963）、雷涛（1993）、王建军（2003）等，关于存在句、存现句、隐现句、时间存在句，以及存在句的类型发表了很多宝贵的前期研究。汉语的存在句句式由三部分构成，即 A 段处所短语（也可以是时间成分）、B 段动词或动词短语、C 段名词或名词短语。法语中的方位倒装句和汉语中的存在句构成基本相似，构成方式相似。汉语中的动词特点也有很多学者研究过。

（1）宋玉柱（1992）将存在句分为两种：静态存在句和动态存在句。静态存在句共有七种，即有、是、着、了、经历体和定心谓语。动态存在句共有两种，即完成体和进行体。

（2）潘文、延俊荣（2007）认为，存现句分为存在句和隐现句。动词特征分为有、是、存在、V了、V着、V过六种情况。

（3）陆俭明（2010）的构式语法理论，将存在句的句法结构分为三个语块，即存在处所、存在动词和存在物。在汉语中存在句的语块2，即存在动词在一定条件下可以省略，因此语块1和语块3才是存在句的一核心（如遍地黄沙）。

（4）黄健秦（2018）认为存在类构式是某地存在某人或某物，可以将其码化为 LOC+（A）+V+O/S。

观察其首尾语义关系，认为存在构式倾向于逐步虚弱动词语义，借助强化首段"空间量"和尾段"物量"之间的差别凸显了存在意义。也就是说，汉语存在句中的动词大部分为弱语义动词，在一定条件下是可以省略的，这一点在法语中也有提及，两种语言这一点上是相似的。然而法语不能随便省略动词，所以汉语中存在省略存在动词的语句，法语中却没有。下面我们将分别分析有体标记动词、动词"有"和"是"。

3.2.2.1.1　体标记动词

汉语译文中的动词后可能跟着语态标志，即所谓的体标志，如 V 了（消失了、不见了、分成了、留下了）、V 过［（没有人）动过］、V 着［斜挂着、刻着、伸着、散布着、戴着、亮着、（都）关着、（仰面）躺着、聚集着］，以及正在 V［（正在）喝］和 V 到（听到、看到等）。通常来说，这些助词体标志一般表示动作完成的阶段，"时"与"体"是两个不同的时间概念，类似是一个坐标轴上的横纵坐标。

所以，以《嫉妒》中文译文为例，可以发现，中文的"了"在法文原文中并不一定都是过去时态，其中几个 être+ 过去分词的情况都是现在时的被动语态，只有一个 a poussé 是复合过去时。

结尾是"着"的动词，"着"一般表示正在进行的状态，确实法语原文中只有一个过去时态（如 s'est perché），但可以理解为过去分词表示状态。

结尾是"到"的动词一般为被动形式的感官动词（如 se faire entendre、se laisse entendre），n'arrive 的主语也是声音（如 aucun ronronnement de moteur）等，vient se placer 的主语为"树丛""树丫"等非生命体。

在方位倒装句（inversion locative）中，动词应该为一个语义上的轻动词，表示一个状态，法语很难接受动词"être"出现在倒装句中，这个动词明明是典型的状态动词，而且同样的动词"be"却也出现在英语译文中。因为"be"在英文中变位为现在和过去时态，永远不会以其简化形式出现。这个词与其他出现在存在句中的动词不同，多少是去语义化的（即使删掉也不影响语义），标志着一个简单的定位关系。并不是为了引出一个标语或者地点补语，而是强有力地表示存在。

从法语原文角度来看，《嫉妒》非倒装句中，句子形式主语类句子 il y a 类无人称动词所在句都翻译为"有"了吗？英语译文中将 se trouver, il y a 等一般都译为动词"be"。汉语译文是如何处理的呢？我们从平行语料可以得知基本都翻译为存在句形式了。有的动词被翻译为具体的存在方式，如剩下、蹲着、开有等，视 il y a 的宾语而定；"有"可以用"种着""趴着""躺着""蹲着"等各种具体存在方式轻动词来翻译替换：

表 3-42　中文与法文对照观察（38）

序号	法文	中文
例 78	Sur le dessus de la barre d'appui, **il n'y a plus que** des îlots épars, en saillie, formés par les derniers restes de peintures.（p.22）	栏杆的扶手上，漆皮剥蚀得比较厉害，**只剩下**零零星星的几块。（p.22）
例 79	Sur le second rang, en partant de l'extrême gauche, **il y aurait** vingt-deux plants（à cause de la disposition en quinconce）dans le cas d'une pièce rectangulaire.（p.27）	左起第二排树，要是在一个矩形中的话，**应该有**二十二株（因为植株之间是梅花阵的排列方式）。（p.26）
例 80	Sur le pont de rondins, qui franchit la rivière à la limite aval de cette pièce, **il y a** un homme accroupi.（p.29）	在这块地的下端，一座木桥横跨在小河上，桥上**蹲着**一个人（p.27）

3.2.2.1.2　动词"有"和"是"

动词"有"对应的法语中的动词是 s'ouvre、figure、s'encadrent、brille 等；在法语原文中，翻译为动词"是"的并没有出现"être"这个动词，而是 commence、l'encadre、s'ouvre、s'étend、se succèdent、est cousu、commence 和 court。

宋玉柱（2007）认为，"是"字句和"有"字句在表达存在方式的意义上是有着明显差别的："有"表示事物存在于某个空间，但不意味该事物完全占全部空间。换句话说，该事物并非唯一存在的事物。相反，"是"字句中处所词语代表的是"是"后名词所指事物所占据的空间。下面的句子如果翻译为"有那只蜈蚣"，按照中文语法来说是语义不通的。如果将名词调整为非定指修饰"有一只蜈蚣"，则是成立的。这符合汉语存现句的句法构成，即"存在地点+存在方式+存在物"，且存在物作为述体出现一般为新信息，限定词应为非定指的。可这句话中的存在物并非新信息，而是篇中反复出现的"那只蜈蚣"。

第3章 句首空间表达方式的所在句

表 3–43　中文与法文对照观察（39）

序号	法文	中文
例 81	Entre elle et l'ouverture béante du couloir, **il y a** le mille-pattes.（p.129）	在这扇门和走廊门洞之间，**是**那只蜈蚣。（p.91）

当 il y a 后面的名词为声音的时候，可以被译为"听到""传来"，名词组合为景色的情况，可以被译为"只见""可以看见"等，见下例：

表 3–44　中文与法文对照观察（40）

序号	法文	中文
例 82	De l'autre côté de la balustrade, vers l'amont de la vallée, **il y a** seulement le bruit des criquets et le noir sans étoiles de la nuit.（p.16）	栏杆以外，在山谷的上方，没有星光的暗夜中**传来**昆虫的鸣叫声。（p.18）
例 83	Au-delà du verre gossier, d'une propreté parfaite, **il n'y a que** la cour caillouteuse, puis, montant vers la route et le bord du plateau, la masse verte des bananiers.（p.44）	透过粗糙而又明净的玻璃，**只见**铺着砾石的园路，然后，沿着道路和山坡，就是那葱茏的香蕉林。（p.36）

　　汉语译文句子中还有一种汉语句式，即兼语句（pivotal sentence），是由兼语短语充当谓语或独立成句的句子。谓语是由动宾短语套接主谓短语构成的，动宾短语的宾语兼做主谓短语的主语。兼语句多有"使、令"的意思，或者前一动词用"有""轮"等表示领有或存在等。[①] 我们的语料翻译中有很多这样的"有"字式句子，这里的"有"并没有实际的含义，只表示轻语义的存在。例如：

---

① 此处"兼语句"的定义和分类参考了《现代汉语》（增订第 6 版）下册，见其第 94–95 页。

表 3-45 中文与法文对照观察（41）

序号	法文	中文
例 84	Sur le cercle supérieur de l'abat-jour, une mouche **se déplace** avec lenteur, d'un mouvement continu	灯罩的圆顶上有一只苍蝇正在慢慢地不停地**移动**
例 85	Un peu plus loin, à cent pas peut-être de la ligne d'ombre que projette la prison, cette zone chaotique **est franchie par** une passerelle en bois, reliant le dallage du quai au navire qui se trouve à l'attache le long des rochers brise-lames, retenu à la terre ferme par quatre cordes tendues, épaisses et roides, fixées sur deux fortes bittes d'amarrage où elles s'enroulent en spires serrées	稍远一点，离监狱的阴影也许百步之遥，有一道木桥**架**在这块乱七八糟的地段上，连接着铺砌石板的码头同系在岩石防波堤边上的大船
例 86	Sur cette rive-ci, au milieu de la chaussée réservée aux promeneurs qui domine l'embarcadère et le fleuve, à droite de la rangée des cabines dont les toits en dents de scie dépassent le parapet de pierre, un peintre du dimanche **a établi** son chevalet	在河的这一岸边，有一条供人散步的河堤，俯视着码头和大河，处在那排更衣室的右边，更衣室的锯齿状屋顶高出于石围墙之上。目前在河堤正中，一个星期天画家**支起了**画架
例 87	De l'autre côté de l'avenue silencieuse, derrière l'alignement des arbres aux troncs rectilignes et parallèles dont les branches noires dénudées s'enchevêtrent en un réseau très lâche, **se dresse** la haute muraille aveugle – enceinte de prison, ou d'école, ou de caserne – par-dessus laquelle on aperçoit le sommet d'un bâtiment à toit plat, assez allongé, dont la façade aux ouvertures béantes (toute menuiserie disparue) est entièrement garnie par un échafaudage fait de tubulures entrecroisées	在幽静的林荫道的另一边，有一排躯干笔直而互相平行的大树，树上的黑丫枝光秃秃的，互相交叉着构成十分疏落的网络，在这排树背后，**矗立着**那面没有窗户的高墙——是监狱，或者学校，或者兵营的围墙——从高墙上面望过去，可以看见一座建筑物的平屋顶，相当长，正门开了很大的口子（一切装修都不见了），完全被纵横交错的管子搭成的脚手架遮住了

观察这些句子的法语原文，一般情况是将主语 S_2 或者 LOC_2 认为是 LOC_1 所在地的存在物品，用"有"将其联系起来，这正符合兼语句中前

一个动词的宾语作为后一个句子中的主语的情况。也有将轻语义动词［如 se dresser（矗立）］译为"有"的情况。

3.2.2.2　动词 V_2 的翻译

吕叔湘（1999）的《现代汉语八百词》中提到动词，可以根据是否可以带一个表示承受动作，将动词分为及物的和不及物的；汉语动词没有"时"的分别，但可以根据动作持续的状态分为进行态、完成态、经验态、短时态和可能态几个"态"。动词可以有三种连带成分：宾语，补语，状语。动词和它的连带成分构成动词短语，其中特别提到：一类是主要动词加表示趋向的动词，可以叫作动趋式；一类是主要动词加表示结果的形容词或动词，可以叫作动结式。

经过人工提取分辨，我们发现 V_2 中出现以下几种动词短语。

（1）很多时候双音节动词可能会表示动词+结果，即动结式，如数(清)、被……隔开（est coupée）、（都已经）摘掉（ont été enlevés）、长满（est longue de）、触摸到（rencontre）、照亮（éclaire）、点亮又熄灭［s'allume et s'éteint（这句话的动词是 est）］、看不清（rien distinguer）、无法（及时）矫正（redresser）、化完了（achève de fondre）、可以把……尽收眼底（aperçoit toute）。（法语中大部分动词独立就可以包含动词+结果，而汉语是需要补充成分的。）

（2）动词+方位，即动词+方向。动趋式是由动词与趋向词组配而成，表示移动、结果或状态义的语法结构，如沿着……垂（下来）（descend）、（又）转入了（reprend sur）、歪向（这一侧）（s'incline sur）、垂到、沿着……流下来（jaillissant de）、浮在……上（est encore à demi soulevé par）、铺在……上（s'évasent en arrivant à）、消失在……中（s'estompent dans）、映现在……上（se détache sur）、蔓延到……上（s'étend vers）、留下、由……登场（entre en scène au coin de）、踩出（ont dessiné dans）、喷出（jaillit de）、从……里往外倒（est en train déjà d'extraire…de）、开了又关上（s'est ouverte puis refermée）、停下来（s'est interrompu, s'arrête）、（紧紧地）

裹在（se sont enveloppés aussi étroitement que possible dans）、射进（pénètre dans）、射在……上（se projette sur）、顿时暗下来。

（3）把/被/让字句，如把……集中（在一起）（réunir）、把脸朝着……侧过去（tendu de profil vers）、把……放到……上、将……照耀得清晰分明［avec une netteté extrême（前文有太阳，后面说树叶）］。（法语中一般来说也无法用动词单独表示动词+方位，所以汉语和法语都显现出了动词框架语言的特点。）

（4）动词+方式，如取代了（remplace）、与……交臂而过（croiser）、（一直在慢慢地、垂直地、有规律地）飘落（tombent）、大开（大是副词）（ouvertes en grand）、笑（得更加厉害了）［le sourire s'est accentué（这个原句中动词是"厉害"，"笑"以名词形式出现）］。

（5）动词+宾语，有可能是动宾式（离合）动词，如洗手（se laver les mains）、剥着……皮［peler（法语动词中包含着宾语）］、（也都在）睡觉（dormir）等情况。

（6）连动式，如梳着……、发出……声响（descend… avec un bruit）、穿过（par……）、走进（pénétrer……）、直奔（se dirigeant vers……）、（正在大量）成熟等待收摘（semblent mûrs pour la coupe）。

（7）并列类别的动词，如腿上套着……，脚上着……（porter sur）。（法语是不允许一个主句中存在多个动词的，除了主要的动词以外，其余的汉语动词可能来自介词短语、上下文、分词、副动词等。）

可以看到，法文中的动词对应的中文译文不一定也是动词，如果按照吕叔湘的分类来分析译文中的动词，有几个问题需要提前弄清楚，下面我们通过查阅汉语经典资料和当代优秀汉语研究论文，采取问题+答案的方式来分别尝试解决这几个疑问。

问：动结式动词的界定标准是什么？动词+趋向一定属于动趋势吗？连动式动词属于近义词还是略有不同呢？

答：刘虹（2012）对于汉语中的动趋式和动结式进行了区分。汉语界普遍认为汉语的动结式可以分为狭义动结式和广义动结式两类，其中广义动结式又包含动趋式。例如：他走进了教室。虽然动结式和动趋式在外在表现形式、概念语义和时体特征等方面都极为相似。然而，趋向动词由于有空间隐喻的引申义或者虚化，导致即使补语部分为取向动词，但是经过虚化或半虚化的动词，如"穿上衣服""结下仇""剩下"等动词不属于真正的动趋式，而属于动结式。

问：语料中的动词一般是由双音节构成，很多同义重复的动词，两个动词是近义词，如"照耀""触摸""消失""成熟"等。这种属于动结式动词吗？

答：我们对于此类双音节动词存疑，不将其归入"动结式"动词类别内，单独进行统计说明。

问：语料中还有一些单个动词，比如"放了""坐着""坐在"等，"着""了""过"都属于表示情态特征的体助词，而单音节动词后的"在……上""从……来"实际上属于介词短语，是否属于动词内部成分，动词的语素如何切分？

答：表示情态特征的体助词不算在内，但是表示趋向意义的介词短语则暂时归入动词内，认为是单个动词＋方位表达类别的动词形式。

问：中文里有特别的"把""被""让"字句，是否应该单成一组类型的动词呢？

答：我们只提取"被……隔开""把……朝……侧过去"中的有效部分（"隔开""侧过去"）。

问：当句子中没有系动词，主语后一般跟随形容词，比如：他很帅。但省略动词的判断标准是什么？"空无一人""走了样子""时间的确没有荒废"是否省略了动词？

答：可能句子当中没有标准的形容词，运用中文里的四字成语或其他惯用俗语表达来形容当时的场景就可以认为是省略了动词。最后，需要澄清的是，译文中有多个动词的兼语句中，无论哪个部分是消失了，还是变为其他语法成分了，取与原文动词对应的那个部分。比如：

（19）"C'est de l'autre côté, également, que **passe** la route..."（p.9）

（19'）"正是在那一侧，**有**一条公路从山坡下**穿过**。"（p.14）

例（19）中的动词为 passe，我们就选取"穿过"而不是"有"来进行说明，此类兼语句在 3.2.2.1 小节中也有单独讨论分析。

最终我们按照形态来分类，动词有多个、单个、省略三种情况，而多个动词则再进行细分，得到的动词 V_2 总结情况见表 3-46。

表 3-46　V_2 动词类型频率示意表

动词短语类型	构成结构	举例	比例
多个动词	动结式：动词 + 补语	数（清）、摘掉、长满	33.5%
	同义重复：动词 A 和动词 B 为近义词	分辨、出现、消失、修理	14.6%
	动趋式：动词 + 方位状语	垂（下来）、流下来、传来	2.7%
	动词 + 宾语（也有可能是动宾离合式，即动词和宾语被隔开）	洗手、剥着……皮	1.9%
单个动词	动词后通常跟随体助词"着""了""过"等	在、坐	13.5%
	单个动词 + 方位介词短语	歪向（这一侧）、浮在……上	11.5%
	是（或其他系词）	是、变得、显得	8.5%
	有	印有	9.6%
省略动词 / 无动词	变得、好像、显得	洁白无瑕、空无一人、历历在目、平静	4.2%

由于有一些动词类型有重叠，所以我们对于同一个动词可能有两种类型的标记，因此总数大于 100%。此外，有一些特别的动词，如连动式。动词 A 和动词 B 为先后发生的动作，如穿过、走进，第二个动词也可以算作结果，此类动词亦标记为动结式。有些固定用法，如睡觉、站岗，并不属于动结式或者动趋式，属于双音节当中比较特别的约定俗成的用法，认定为一个整体。还有些动词 + 方式状语，方式状语可能处于动词前后都有可能，如与……交臂而过、大开（"大"是副词），再有点状动词"看一看"也是汉语中特有的形式。

这一小节主要比较分析了句首空间表达所在句中的动词成分。从同一个语种的横向比较来说：法语原文中倒装句中的动词 V_1 和非倒装句中的 V_2 必然是有一定差别的，V_2 中除了有一些无人称动词和感官动词之外，也包括一些 V_1 中没有的直接及物动词，且形式更为灵活；法文和中文两个不同语种的纵向比较上，本语料中法文中的单个动词多属于带有附加信息的动词框架语言，而中文的动词大部分都属于卫星框架语言，即需要附加信息来表示路径、方式、结果等信息，也出现了少量 E 语言的情况（摘掉、奔跑、学习等）。从翻译角度来说，译文中句子出现了省略动词、兼语句多个动词的情况，某些简单动词根据语境也翻译为符合主语的感官动词或其他轻语义动词的情况。最后一部分，我们的工作将转向句首空间表达所在句中的其余成分，同时也是句子内部的最后一个成分，即主语名词和其他成分，如宾语等。

3.3　句首空间表达所在句的指称表达和其他成分

上两节中我们分别分析了句首空间表达所在例句中的前两个成分，即句首地点状语和句中的动词两个主要部分。本节将研究句首空间表达所在句中的其余部分，分为存在句和事件句两种情况，也就是说研究的主体为倒装和非倒装两种句型中的主语 SN_1 和主语 SN_2，以及非倒装句动词的直接或间接宾语等其他成分。在最初介绍语料部分我们提到，本书标注到的指称表达不仅有与前句衔接的先行词，也有对后文导入所包含的名词或其他词性的指称表达，并且不仅限于句首空间表达所在句，也有其辖域范围内的其他指称表达。所以其总数量要明显多于句首空间表达的数量。换言之，我们这一节中分析的句首空间表达所在例句中的指称表达只占我们标注指称表达的一部分，其余的为前句中的先行词和后句导入包含的最远范围的指称表达，这剩余的两个部分将在之后的两章当中提及。现在转向名词组合 S，分为倒装句中的 S_1 和非倒装句中的 S_2 两个部分分别进行介绍。

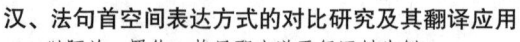

3.3.1 存在句的 S_1 名词组合

可以观察到《嫉妒》这部小说的法文原版中很少用到倒装句的经典句型，主语组合 S_1 很少是简单的名词组合的简单形式，除非是位于小说的开头，引入装饰-背景元素的情况。在经典的倒装句中，原则上句子的最后一个组成成分就是名词组合。名词组合的内部结构从单一无修饰的名词到有从句修饰的名词，然后是带有分离附加成分的名词组合。而其词汇构成以与人类相关的名词占比最多，其次是建筑物的部分或其中的物品等，具体的统计情况将在下面两个小节展开。

3.3.1.1 S_1 名词组合的内部结构

S_1 名词组合也分为简单形式和复杂形式的：简单形式是指由单个名词构成；复杂形式是说名词后面还有名词主语的补充成分，这个补充成分或者为分词形式，或者为从句形式的修饰语。

首先是简单形式，小说中呈现了很多经典的 XVS 结构倒装的例子：

表3-47 中文与法文对照观察（42）

序号	法文	中文
例88	De l'autre côté de cette barre, deux bons mètres au-dessous du niveau de la terrasse, commence **le jardin**. (p.8)	栏杆以外，比露台地面低两米，就是**花园**了。(p.14)
例89	À l'autre bout de cette brache ouest de la terrasse, s'ouvre **l'office**. (p.12)	在露台这一面的北端就是**厨房的门**。(p.16)
例90	En sens inverse, derrière les carreaux repasse **le chapeau de feutre**. (p.43)	在窗棂外面，**草帽**朝相反的方向掠过。(p.36)

以上简单无修饰成分的名词，在中文译文里皆译为表定指意义的光杆名词。然而除了这样的经典例子，还是有很多的句子的最后组成部分为主语的补充元素，分离出来，间接地指示一个地点，位于这个名词组合的后面，也同时是整个句子的末尾。大部分的例子其实都是主语组合

第 3 章　句首空间表达方式的所在句

为复杂形式的倒装句，形式的复杂性归因于嵌入或分离的各种附加成分，一般位于名词的前或后，这个附加成分用于精确主语所处的位置，以及作为名词的并列成分：

表 3-48　中文与法文对照观察（43）

序号	法文	中文
例 91	Entre les deux battants, comme à travers celui de droite qui est à demi poussé, s'encadre, divisée en deux par le montant vertical, **la partie gauche de la cour** où la camionette bâchée stationne, son capot tourné vers le secteur nord de la bananeraie.（p.45）	跟右边那扇开着的窗户一样，在两扇窗户中间，镶着**左边这一半院子的景物**，只是被窗扇那根垂直的边框割成了两半。小卡车盖着帆布停在那儿，车头朝着北边那片蕉林。（p.37）
例 92	Au pied de l'escalier, devant la dernière marche de la dernière volée, se tient **l'invalide**, appuyé sur sa béquille de bois	在最后一节楼梯的最后一级台阶前，站着**那个残疾人**，他拄着木头拐杖，拐杖靠在楼梯的最后一级台阶上

这种结构非常显著，可以将整个句子形成一个环状结构，句子以地点开始，也以一个新的地点结束，将一个物体/地点定位在主语名词组合定位的地方。分两步实现了一种"zoom"（图像变焦）效果。中文译文大部分也基本忠实于原文，同样以定位成分作为结尾。可是由于中文的修饰成分与法文不同，位置上处于修饰物之前，所以译文中未必总能实现这种地点开头且结尾的环状结构。

某些情况下，名词的分离附加成分是用来特定主语的，因为如果目光触及一堆混杂的或者看不清晰的物品，这些物品只能在第二眼才能确定分辨出来：

表 3-49　中文与法文对照观察（44）

序号	法文	中文
例 93	Plus à droite se dessine, sur la peinture grise du mur, **l'ombre agrandie et floue d'une tête d'homme** – celle de Frank.（p.16）	再右边一点，灰色的墙壁上，印着一个放大了的，模模糊糊的**人头影子——弗兰克的头**。（p.18）

续表

序号	法文	中文
例 94	Dans l'une comme dans les autres s'encadrent **des fragments du même paysage**: la cour caillouteuse et la masse verte des bananiers.（p.58）	而其中每一块都框有同一个场景的不同局部，即铺有砾石的院落和郁郁葱葱的香蕉林。（p.45）

例 93~例 94 都是符合目光辨认的顺序的，从模糊的人头影子到弗兰克的头，从相同风景的不同局部到具体的院落和香蕉林。名词表达从模糊到清晰，从抽象到具体。

3.3.1.2 S_1 组合的词汇构成

我们将语料中的各个部分根据语法功能切割，然后将切割得到的名词组合部分统一粘贴到写字板中，保存格式为单一格式（unicode），之后利用语料库统计工具 Lancsbox 中的词频统计功能，将虚词和数字等不属于统计范围的词语停用，将词汇采用原型（lemma）形式体现，通过正则表达式"*?_n"查找，最后得到的 S_1 本身的词汇构成中按照频率由多到少词频统计结果见表 3-50。

表 3-50 S_1 本身的词汇构成词频统计结果

序号	原型词汇	词频	百分比
1	personnage_n	3	10.0%
2	fille_n	3	10.0%
3	plaque_n	2	6.7%
4	l'office_n	2	6.7%
5	porte_n	2	6.7%
6	nacre_n	2	6.7%
7	cadre_n	2	6.7%
8	lampe_n	2	6.7%
9	lierre_n	2	6.7%
10	morceau_n	2	6.7%
11	surface_n	2	6.7%
12	glace_n	2	6.7%
13	escalier_n	2	6.7%
14	homme_n	2	6.7%

从表 3-50 可以看出，在 S_1 名词组合当中，占比最多的是与人类有关的名词（在 personnage、fille、homme 等），还有一些是建筑物的一部分（如 office、plaque、porte、escalier 等）和建筑物内外的物品（如 nacre、lampe、lierre 等）。

在人类作为主语的指称使用上，行为动词为现在时的情况，句子构成受到一定的限制。具体情况见例 95～例 96：

表 3-51 中文与法文对照观察（45）

序号	法文	中文
例 95	**Sur celui-ci**（=le wharf）se presse une foule multi-colore, près d'un amas de ballots entassés, en avant du navire.（p.123）	小船上挤了五颜六色的一群人，旁边则是一大堆货包，堵在大船的前边。（p.88）
例 96	**En sens inverse**, derrière les carreaux repasse le chapeau de feutre.（p.43）	在窗棂外面，草帽朝相反的方向掠过。（p.36）

作者运用了很多相互矛盾的方面：人类主语被描写为一个集体（如 une foule）；或者借助一个物体（如 le chapeau）表现出来，行为不是单一的（因为发生在一张照片上），或者反常的（一个物体看起来独自移动，因为这是观察者通过一扇窗观察到的当地人所有的行为）。这一切通过篇章构建构成了一幅幅画作。

3.3.2 事件句的 S_2 和其他成分

因为动词 V_2 中有一些是及物动词，由一个生命体发出了具体的动作和位移，大部分情况后面的动词都是不及物动词，也有及物动词的情况，比如 le boy 的动作是端着或摆放（disposer/déposer）餐具，厨师在削皮（peler）等。所以非倒装句中除了主语 S_2，还有 V_2 的宾语成分。

3.3.2.1 S_2 及其他成分的内部结构

因为 S_2 位于句子中间，由于句法限制，反倒比 S_1 更简单一些，可能

汉、法句首空间表达方式的对比研究及其翻译应用
——以阿兰·罗伯-格里耶小说平行语料为例

是非常短的代词 il、tout 等，或者是简单名词。那么，XS$_2$V$_2$ 句型往往在 V$_2$ 后还有一大串其他成分，这个部分一般是以下几种情况。

句型只是单纯的 XS$_2$V$_2$，后面没有任何的附加成分：

表 3–52　中文与法文对照观察（46）

序号	法文	中文
97	Sur la barre d'appui de la balustrade, **le lézard** a disparu（p.159）	在栏杆扶手上，**蜥蜴**消失了（p.109）

当 V$_2$ 是及物动词时（及物动词也包括 il y a、il reste 等无人称形式，以及主语为 on、动词为感官动词的情况），有宾语成分：

表 3–53　中文与法文对照观察（47）

序号	法文	中文
例 98	À l'autre extrémité du lit, **il** voit la boîte restée sous le traversin	床的另一头，**他**看见纸盒还在枕头底下
例 99	Contre la paroi de pierre oblique, où viennent battre les remous avec un bruit de chien qui lappe, à proximité d'un escalier d'accostage, il y **a des feuilles blanches** qui nagent dans le clapotis	波浪以狗舔食的声音拍打着倾斜的石头堤壁，在一条登岸扶梯附近，有几页白纸在水上漂浮着
例 100	De l'autre côté du large fleuve, dont les eaux calmes là-bas deviennent plus sombres, **on** aperçoit la gare de marchandises avec ses multiples voies entremêlées en longues lignes étincelantes et ses signaux dressés, forêt de poutrelles métalliques verticales portant des disques en guise de feuillage, des plaques carrées ou triangulaires, des feux électriques diversement colorés	宽阔河流的另一边，静静地流着的河水颜色变深了；从这里可以望见货运站，无数铁轨像闪光的长线互相交织着，信号牌到处竖立，垂直的工字钢多得如树林，挂着的圆盘像树叶，还有方形或者三角形的板，各种颜色的电灯光

当 V$_2$ 不是及物动词的时候，其他成分可能是地点状语，或者方式状：

· 144 ·

第 3 章　句首空间表达方式的所在句

表 3-54　中文与法文对照观察（48）

序号	法文	中文
例 101	Sur le cercle supérieur de l'abat-jour, **une mouche** se déplace avec lenteur, d'un mouvement continu	灯罩的圆顶上有一**只苍蝇**正在慢慢地不停地移动
例 102	Sur la face levée, **le sourire** s'est accentué encore, tordant la bouche et tout un côté du visage	他那张仰起的脸上，**笑**得更加厉害了。他的嘴角和一边的脸都扭曲了
例 103	Sur la terrasse, **l'ombre du pilier** s'est allongée encore.（p.169）	在露台上，**柱子的阴影**还在延长。（p.116）

如果 V_2 是 être 或其他系动词，那么后面的其他成分是名词或者形容词等：

表 3-55　中文与法文对照观察（49）

序号	法文	中文
例 104	Sur le cercle supérieur de l'abat-jour, **une mouche** se déplace avec lenteur, d'un mouvement continu	灯罩的圆顶上有一**只苍蝇**正在慢慢地不停地移动
例 105	Sur la face levée, **le sourire** s'est accentué encore, tordant la bouche et tout un côté du visage	他那张仰起的脸上，**笑**得更加厉害了。他的嘴角和一边的脸都扭曲了

有很多种可能：有可能没有其他成分；有直接及物动词的宾语，宾语后也有可能有分词修饰成分；有不及物动词后的方式状语或地点状语等副词形式，还有系动词后的名词或形容词等情况。

3.3.2.2　S_2 及其他成分的词汇构成

与 S_1 的词频统计采取同样的方法，使用工具得到的 S_2 词频统计表格，见表 3-56。三部小说的句首为空间表达的所在句的事件句中出现最多的最突出的词汇是第三人称单数代词 il，然后是名词"仆人"（boy）、弗兰克（Frank）等，还有"窗"（fenêtre）、光源（lumière）、"手"

（main）几个词。

表 3-56　S_1 本身的词汇构成词频统计结果

序号	原型词汇	词频	百分比
1	il_pron	9	14.3%
2	boy_n	7	11.1%
3	tout_pron	6	9.5%
4	Frank_n	6	9.5%
5	fenêtre_n	5	7.9%
6	lumière_n	4	6.3%
7	tache_n	4	6.3%
8	feutre_n	4	6.3%
9	main_n	3	4.8%
10	pierre_n	3	4.8%
11	tête_n	3	4.8%
12	oiseau_n	3	4.8%
13	l'image_n	3	4.8%
14	homme_n	3	4.8%

然而，词频的统计不够细致，因此通过人工文本细读，我们在 S_2 所在句中发现包含以下名词。

（1）人物和生命体：la mouche（蝇）、le gamin（孩子）、le soldat（士兵）、une autre adolescente（青少年）、le patron（老板）、une jeune servante（女招待）、le cuisinier noir（厨师）、le boy（仆人）、l'indigène（当地人）、le conducteur（司机）、le lézard（蜥蜴）、l'invalide（残疾人）、une foule considérable（一群人）、plusieurs groupes de buveurs（餐馆里其余的客人）、les dernières tables、des papillons blancs ou noirs（蝴蝶）、*un peintre du dimanche*（画家）等，也有代词 il、tout。

（2）身体部位：sa main（手）、la silhouette d'un enfant（孩子的影子）、sa main droite（右手）、la tête chauve d'un vieil ouvrier（老工人的秃头）、la barbe（胡子）、les grands yeux bleus（蓝眼睛）、le sourire（笑）、une épaule（肩膀）、un pied（脚）、une jambe（腿）等。

（3）人的穿戴：les chaussons de feutre、les deux losanges de couleur portant le numéro matricule。

（4）房子的零部件：la porte de l'immeuble qui fait le coin de la rue、une des portes、l'escalier、l'étroite bande de parquet、les fenêtres、la fenêtre sans rideaux、toutes les fenêtres。

（5）物体：le marbre de la commode（柜子上的大理石）、le verre（玻璃杯）、une grande glace rectangulaire（镜子）、une gravure encadrée de bois noir（木版画）、un tableau（画）、la photographie d'un militaire en tenue de campagne（照片）、la poussière（灰尘）、la neige（雪）、immobiles、une véritable cataracte（瀑布）、l'oriflamme（军旗）、les pierres apparentes（石头）、une très ancienne locomotive（火车）、les parois elles-mêmes。

（6）光源：le soleil（太阳）、un point de lumière（光点）、un bec de gaz（煤气灯）、la lumière électrique（电灯）、un réverbère（路灯）、un feu rouge（红灯）、une seconde tache de lumière vive（光点）。

（7）地点：trace（痕迹）、cette surface、un chemin rectiligne（笔直的路）、les guérites des factionnaires（岗亭、哨所）。

（8）声音：le fracas（爆裂声）。

句首空间表达所在句中，最后我们对比了主语部分——倒装句中 S_1 和非倒装句中的 S_2 的词汇构成。S_2 作为非倒装句种的主语，通常比 S_1 在形式上更为简单，可以是简单形式的代词（il、on、tout），也可以是仅有的几个人物、动物名词（Frank、A、David、le boy），还有人或房子的部分名词，人的穿戴、光源、地点和声音名词。总体来说，因为在人类作为主语且行为动词为现在时的情况，句子构成受到一定的限制。所以 S_1 为人类的情况还是少于 S_2 的，S_1 大多数为物体的静态描写，即便是人类或人类的身体部位、穿戴等都流露出一定的物化倾向。S_2 则更为自由一些地表现人物或动物的动作行为等，动词后的其余成分有名词、形容词、副词等多种可能。

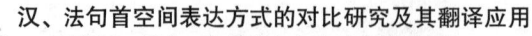

3.3.3 名词 S_1 和 S_2 的翻译

整体来说，S_1 和 S_2 的翻译都比较忠实。语料中的 S_1 名词主语没有很大的差别，原来用不定冠词的情况都基本被忠实翻译了，比如：五颜六色的一群人、一只鸟、几处淡棕色的斑点、一丝笑意、一条纹路、一只小镜框、一小块冰、一片香蕉林、一摞碟子、两盏汽灯、一支火炬等。除了无人称主语，S_2 中无任何修饰成分的名词主语 le boy、le conducteur 等都被忠实翻译出来了。S_1 和 S_2 译文词汇构成词频统计结果见表 3-57。

表 3-57 S_1 和 S_2 译文词汇构成词频统计结果

序号	单词	计数	百分比（%）
1	蜈蚣	4	12.1%
2	士兵	3	9.1%
3	毛毡	3	9.1%
4	积雪	3	9.1%
5	信号	2	6.1%
6	圆形	2	6.1%
7	尘埃	2	6.1%
8	影子	2	6.1%
9	水	2	6.1%
10	蜥蜴	2	6.1%
11	门	2	6.1%
12	阴影	2	6.1%
13	香蕉林	2	6.1%
14	鸟儿	2	6.1%

对外汉语方面，可以看到《对外汉语特殊句式十讲》（孙冬惠，2018）[143] 中提到汉语存在句的宾语（名词部分）要求无定，可见下例：

（20）*车里坐着我的朋友。

改正：车里坐着一个人。/ 我的朋友坐在车里。

（21）*教室里走进来了孙老师。

改正：教室里走进来了一个人。/ 孙老师走进教室里来了。

也就是说，存现句一般情况下，要求宾语是无定的，非确指的。如果是有定的，一般要把宾语置于句首作主语。而且从主位述位的角度上来看，名词主语 S_1 也位于述位上，是引出的新信息，一般应为不定指成分。那么实际情况如何呢？《迷宫》中定指的时候经常使用"那"，或其他形容词修饰。虽然没有任何限定词，但很显然是定指的，双方都知道的。

语料中也可以发现一些定指的情况被翻译为非定指的，可是在紧跟着的句子中会将这个非定指的名词再具体化，或者将定指的部分置于凸显位置。比如：

表 3-58　中文与法文对照观察（50）

序号	法文	中文
例 106	l'ombre agrandie et floue d'une tête d'homme – celle de Frank	一**个**放大了的，模模糊糊的人头影子——弗兰克的头
例 107	la peinture ovale représentant quelque sujet antique	一**幅**椭圆形的画，上面画着古典的主题的画
例 108	le visage d'une très jeune fille aux cheveux pâles, défaits	一**个**非常年轻的少女的脸，她的散落的头发呈淡白色

标注的指称表达对比图（图 3-4）可以让我们发现，无论是法语还是汉语，主语（sujet）占比最多，但是汉译版本要比原版的主语数量明显减少，相应增加的是直接宾语和表语。

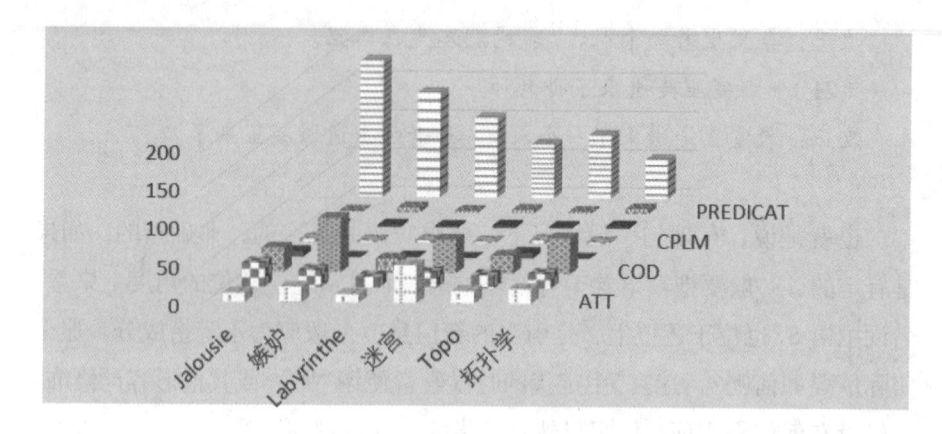

图 3-4　语料指称句法成分法语原文和中文译文对比图

这是因为原文中有很多倒装句，被汉语翻译成了存在句。黄伯荣和廖序东主编的《现代汉语》（增订 6 版）下册的第四章语法第五节中讲解了句法成分，语料中例句基本都被翻译成汉语的存现句，存现句分为三个部分，后段标注为存现宾语（即 COD），所以汉语译本中直接宾语的比例增加。举例：

（22）人行道一角，亮着一盏煤气街灯
（23）在光圈左边的黑暗区域中，冒出一个亮点

也就是说，原文中的主语成分明显减少，是因为汉语的主位一般为主语，即便是表示地点的情况。而原文中的主语则在中文译文中变成了存现句中的直接宾语。

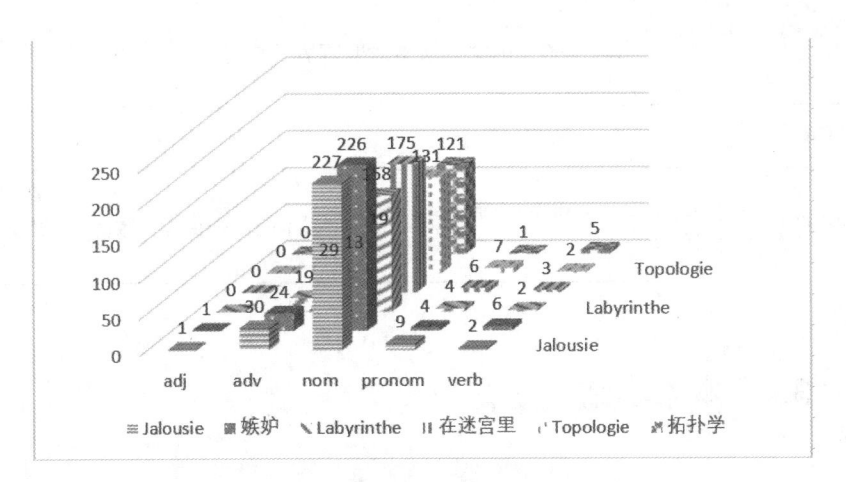

第 3 章 句首空间表达方式的所在句

图 3-5 指称表达语法成分对比图

从图 3-5 中可以看出，在指称表达标注中，语法成分为名词的情况最多。因为名词回指最好识别，数量次之的是副词，然后才是代词，最后还有动词以及少量形容词指称表达的情况。

主语名词组合属于指称表达中处于后句所在句的那一部分，从法语到中文的过程大部分都是忠实翻译的情况，但上文已经提到在三部作品的翻译，都在句法成分上有从名词主语转向汉语存现句中直接宾语的趋势，还有小部分限定词和语序上的差别。

反观 S_2 有时候会发生移位，比如跳跃到句首。有的时候，汉译会改变名词主语，比如：

表 3-59 中文与法文对照观察（51）

序号	法文	中文
例 109	A…，le sourire s'accentue	阿 X 笑得更厉害了

也就是将名词 le sourire 译为动词。当主语为名词性动词时，翻译也将其恢复为动词，如下例：

表 3-60　中文与法文对照观察（52）

序号	法文	中文
例 110	le comptage des plantes est assez facile（p.25）	树木的植株很容易数清（p.25）

3.4　本章小结

　　本章分为三个部分，即句首空间表达所在句的三个主要成分：句首空间表达，动词、名词组合和其他成分。

　　第一部分首先针对句首空间表达本身中介词的翻译进行分析。法语的介词虽有单个、两个和三个的复合结构，但基本处于名词左侧，与汉语的框式介词形式不同；而汉语介词的框式结构由介词+方位词两个部分构成，两部分都遵循一定的隐现机制。由于句首空间表达所在句中的动词基本是轻语义动词，故而介词基本表示一种静态存在。从原型介词的角度来说，法文和中文两种语言并不能完全对应。语料中法语介词出现最多的是介词 à、sur、de，比较常见的介词 dans 总体出现频率并不是特别高。中文方位介词最多的是"在"，方位词出现频率最高的是"上""里""中"。一般来说，存在句中的介词"在"是要删掉的，因为原本的地点副词信息处于主语位置上，但也有没有将介词删掉的情况。比如有多个地点状语，只在其中一个前加了介词，或者没有翻译为存在句的情况，还有介词"在"起篇章衔接作用的。而方位词的隐现与名词的语义有着很大的关系，如果名词为"先天处所词"，那么是一定不能加方位词的。我们的语料中比例最高的情况是部分类名词，属于非处所词，后置方位词是不能够被省略的。

　　其次对句首空间表达中的限定词的翻译进行分析。法语中的限定词主要有冠词、指示形容词和主有形容词三种，而中文的翻译策略最多的情况是光杆名词，即没有任何限定词，因为光杆名词可以表示类指、定指、泛指等多种指称类型。甚至指示形容词也被译者去掉，因为名词部分重复的忠实回指已经足够清晰。然后对忠实翻译和明晰化翻译进行分析。忠实翻译是说将原文中的指示形容词和主有形容词等如实翻译为中文，明晰化翻译是指将原文中的定冠词或者主有形容词译为"名词+的+部分类名词"，比如"房舍的另外三面"。最后对地点状语中的指称表达翻译进行分析。因为我们语料选取中也囊括进一些准方位标成分，即"côté""face"这类名词，还有代词如"celui-ci""là"等，在不同的译者处都得到了明晰化的处理，也就是将其还原为名词。而名词有时候本身也会被译者修改，目的也是让读者的阅读更加清晰明了。

第二部分按照顺序将仔细研究所在句中的动词对比情况。这一小节主要比较分析了句首空间表达所在句中的动词成分。从同一个语种的横向比较来说：非倒装句中的 V_2 中除了有一些无人称动词和感官动词之外，也包括一些法语原文中倒装句中的动词 V_1 中没有的直接及物动词，且形式更为灵活；法文和中文两个不同语种的纵向比较上，本语料中法文中的单个动词多属于带有附加信息的动词框架语言，而中文的动词有省略动词、单个动词和多个动词几种情况，单个动词需要添加附加信息来表示路径、方式、结果等信息，即可以认为是卫星框架语言，多个动词的情况有我们常见的动结式和同义重复等情况。从翻译角度来说，译文中句子出现了省略动词、兼语句多个动词的情况，某些简单动词根据语境也翻译为符合主语的感官动词或其他轻语义动词的情况。从形态上来说，占比最多的情况是"V着"［56个，"正在V"（4个）也可以计入"V着"这个类别）]；接着是"有"和"是"，分别有49和37个；"V了"31个；"V到"11个；"V过"只有1个；空白无动词有14个。其他没有"了""过""到"等体貌助词的动词有115个。

第三部分对比了主语部分，倒装句中 S_1 和非倒装句中的 S_2 的语义构成，S_2 作为主语通常比 S_1 在形式上更为简单，可以是简单形式的代词（il、on、tout），也可以是仅有的几个人物动物名词（Frank、A、David、le boy），还有人或房子的部分名词，人的穿戴、光源、地点和声音名词。S_1 本身的词汇构成中占比较多的是各种身体部位，以及建筑物的一部分，单数名词可以表示个体和集体。但 S_1 的句法构成比 S_2 复杂很多，因为处于倒装句的末尾，很少有单个名词的情况，一般都会有分词或定语从句修饰成分，这个修饰成分往往也是一个空间表达。还有的 S_1 表达符合观察者从模糊到清晰的观察顺序，一开始是一个轮廓，后来是具体的某个对象。S_1 和 S_2 的翻译大部分的情况都是忠实的，只是在限定词方面有些许不同。按照汉语语法来说，存现句一般情况下要求宾语是无定的。实际翻译策略是译者使用"那"或者光杆名词来表示定指。当 S_1 从模糊到具体的时候，译者也会将第一个模糊的名词译为不定指的"一个/一幅"等，后一个清晰的名词再采取定指的方式。还有些名词因为本身带有动词含义，在翻译过程中改变词性，整个句子的句型发生了改变。

前三章我们完成了句首空间表达所在句两种句型中三个主要成分的分析，其后的两个章节我们将超越所在句，追溯句首空间表达的上游和下游。

第 4 章　句首空间表达与前后句的对比研究

前面一个章节中我们分析了句首空间表达所在句中的三个主要成分：句首地点状语、动词、名词指称。本章主要关注句首空间表达与前句中的指称的衔接和对后文的导入两种关系，在法文原文和中文译文中的异同之处。衔接关系的分析主要分为衔接方式和衔接距离两个部分，这两部分的标注数据会帮助我们更为容易地对比两种语篇纹理结构。而导入关系的分析则反其道而行，我们不仅关注句首空间表达与后文中存在物的空间关系，也关注什么样的句首空间表达适宜作为话语范围导入词感兴趣，并且对哪一个变量决定空间话语范围导入词的辖域大小进行探讨。辖域范围在原文和译文中的变化不大，因此这部分对比一般限于语言内部。最终，本章将分为句首空间表达与前句的衔接对比和句首空间表达与后句的导入对比两大部分。

4.1　句首空间表达与前句的衔接对比

句首空间表达与前句的衔接关系标注分为衔接方式和衔接距离两个部分。衔接方式指的是共指方式，在标注过程中按照忠实程度递进从大到小可以分为完全重复、不完全重复、共指回指中的不忠实回指、异指回指中的联想回指。我们遵循就近原则，在与标注单位最近处寻找句首空间表达的先行词，如果是同一个段落中则标记句子数量，如果先行词和指称不处于同一个段落，则标记段落数量。

4.1.1 衔接方式

可以从三部小说中句首空间表达与前句连接的类型对比图（图 4-1 ~ 图 4-3）发现，最明显的变化共同点就是原文中的联想回指减少，相应在中文译文增加的连接方式是不完全重复。比较《嫉妒》的法文和中文译文中的连接关系，可以发现，所有的回指类型中，联想回指明显减少（从 50 个减少到 23 个），而不完全重复则显著升高（从 38 个到 47 个），还有一个明显减少的就是名词替代（substitution nominale）（从 12 个到 1 个）；《迷宫》中联想回指从 32 个减少到 17 个，不完全重复则由 26 个增加到 49 个，完全重复也增加了 5 个；《拓扑》中联想回指从 41 个减少到 23 个，不完全重复和完全重复的忠实回指从 16 个增加到 30 个。可见三部译著都有同样的趋势，即联想回指显著减少，相应增多的是不完全重复和重复的忠实回指。从图 4-1 ~ 图 4-3 中可以非常清晰地看到这些显著变化。按照前文提到的指称的分类方式，我们可以发现，从先行词和回指词所指物是否一致的角度来说，译文中共指回指中的数量明显增加，且由原来的异指回指整体滑向共指回指。从词性角度来说，代词回指减少相应的名词回指增多。

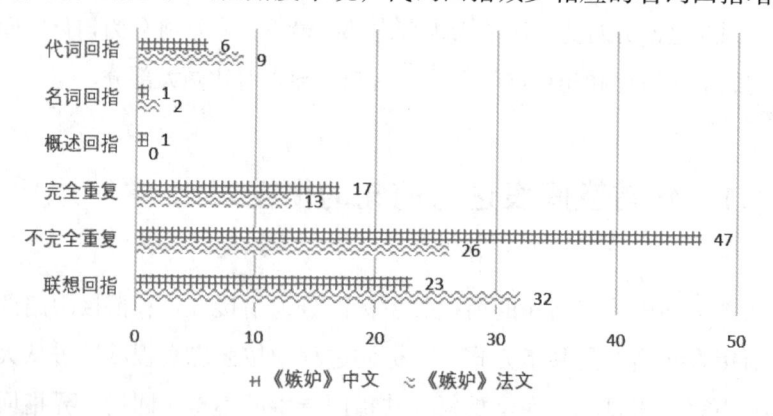

图 4-1 《嫉妒》原文和译文中句首空间表达与前句连接的类型对比图

第4章 句首空间表达与前后句的对比研究

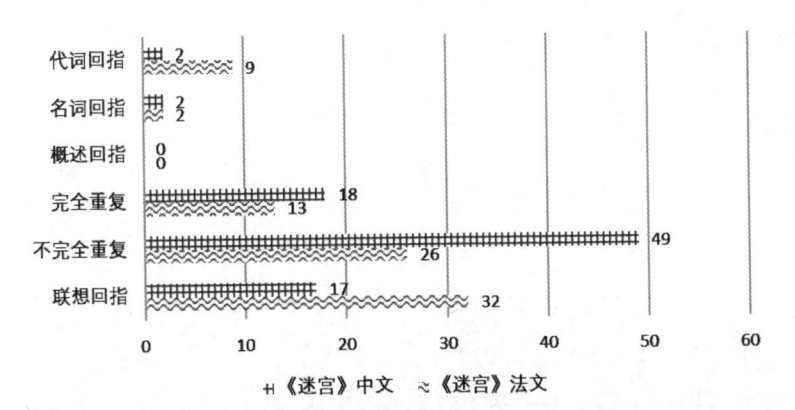

图 4-2 《迷宫》原文和译文中句首空间表达与前句连接的类型对比图

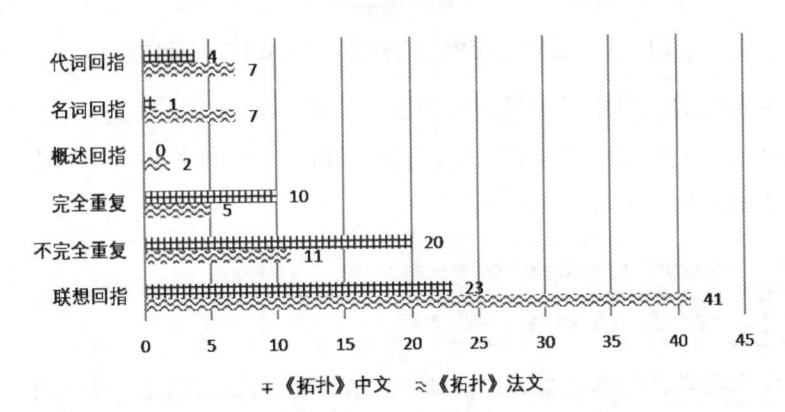

图 4-3 《拓扑》原文和译文中句首空间表达与前句连接的类型对比图

语料中，先行词为名词的情况是最多的，但也发现一些别的形式的先行词和回指词。指称表达的标注中有一些形容词、副词和动词的例子，比如从图 4-4 中的 *Jalousie* 的指称表达标注就可以看到，除了名词占比 84.39% 之外，按照比例从高到低还可以发现副词、代词、动词和形容词的情况。*Labyrinthe* 和 *Topologie* 中标注的名词指称数量也分别达到了 86.34% 和 85.62%，其余的语法形式也都与 *Jalousie* 中的排序基本一致。所以从语法形式上来说，名词作为先行词的几率是最高的。

· 157 ·

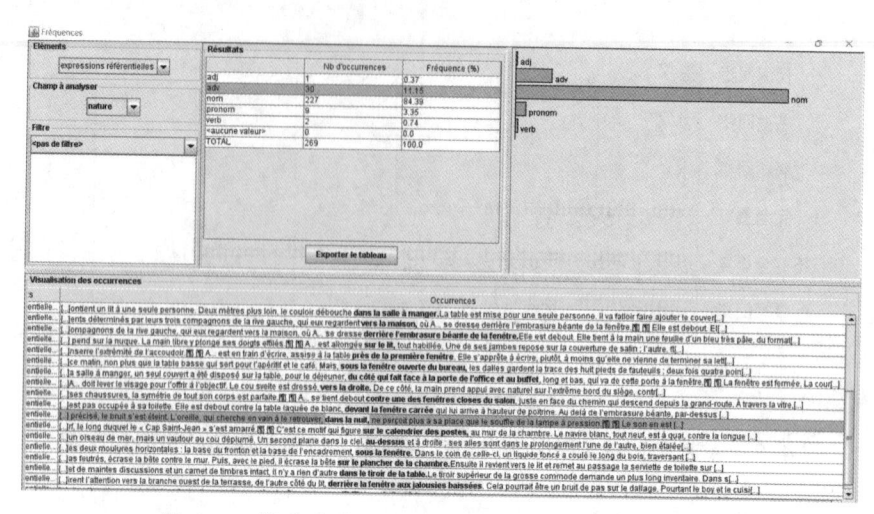

图 4-4　指称表达语法成分频率 ANALEC 统计结果

从副词的情况中双击可以回到正文。比如 dans la nuit 这一例，是 sur le fond noir 这个句首空间表达的先行词，la nuit（夜晚）和 noir（黑色）产生了联想关系，如图 4-5 所示。

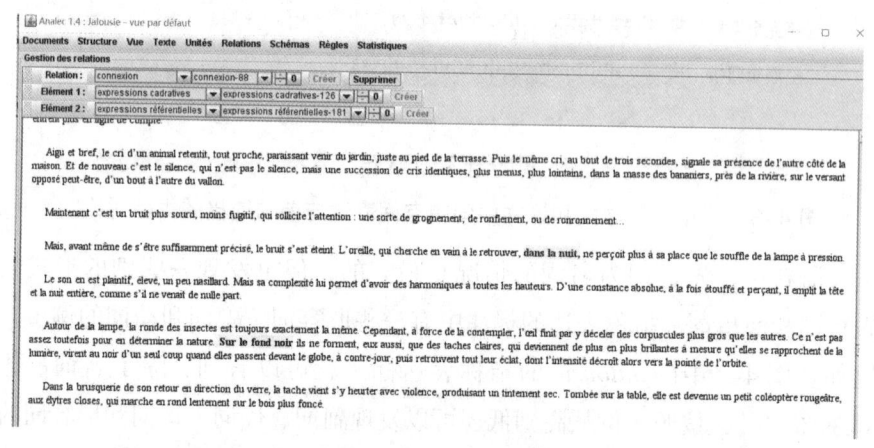

图 4-5　句首空间表达与前句中的副词成分衔接示例图 1

这种情况还可能是，副词组合中的名词实体作为先行词与后文中的句首空间表达联系起来，也有完全的副词衔接情况，比如图 4-6 中 au-dessus 和 Au-dessus encore 的衔接。

第 4 章　句首空间表达与前后句的对比研究

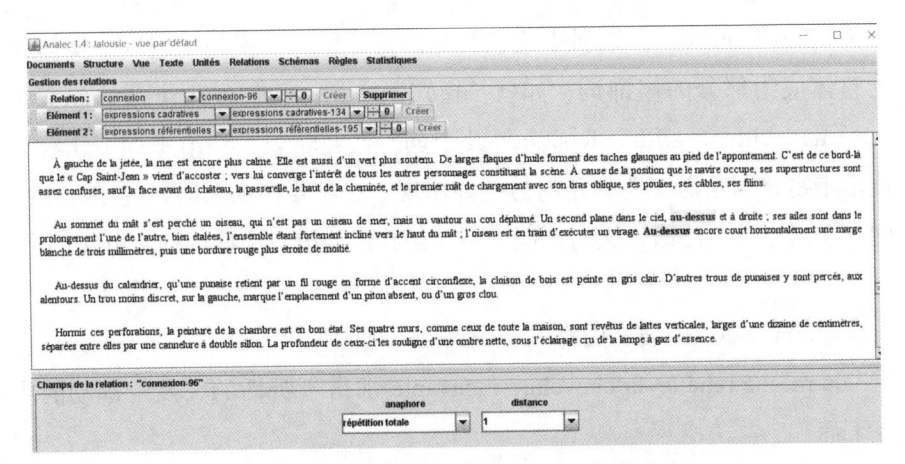

图 4-6　句首空间表达与前句中的副词成分衔接示例图 2

动词衔接的情况也比较勉强，同时也可以认为是名词回指。这个例子中间隔 14 个段落的 "A... ferme les fenêtres de la chambre" 与句首空间表达 "De l'autre côté de la fenêtre fermée"，其实可以通过名词 "la fenêtre" 衔接在一起，但使衔接更清晰的是名词的限定词 "fermée" 在上文中由动词 "ferme" 体现出来，故此处也标注了动宾组合 "ferme la fenêtre" 与后文中的 "la fenêtre fermée" 衔接在一起。

4.1.1.1　不忠实回指—忠实回指

忠实回指是说回指指称和先行词形式相同，通常先行词名词组合的词汇头部（la tête lexicale）可以改变（如 un homme– l' /cet homme）。不忠实回指则指相对于先行词，回指指称的词汇发生变化，包括上下义回指（hyperonymiques）（如 un bœuf…l'animal 和 Ma Porsche…. Cette voiture）和重新分类，或者说换一种说法（如 Macron… le président），代词回指也是一种不忠实回指（如 Paul…Il/Celui-ci/ ce dernier/le second）。

三部作品中占比最多的情况就是从不忠实回指中比较常见的联想回指，经过翻译过程，转变为部分或全部的忠实回指。其中部分重复的回指比较多的一种情况是法语中用单个单词就可以表示的部分实体，在汉语当中由于韵律原因需要在单个词前加上整体词作为修饰成分，如树 – 树

汉、法句首空间表达方式的对比研究及其翻译应用
——以阿兰·罗伯-格里耶小说平行语料为例

干（arbre-branche）。语料中比较常见的是"山""窗""门"等实体作为整体成为部分的修饰词，如就"窗户"一词，我们发现了法语原文中 carreaux、vitres、grille、fenêtre 等几个词。这并非因为法语中词汇比汉语词汇丰富，而是译文明晰化的另一种体现。这需要在未来的研究中做出反向（汉语原文到法语译文）证明。下面是我们从语料中摘取的部分实例。

vallon-crête 山坡 – 山脊

la mèche rebelle-la chevelure mouvante 那绺不听话的头发 – 颤动的头发下面

fenêtre carrée-embrasure béante 方窗 – 窗口

sous-main-la poche latérale 垫板上 – 垫板的夹层里

rive-l'eau-l'amont 河岸 – 河水 – 小河上游

manège-cercle 圆圈 – 圆圈

sur son chemin-au premier croisement 路上 – 交叉路口

la fenêtre-cette grille 窗户 – 洞开的窗户

seuil-porte 门槛 – 门

entrebaillement-porte 门缝 – 门

我们以"la mèche rebelle"和"la chevelure mouvante"这一对先行词和回指指称作为例子来解释，原文中两个词的意思分别是"不听话的刘海儿"和"颤动的头发"，"刘海儿"属于"头发"的一部分，但译文将这个部分—整体关系的不忠实回指转变为只是限定词不同的忠实回指。

比如门槛这个例子，我们观察空间副词所在句和其前句，可以发现，译文将"chaque seuil"译为"每一扇门"，而不是其本意"门槛"，这导致原来的部分—整体关系的不忠实回指变为了忠实回指，两句中的指称都是"每一扇门"，只是一个是"门前"，一个是"门上"。

第4章 句首空间表达与前后句的对比研究

表4-1　中文与法文对照观察（53）

序号	法文	中文
例111	Il reprend sa marche le long du couloir, s'arrêtant à <u>chaque seuil</u>. <u>Sur l'une des portes</u>, les lettres manuscrites se trouvent barrées par plusieurs traits à l'encre rouge	他继续沿着走廊走去，在<u>每一扇门</u>前停下来。<u>在一扇门上</u>，手写的字母被人用红墨水在上面画了好几条横线

再看下面的这个例112中，LOC₁ "sur le devant"（在最前面）和 LOC₂ "cadre"（舞台）作为句首空间表达，在前文找到其先行词的情况略有不同：

表4-2　中文与法文对照观察（54）

序号	法文	中文
例112	<u>Tout à fait sur le devant, dans la partie gauche du cadre</u>, une seconde tache de lumière vive réunit de la même façon trois autres personnages féminins, dont en particulier cette jeune prisonnière dévêtue qui est allongée sur une sorte de table chirurgicale en forme d'ellipse, munie d'un pied central s'évasant vers le bas pour constituer un large empattement circulaire. L'ensemble de l'appareil est laqué d'un blanc éclatant	<u>在最前面，舞台的左边</u>，第二圈明亮的光线同第一圈一样，把另外三个女人集中在一起……她躺在一张椭圆形的有点像手术台的桌子上，桌子只有中央一条腿，越到下面越宽阔，最后构成一个圆形的大底座

可以对比一下两个文本的连接情况，如图4-7所示。

法文：le lourd rideau de velours – sur le décor – salle commune（与中心句间隔2个自然段）– vers le fond de l'espace scénique（与中心句紧邻）– sur le devant, dans la partie gauche du cadre

中文：天鹅绒帷幕 – 大厅里 – 舞台上（与中心句间隔2个自然段）– 中央靠舞台后面那组（与中心句紧邻）– 在最前面，舞台的左边

可以看出，法文原文中的连接网眼没有译文中的联系紧密，中文译文中非常明显地出现了多次忠实回指，"舞台"这个字眼的重复使得读者毫不费力地将上下文联系在一起。而法文原文则通过

"rideau""décor""salle""espace scénique"等词汇与"cadre"通过不忠实回指联系在一起。对于读者的耗费的认知成本，法文原文需要的显然更多一些。由此可见，译文的指称链条较之原文也呈现明晰化特征。

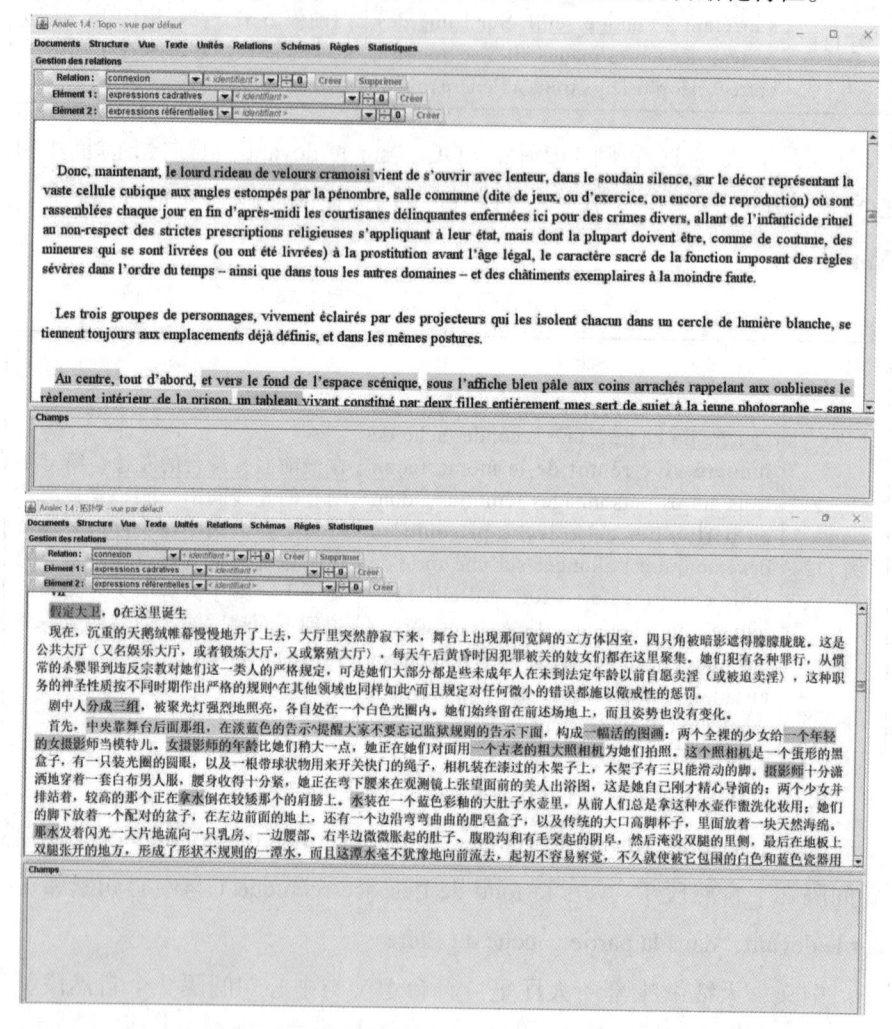

图 4-7 《拓扑》法文和中文相同段落在 ANALEC 软件中的连接对比

类似的例子还有很多，前文提到过，在句首空间表达的翻译中，副词短语（au fond、tout autour）、非命名标（faces、bout、côté、base），以及代词（celui-ci、celle-ci、lui、elle）等在译文中基本都得到了不同程度的明晰化。导致较之原文，译文的忠实回指更多，名词回指也更多。

4.1.1.2 不完全重复回指—完全重复回指

我们在前文限定词那一部分提到过，由于汉语没有定冠词，且指示形容词也经常在翻译过程中掉落，导致原文中的限定词部分不同的忠实回指在译文中变为了完全重复的忠实回指。比如：

une cheminée–cette cheminée 壁炉 – 壁炉

la porte–cette porte 房门 – 房门

une fraction circulaire–cercle 圆圈 – 圆圈

例 113 中原文中的 "circulaire" 和 "cercle" 属于同源词，即同一个词的形容词和名词变形，在译文中译为完全重复的忠实回指 "圆圈"。

表 4-3 中文与法文对照观察（55）

序号	法文	中文
例 113	C'est une bille de verre ordinaire, d'environ deux centimètres de diamètre. Toute sa surface est parfaitement régulière et polie. L'intérieur est tout à fait incolore, d'une transparence absolue, à l'exception d'un noyau central, opaque, de la grosseur d'un petit pois. Ce noyau est noir et rond ; de quelque côté qu'on regarde la bille, il apparaît comme un disque noir de deux à trois millimètres de rayon. Tout autour, la masse de verre limpide ne laisse apercevoir que des fragments méconnaissables du dessin rouge et blanc dont elle occupe une fraction circulaire. Au-delà de ce cercle s'étend de toutes parts le quadrillage à damier de la toile cirée qui couvre la table. Mais, à la surface de la bille, se reflète en outre, pâli, déformé, considérablement réduit, le décor de la salle de café	这是一颗普通的玻璃球，直径约两公分。整个圆球的表面是十分均匀、光滑的。圆球本身没有颜色，绝对透明，除了中间部分是一个豌豆大小黑色的不透明的圆形内核。不管从哪一边看，这个球的内核就像一个半径两三毫米的黑色圆盘，圆盘的周围，透过清澈的玻璃，可以看见难以辨认的红白色图案，玻璃在它们周围形成一个圆圈。圆圈的外面，向四面八方散布开去的是盖在桌子上漆布的红白方格子图案。但是，玻璃球的表面却反射出大大缩小了的咖啡馆店堂的背景，颜色是苍白的，而且有点走样

但也有反向的例子，比如：

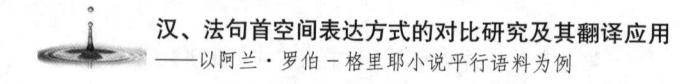

les fenêtres–dans l'embrasure des fenêtres 窗户 – 窗框里面

la pointe–À l'extrémité de cette pointe 尖角 – 端部

最后这个例子中没有翻译"cette pointe"的原因，前文也解释过，"尖角"和"端部"中间只有一个逗号隔开，距离非常近，无须赘述。

那么所谓的译文中的明晰化倾向是否存在呢？还是说因为中文的特点就是容易采取重复的方式来指代前文中的指称呢？为了反向求证，我们找到了我国著名作家鲁迅先生的作品《狂人日记》和其法文版本，因为这是一篇体量不算很大的短篇小说，所以对齐起来比较容易，等同于做一个小型的从中文到法文的实验。其对齐方法和查找方法与本研究中语料制作方法相同。最后，利用 TMX Editor 软件提取出其中的"母亲""哥""妹子"这些专有名词，我们以"母亲"举例进行中法对比：

表 4-4 中文与法文对照观察（56）

序号	中文	法文
（24）	**母亲**哭个不住，他却劝**母亲**不要哭	**Maman** pleurait, pleurait, mais lui la suppliait de s'arrêter
（25）	如果还能过意不去，……妹子是被大哥吃了，**母亲**知道没有，我可不得而知	En admettant qu'il pût encore éprouver quelque sentiment de honte… Ma sœur a été dévorée par mon frère, mais j'ignore si **notre mère** s'en est rendu compte
（26）	**母亲**想也知道；不过哭的时候，却并没有说明，大约也以为应当的了	Je pense qu'**elle** devait savoir ; si **elle** n'en a rien dit au milieu de **ses** larmes, c'est probablement qu'**elle** estimait la chose normale
（27）	**母亲**也没有说不行	**Notre mère** n'a pas protesté

这四个简短的例子中，"母亲"得到忠实翻译的情况只有一个——例（24）句中的"Maman"。例（25）和例（27）则加了限定词"notre"，因为中文里可以单独使用"母亲"，不需要任何限定词，就表示是自己的母亲，法文正式文体中比较少见这种用法。例（26）的"母亲"被译为

"elle"，且原句中的"哭""以为"这些动词前没有任何的代词出现，这属于零回指现象，但法文中却出现了"ses larmes"和"elle"等词汇组成一个指称链条。例（24）也没有像原文一样重复回指，而是换了一个直接宾语人称代词"la"来指代"母亲"。

这个小实验说明：所谓的译文中的明晰化倾向并不适用于所有情况，这四个例句中，有一半的情况"母亲"被译为代词，这是因为法文忌讳重复。而当中文采用零回指组织篇章的时候，法文语法因其连接的方式方法与中文不同，需要补足这些零回指空位。

4.1.2 句首空间表达与衔接距离对比

不管是由于不可译性，还是由于译者主体意识导致译文变化，衔接方式和衔接位置在译文中都发生了一定程度的变化。

与前句的衔接这一篇章现象分为指称类型和衔接距离两个因素进行标注，如图 4-8 ~ 图 4-10 所示。参考夏罗尔的论文，我们将距离比较近的连接认定为 0 到 5 句，0 句是因为原来位于两个不同句子的指称在翻译过程中被译者合并为一个句子。有的时候一个换行的距离也非常近，其实与所在句是紧邻的关系。

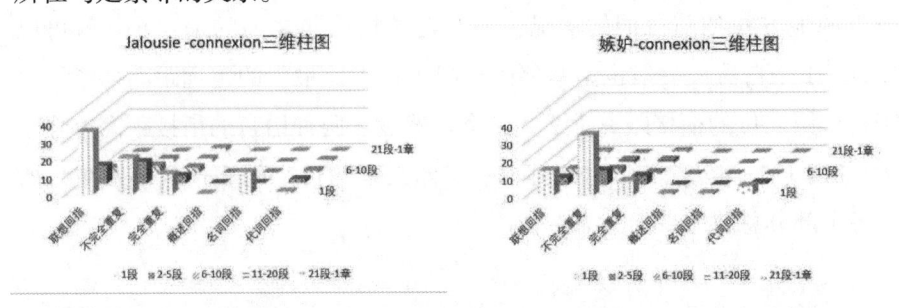

图 4-8 《嫉妒》原文和译文中句首空间表达与前句连接的类型对比图

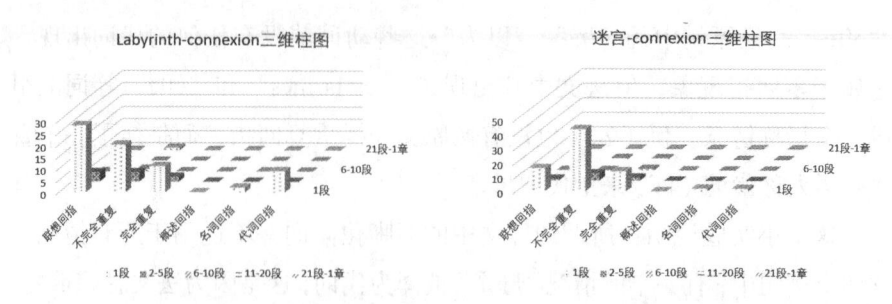

图 4-9　《迷宫》原文和译文中句首空间表达与前句连接的类型对比图

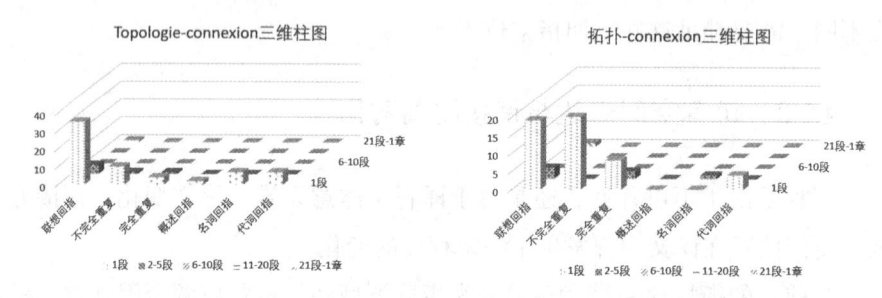

图 4-10　《拓扑》原文和译文中句首空间表达与前句连接的类型对比图

从图 4-11 中可以看出，在距离这个因素上，大部分的情况是很容易在比较近的地方就找到句首空间表达的先行词，也有少部分找不到或者要在很远的地方才能找到先行词。两种语言中占比最多的就是可以在比较近的地方找到前行词的情况，一般是在核心句之前的 1～6 句就可以发现（1 个自然段一般也是紧邻的情况）；占比最少的是远距离回指；处于占比第二位的衔接距离为 2～5 个自然段。两种语言的衔接距离差异不大（214/192；45/32），而且由于中文译文中句首空间表达整体减少，所以各个部分总数才少于法语。

第 4 章　句首空间表达与前后句的对比研究

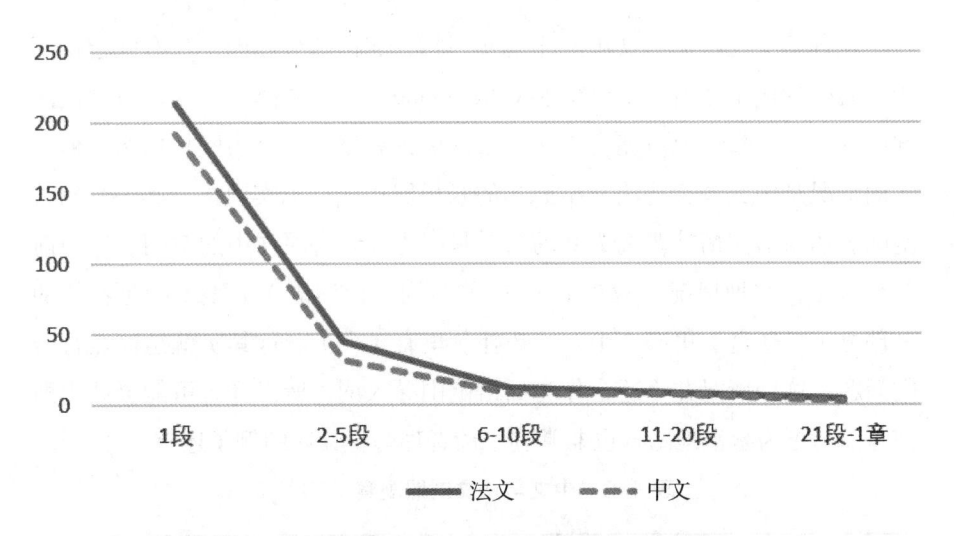

图 4-11　句首空间表达与前句衔接距离法文和中文对比图

与前文的衔接距离与辖域范围距离一样，也根据距离远近分为 0～6 句、2～5 段、6～10 段和超过 10 段四种情况。可以看出，近距离回指在法语原文和中文译文中最为常见，远距离回指的情况占比比较少。

4.1.2.1　短距离回指

短距离衔接的情况，一般是出现在段首的句首空间表达在前一段结尾可以找到其回指先行词，这种情况是所有衔接中占比最多的。比如下面的例子：

表 4-5　中文与法文对照观察（57）

序号	法文	中文
例 114	前句：Mais elle s'écarte sans dommage de la voiture bleue, [...] et, après un dernier regard en arrière, se dirige seule, de son pas décidé, vers **la porte centrale de la maison** qui ouvre directement sur la grande salle	前句：但是，她离开车子时浑身上下并无任何变化，而那辆蓝色大轿车的马达却在继续运转，使院子里充满越来越大的轰响。阿 X 朝身后又最后看了一眼，便独自迈着坚定的步伐径直朝**中间的房门**走去
	En face de cette porte débouche le couloir, sans aucune séparation d'avec le salon-salle à manger.（p.59）	**这房门**直接开在客厅兼餐厅里，并且与中央走廊相通，没有任何间隔。（p.46）

这种情况在法文原文中属于忠实回指，名词部分相同，只有限定词不同，同样的例子还有 la pointe 和 cette pointe。但中文译文不一定也遵循同样的规律，少数情况可能会将法文中的名词重复回指译为联想回指，但更多的情况是中文译文将法文中原本的联想回指译为忠实回指。其中，句首空间表达与前句衔接距离为 0 的情况是因为译者将原文中的空间表达与前句融合了，这种情况一般为 LOC 中的名词或代词语义上表示的是物体的一部分（《迷宫》里有 3 个，《拓扑》里有 4 个）。这其实就是标点符号的问题，这种情况并不适合作为话语范围导入词，所以译者可能会认为即使与前句更为紧密地融合也非常利于读者理解。具体的例子还有：

表 4-6　中文与法文对照观察（58）

序号	法文	中文
例 115	**Sur la haute muraille extérieure de la prison** réservée aux courtisanes, dont la platitude grise trahit tout un passé de profondeurs et de reliefs, les pierres apparentes dessinent la trace de nombreux éléments d'architecture depuis longtemps disparus : des voûtes anciennes noyées dans une maçonnerie plus récente quoique déjà sans âge, des ouvertures à l'aspect moins sévère, des loggias et des balustrades, des escaliers de communication, une porte en tout cas - murée aujourd'hui - qui donnait autrefois sur la rade.	这座专为妓女设立的监狱，外表灰色而平淡无奇，却隐藏着一段极不平凡的经历，外边高墙上的石头表现出许多很久以来早已消失的建筑手法：许多说不出年份而比较近代的砖石工程包围着古代的拱顶，外表不那么严峻的窗户、凉廊、栏杆、楼梯，一扇现在已经封闭而过去通向锚地的门。
例 116	Il s'avance de quelques pas, machinalement, dans sa direction. **Par l'entrebâillement**, il est impossible de rien distinguer, tant l'intérieur est sombre.	他朝那扇门机械地走了几步，**朝门缝里看**，但什么也看不清，房子里暗得很。

还有的衔接距离可能只有三个换行，也属于短距离回指衔接，中间描写内容是在这个空间内的人物和实体等，最后会有一个走出这个空间的表达来收尾：

（28）上文：Le soldat est allongé sur son lit. C'est le froid qui l'a réveillé, sans doute. Il est sur le dos, dans la position qu'il occupait lorsqu'il a ouvert les yeux ; il n'a pas fait un mouvement depuis. Devant lui, les fenêtres sont ouvertes en grand. De l'autre côté de la rue, il y a d'autres fenêtres, identiques à celles-ci. Dans la salle, tous les hommes sont encore couchés ; ils ont pour la plupart l'air de dormir. Le soldat ignore combien de temps il a dormi lui-même. Il ne sait pas non plus l'heure qu'il est à présent. À droite comme à gauche, ses voisins immédiats se sont enveloppés aussi étroitement que possible dans leurs couvertures；

（间隔3个自然段，内容描写的都是大厅里的人物）

Au fond de la salle, la porte s'est ouverte sans bruit et deux hommes sont entrés, l'un derrière l'autre.

4.1.2.2 远距离回指

除了融合为一个句子的情况比较少，另一个比较少的情况就是远距离连接。有时候，来源可能要追溯到上文很远的地方，先行词和回指表达甚至可能间隔十几行，也存在借助数量不定冠词引入新信息的例子。这种话语范围引入的是与前文联系很弱的另一个话语世界，但是与后文联系紧密，与陈述过程这个时刻距离比较远的信息。建立新的话语世界的必要性降低了这个实体的可接受度，与上文的融合功能就相应降低了，与前面信息的连接以比较松散的方式实行。比如：

表4-7 中文与法文对照观察（59）

序号	法文	中文
例117	**Dans la salle** à **manger** brillent deux lampes à gaz d'essence.（p.16）	餐厅里点了两盏汽灯。（p.18）
例118	**Tout autour du jardin**, jusqu'aux limites de la plantation, s'étend la masse verte des bananiers.（p.10）	花园的周围，在种植园的整个范围之内，生长着郁郁葱葱的香蕉林。（p.15）

这些位于段落开头的句首空间表达，需要跨越很多个段落，甚至在上

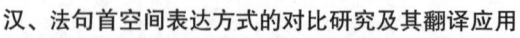

一个章节才能找到其先行词，这是因为这些空间表达所使用的一般都是定冠词修饰，因为这些都是在读者熟悉范围内的东西。三本小说的场景是一开始就为读者所熟知的，《嫉妒》中的种植园和房子，《迷宫》中的三个物品，《拓扑》中的监狱和剧院，在此范围内，即便没有先行词，读者也很容易就直接接受。

4.1.2.3 中距离回指

剩余的就是距离为 6～10 个自然段的情况属于中等距离的回指衔接，这种类型并不多，可以看下面两个例子。

（29）上文：Sur le plancher ciré, les chaussons de feutre ont dessiné des chemins luisants, **du lit** à **la commode**, de la commode à la cheminée, de la cheminée à la table.

（间隔 9 个自然段）

Devant la commode, les chaussons de feutre ont dessiné dans la poussière une large zone brillante, et une autre devant la table, à l'emplacement que devrait occuper un fauteuil de bureau, ou une chaise, un tabouret, ou un siège quelconque.

译文由于结构改变，导致衔接方式和衔接距离也发生了一定的改变，比如例（30），"Autour de la lampe à essence"（在汽灯周围），法文原文中，与上文的连接方式是通过忠实回指与上一个句首空间状语 "Autour de la lampe" 连接起来，而由于中文习惯将生命体作为主语置于句首，原来句首的空间表达发生了位置移动，变为方式状语"围着汽灯"，导致两个句子的连接方式也发生了改变。而"椭圆"这个主语在距离主句 15 个自然段的前文也可以找到。

（30）上文：**Autour de la lampe,** la ronde des insectes est toujours exactement

第 4 章　句首空间表达与前后句的对比研究

la même. Cependant, à force de la contempler, l'œil finit par y déceler des corpuscules plus gros que les autres. Ce n'est pas assez toutefois pour en déterminer la nature. Sur le fond noir ils ne forment, eux aussi, que des taches claires, qui deviennent de plus en plus brillantes à mesure qu'elles se rapprochent de la lumière, virent au noir d'un seul coup quand elles passent devant le globe, à contre-jour, puis retrouvent tout leur éclat, dont l'intensité décroît alors vers la pointe de **l'orbite**.

（间隔 9 个自然段）

Autour de la lampe à **essence** continuent de tourner **les ellipses**, s'allongeant, se rétrécissant, s'écartant vers la droite ou la gauche, montant, descendant, ou basculant d'un côté puis de l'autre, s'emmêlant dans un écheveau de plus en plus brouillé, où aucune courbe autonome ne demeure identifiable.（p.121）

（30'）**在汽灯周围**，昆虫们进行的圆周运动一成不变地继续着。不过，眼睛盯着它们看久了，终于分辨出了一些稍大的颗粒。但是要想弄清它们是怎么回事，这还是远远不够的。它们在黑暗的背景下只不过是一些亮星，接近光源时变得更加耀眼，等到飞到了灯罩的前边，处于逆光之中，又突然变成了许多黑点，随后又变亮，继而到了轨道的拐弯处亮度则再次减弱。

（间隔 9 个自然段）

那些椭圆继续围着汽灯活动着，一会儿变长，一会儿变短，一会儿偏左，一会儿偏右，一会儿上升，一会儿下降，一会儿东倒，一会儿西歪，许许多多的轨迹混在了一块儿，没有一个是平稳不变的。（p.86）

由上面的例子可见，翻译中的位移和变化导致译出语和译入语文本的衔接方式和衔接位置都发生了一定程度的改变。大部分情况中原文的回指所需的认知成本更高一些，属于模糊回指。而译者出于将生命体作为主语的考虑将原文中的论元移动位置以后，可能会出现衔接位置改变的情况。

表 4-8　中文与法文对照观察（60）

序号	法文	中文
例 119	Dans la bananeraie, derrière eux, une pièce en forme de trapèze s'étend vers l'amont（p.82）	在他们身后，一块梯形的香蕉林带蔓延到山坡上（p.62）

例 119 中原先的 LOC_1 "Dans la bananeraie"变为主语"一块梯形的香蕉林带"了，译文的衔接方式也从 LOC_2 中的"eux"和前句的"ils"（ouvrière）衔接，变成了唯一的句首空间表达"在他们身后"和"工人"的衔接。从例 119 中可见中文译文的衔接距离更近，从代词和代词的回指方式变为代词回指，先行词为名词的情况，衔接更为紧密一些。

句首空间表达与前句的衔接方式和衔接距离对比之后，我们将目光转向句首空间表达对后句的导入关系对比。

4.2　句首空间表达对后句的导入关系对比

在分析了句首空间表达所在句中的三个主要成分之后，上一节中我们分析了句首空间表达与前句的衔接方式和衔接距离在法文原文和中文译文中的对比情况，可以看出衔接距离方面的变化比较小，而衔接方式却产生了很大的变化。从原文中的链接不甚紧密的不忠实回指、联想回指到译文中的忠实回指和部分重复回指。那么当这些句首空间表达发生语义变化或位置移动后，对后文的导入范围有什么样的影响，我们将在本节中进行讨论。我们将分析导入范围的影响因素是由哪个成分决定的，并对比两种语言因句首空间表达变化导致的篇章纹理变化。

4.2.1　句首空间表达的标注数据结果

对这些位于句首的空间表达进行简单的数据分析之后，根据标注结果，三部小说从法文到中文，导入这个类型的标注数量都明显减少了，这是句首空间表达可能与主句融合或后置，抑或句法结构由于不符合中文表达习惯不得不发生变化等原因造成的。当原本位于句首的空间状语位移到句子的述位上，或者转变为修饰语或者主语的形式，原作中的空间话语范围包含的辖域就不复存在了，而相应地自然产生了一种新的指称链条衔接方式。

从语序、语义和与后文的空间关系三个方面，简单地对句首空间表达内部的指称物进行分析。句首空间表达自然位于句子中开头，但从宏观篇章角度来说，是否处于段落甚至章节开头，乃至篇章的前后章节，需要关注在什么情况下翻译中语序会发生改变。从语义角度来说，句首空间表达中的指称大部分是名词，也有小部分代词的情况，其中包括多少天然处所词、非处所词和其他形式？句首空间表达与后文中的名词是否属于一般的图形—背景关系？这三个方面在翻译过程中是否有着显著变化？

4.2.1.1 篇章中的位置

首先是在文中所处的位置，也就是语序，已知我们选取的都是句首空间表达，那么是不是位于段落开头的导入程度要大于段落中间的句首空间表达呢？为此，我们标注了所有的句首空间表达的位置，发现有两种可能：位于段首和段中的。

通过标注统计可以知道，法语原文中句首空间表达所处位置百分比，三部小说位于段中的空间表达比例分别是41.84%、60%和57.89%；位于段首的空间表达比例分别为56.63%、38.52%和40%；还有就是不仅位于段首，且位于章节开头的空间表达，比例最小。中文译文中句首空间表达位于段中的比例是41.34%、64.91%和56.98%；段首的比例是56.98%、33.33%和43.02%；章节开头的比例是1.68%、1.75%和0。可以看出原文和译文在翻译过程中的语篇结构调整幅度很小。段落数量和章法结构基本保持一致，如图4-12所示。

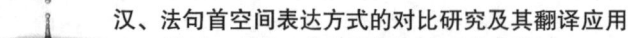

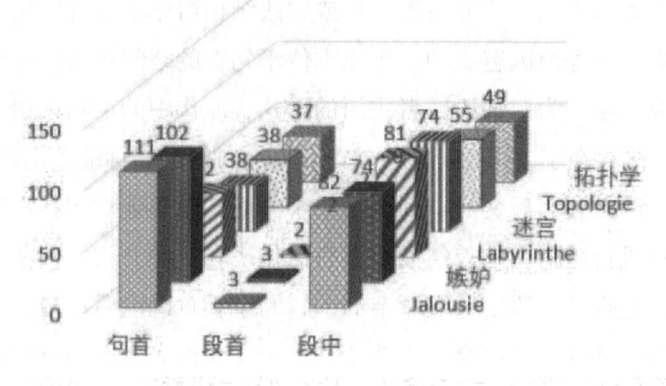

图 4-12　句首空间表达篇章所处位置图

可以说，三部小说从整体上看来，位置分配是比较平均的。而中文译文中的变化在总体比例上的变化是非常轻微的，也就是说译者其实很少或很难改变句首空间表达在篇章中的位置。发生改变之处在于，句首空间表达在译文中可能清晰化，或者发生句法上的改变。

4.2.1.2　语义

我们可以观察到无生命物体和被处理为无生命物体的实体（处所、人的某些身体部位）都被某种程度上的物化了。根据这些句子的大部分情况，这些名词可以分为以下类别。

（1）（房子、物品、房子等的）一部分（partie）。

身体的一部分：annulaire、lèvres、main、narines、dos。

房子的开关设备（门或窗等）：battants、carreaux、cloison、fenêtre、fente、ouverture（béante）。

（2）地点（lieu）：immeuble、avenue、chemin、dallage、sol、couche、vallée。

（3）实体（entité）（物体或者家具）：buffe、lampe（à essence）、

lit、plaque（de marbre）、plateau、table（basse）、miroir、arbre、tableau。

（4）物体或者地点的一部分（非确指）（portion）：bord、coin（du bureau）、côtés（de la maison）、fond、pointe（de l'accolade）、base 等。

当然还有一些比较罕见的例子。声音或者没有声音：silence。人物指称：elle = A...，lui = indigène。

根据标注结果，得到图 4-13 中的数据结果，可以从中观察到三部法文小说中词汇构成占比最多的是物体的一部分或者人身体部位的一部分，称为"部分类名词"（partie），再来比较多的就是"实体"（entité），即某些物体或家具，排在第三、四位的是"地点"（lieu）、"方向"（orientation），最后才是物体或地点的某个部分（portion），可以译为"准方位标"，与"partie"不同之处在于"portion"表示的是任何物体地点都可能有的，比如边、角、面等，"partie"可能是门、窗、把手等特定的物品。最后是并非明确指出的"距离"（mesure）和"抽象"（abstrait）的占比都比较小。从标注数据结果的比较来看，三部小说中的句首空间表达中，法文版本中占比前三位的都是部分类名词、地点和实体（partie、lieu 和 entité）三种类型，虽然分布形态不一定完全一致，而占比比较小的就是方向、距离和部分因素（orientation、mesure 和 portion）等。在译为中文以后，可以发现，部分类名词占比仍旧最多，但相对于法语原文来说整体有所减少，相应减少的类别还有准方位标名词，而实体类名词则相应增加。总体趋势是从不确切类型（implicite）转向精确表达类别（explicite）。而两种语言中的句首空间表达总数并不一致，因为在译为中文之后，有部分句首空间表达浓缩、后置或者句型彻底变化，导致在中文中的总数减少。

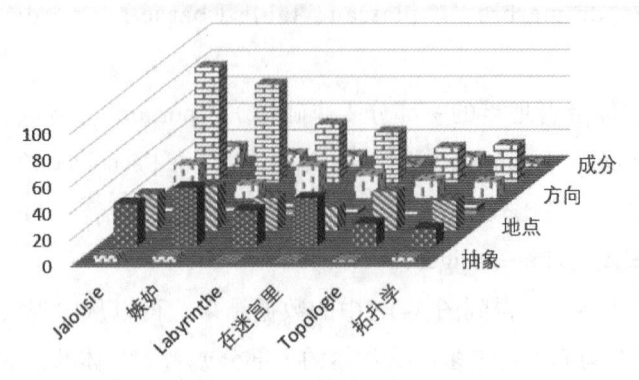

图 4-13　中法文句首空间表达词汇构成对比图

其中位于段首的空间表达数量最多的类型和位于段中比较多的空间表达类型都是部分类名词，从总数上来看其次依旧是实体和地点类名词。

4.2.1.3　分离结构

书面语中，标点标示着这些句首成分可能处于比较边缘的位置上，被康贝特称为"分离结构"（Combettes，2005）。在所有句首成分中，地点补语可以圈定（encadrer）一个场景的描写范围，而且可以像静态副词一样引入一个纯地点范围。分离结构之所以称之为"分离"，是因为其与主句述谓结构，即与右侧语境（contexte de droite）的融入等级比较低，时空定位表达不仅可以理解为所有在其辖域范围内的述谓结构总和的一个新的时空范围，同时也可以指出主体指称所处的地点，暗示了主体指称的存在状态。而且时间和空间比较来说的话，时间的融入程度要更低于空间，因为时间为虚，空间一般为实体。介词组合并不是只用于定位右侧语境述谓结构的状态，也暗示了指称的在场。

在某种程度上，一个话语范围虽然在文本中引入了一个新的空间，但仍然保持在文本的主题连续性中，因此，或多或少地与上游建立直接或间接的联系也就不足为奇了：分离结构的操作必须更接近这种指称连接的作用，表现为一种中介成分，它在引入新特征的同时保持了指称同一性。指称识别和句首表达语义值的阐释不能在语句的同一区域中进行。除了一些例外，副词话语范围并不以指称的维护为前提，而是通常对命题内容持开放态度，比如：在中国，P1，P2，……在法国，P3，P4 并不一定意味着存在一个在所有句子中保持不变的主题。

语料中 LOC 为分离结构占比比较大，从表 4–9 中可以看到，三部小说的法语原文都达到了 80% 以上，可以认为句首成分离得越远越脱离主句的陈述过程，有一个逗号将其与主句分离开来。所以，我们的法语源文本中的句首空间表达一般都与主句的陈述过程是分离的。还有另外一种情况导致标点符号的变化，就是分离结构的减少。在汉语译文中，LOC 作为分离结构的比例分别为 74%、63% 和 82%（按整数计算）。也就是说，整体看来，LOC 组作为分离结构的比例下降了大约 10%。

表 4–9 语料中句首空间表达是否为分离结构所占百分比

CD	*Jalousie*	《嫉妒》	*Labyrinthe*	《迷宫》	*Topologie*	《拓扑》
non	17.86	26.26	13.33	37.17	15.79	18.39
oui	82.14	73.74	86.67	62.83	84.21	81.61
TOTAL	100	100	100	100	100	100

如果说逗号将 LOC 与主句中的述谓结构分离开来，使得 LOC 部分变得更加边缘化，这么看的话，译文则更加靠近主句。

4.2.1.4 与后文实体的关系

与后文中实体指称的关系，我们考察了所有的句首空间表达与后文中实体的空间关系。从图 4–14 可以看出，按照四种关系分类，导入超越所在句的空间关系中，占比最大就是作为"背景"（arrière-plan）的情况了，接近总数的 60%；其次比较大的仍是"空间参照"（référence spatiale）的情况，而"接触包含"（contact）和"整体—部分"（tout-partie）的情况导入超越所在句的情况比较少。

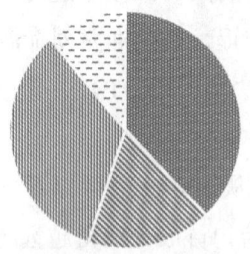

索引所在句类型 饼图　　　　　索引超越所在句类型 饼图

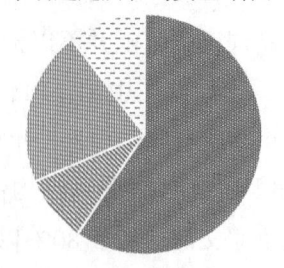

■背景 ＼接触 Ⅲ参考 -整体 – 部分　　　■背景 ＼接触 ⅲ参考 -整体 – 部分

图 4–14　导入所在句和超越所在句类型对比图

对于后文的导入范围，0 句即所在句，我们对于每一个句首空间表达的所在句都进行了标注，其中背景和空间参照的情况最多，分别为 231 句和 207 句。而超越所在句的导入类型中，很明显背景类最多，达到 85 个；次之的仍然是空间参照，有 30 句。也就是说，辖域范围能够超越所在句，达到段落中的其他句子的句首空间表达总数的 37% 左右，而第二位的空间参照类占总数的 14%。可见空间话语范围辖域较大的类型在我们的语料中一般为主句的背景内容，只是起到为主句提供一个空间背景的作用。

据导入的辖域范围（portée）的距离远近，可以进行分割，共分为 3 个等级：第一个等级，1 ~ 5 句（大部分处于同一个段落）；第二个等级，6 ~ 10 个段落；第三个等级，大于 10 个段落。从表 4–10 中可以看出，距离比较近的处于一个段落之内的，占比最多。第二等级，辖域范围为 6 ~ 10 个段落的次之。大部分的导入辖域范围都没有超出 10 个段落，数量最少。

表 4–10　三部小说衔接距离

距离 篇名	1 ~ 5 （1 段）	2 ~ 5 段	6 ~ 10 段	11 ~ 20 段	21 段	合计
Jalousie	7	7	5	3	2	24
《嫉妒》	12	9	5	2	3	31
Labyrinthe	6	3	1	1	2	13
《迷宫》	9	4	2	1	2	18
Topologie	19	8	1	0	0	28
《拓扑》	13	15	1	0	0	29

4.2.2 导入范围的影响因素

那么是什么影响着这些句首空间表达对后句的导入范围呢？是介词、名词语义的辖域能力有所不同，还是句首空间表达在段落篇章中的位置影响着其导入范围呢？我们将这些影响空间话语导入词辖域范围的变量分开进行讨论。

4.2.2.1 介词的辖域能力

由哪个介词引导的空间表达的话语范围能力（le pouvoir cadratif）最强呢？哪个介词开启一个话语范围的能力（capacité à ouvrir un cadre de discours）最强？①

从 ANALEC 软件反向去找辖域范围大的 LOC 组中的介词是哪些。之前我们利用这个反向查找功能，验证了名词和辖域范围之间的关系，但辖域范围大小可能不只有语义因素影响，介词也有很大可能起到了一定程度的作用。

Labyrinthe 中有一例 dans 的辖域范围有 46 个自然段：

（31）**Dans la salle**, une foule considérable est rassemblée : des hommes, debout, pour la plupart en costumes civils, qui parlent par petits groupes en faisant beaucoup de gestes. […]**Au-delà**, il y a le comptoir, derrière lequel se penche le patron, gros homme de haute taille, rendu plus remarquable encore par la situation légèrement surélevée qu'il occupe. **Entre le comptoir et les dernières tablées**, un espace très étroit est obstrué en son milieu par un groupe de consommateurs debout, […]

À mi-chemin du comptoir, **au-dessus duquel** le patron penche son torse

---

① 原文：le pouvoir caadratif 和 capacité cadrative，出自 travaux de linguistique2012 年第一期 *Les adverbiaux prépositionnels : position, fonction et portée* 中的文章——*Le pouvoir cadratif des compléments introduits par à travers : des cadres de discours pas comme les autres ?* 作者为 Dejan Stostic. 此处为作者自译。

massif entre ses bras écartés, une jeune servante évolue, avec son plateau chargé, entre les tables. […]

　　[…] **Mais en-dessous, dans la trajectoire d'une chute imminente**, la tête chauve d'un vieil ouvrier ne se doute apparemment de rien, […]

　　Jalousie 中辖域范围最广的是 "Dans la salle à manger" 这个场景，一个辖域范围有 30 个段落：

　　（32）Dans la salle à manger brillent deux lampes à gaz d'essence. L'une est posée sur le bord du long buffet, vers son extrémité gauche ; l'autre sur la table elle-même, à la place vacante du quatrième convive.

　　[…] 接下来就是描写这个餐厅里的情景，直到场景切换到露台（terrasse）。

　　Le boy fait son entrée pour ôter les assiettes. A... lui demande, comme d'habitude, de servir le café sur la terrasse.

　　同样辖域范围较大的还有介词 sur，*Jalousie* 中的这个辖域范围多达到 26 个自然段，一直到人物起身，离开阳台，穿过卧室这个空间范围才关闭：
　　（33）**Sur la terrasse** A... doit bientôt fermer son livre. […]

　　当然还有介词 à、devant、entre 等的辖域范围都可以超越所在句，所在段落，延伸到多个段落中，见下面例句。
　　27 个段落：**Au premier croisement**, il a retrouvé l'invalide.
　　20 个段落：**Devant la plus rapprochée** se tient le gamin, qui le considère de ses yeux écarquillés.
　　Entre 这个介词的辖域范围也有 8 个自然段的情况，就是在厨房门和走

第 4 章 句首空间表达与前后句的对比研究

廊之间，有一只千足虫，然后用 8 个自然段非常细致地描述了这只动物：

（34）La porte de l'office est fermée. **Entre elle et l'ouverture béante du couloir,** il y a le mille-pattes. Il est gigantesque […]

Le corps est recourbé vers le bas : sa partie antérieure […]

La bête est immobile, […]

Soudain l'avant du corps se met en marche, […]

Le bruit est celui du peigne dans la longue chevelure. Les dents d'écaillé passent et repassent du haut en bas de l'épaisse masse noire aux reflets roux, électrisant les pointes et s'électrisant elles-mêmes, faisant crépiter les cheveux souples, fraîchement lavés, durant toute la descente de la main fine — la main fine aux doigts effilés, qui se referment progressivement.

Les deux longues antennes[…]

[…] Puis, avec le pied, il écrase **la bête** sur le plancher de la chambre.

但并不是所有的 dans 和 sur 的辖域范围都是很大的，也与介词后的名词有很大的关系，当介词后的名词为比较小的整体的一部分，其辖域范围只是很小的一部分。比如 dans le lit métallique（在铁床上）的辖域范围就相对比较小，有 2 个句子，描写了铁床上的士兵的面貌，其下还有一个层级的空间话语范围导入词 sur les joues creuses, autour de la bouche entrouverte et sur le menton。这个例子来自 *Labyrinthe*：

（35）L'image suivante représente la chambrée d'une caserne, ou plus exactement d'une infirmerie militaire. La boîte rectangulaire[…] Au-dessous, dans le lit métallique laqué de blanc, un homme repose sur le dos. Ses yeux […] ; les paupières […] ; sur les joues creuses, autour de la bouche entrouverte et sur le menton, la barbe, […]

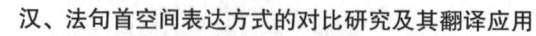

之前我们认为从语义角度来说，la salle（大厅）、la salle à manger（饭厅）这两个名词可能在篇章中属于较高层级的话语范围，而 le lit（床）相对而言在真实的物理空间中和篇章语义层级中就比较小一点。

还有两个或两个以上的介词，从多个维度限定一个区域，后面的内容都是在这个区域内发生的事情，下面这个例子中的两个介词限定的空间区域作为话语范围管辖 5 个段落：

（36）De l'autre côté de la porte du couloir, sous la fenêtre symétrique, une de celles du bureau, Franck est assis dans son fauteuil.

中文中对应的管辖能力比较强的介词和方位词是哪几个？因为名词的语义翻译基本上是忠实的，和法文一样，我们也可以看到《嫉妒》中"餐厅里"以及"在大厅里"同样的几个句子：

（37）**餐厅里**点了两盏汽灯。一盏 […]；另一盏 […]。
餐桌是正方形，[…] 在平柜跟前。
在平柜上，那盏灯的左边 […]。在那盏灯的右后方，[…]。再右边一点，灰色的墙壁上，[…]
露台上 […]。

因此，我们可以大胆提出一种假设：只要限定了一个空间区域，这个区域是讲述者的取景中心和焦点或关注点所在，一般情况表现为名词 NP+上、里、中等方位词，如露台上、饭厅里、大厅里，或者由两个介词从两个平行或有层级的维度上圈定的某个区域之间，如桌子后面、平柜正中。在这个区域里，讲述者可能会详细描写一个在这个区域背景（ground）内的凸显图形（figure）。

况且，空间也和时间一样，叙事学中相同的时间单位内可能叙事的内容多寡大不相同，短短一瞬之间在普鲁斯特（Proust）笔下的篇幅可能有十几页那么多,所以,在一片狭小的空间区域内细致的描写也同样有可能。

4.2.2.2 名词的辖域能力

夏罗尔(2009)[6]提出,话语范围也有高等级(cadre super-ordonné)和低等级范围(sous-ordonné)之分,比如 chez les organisms supérieurs 包含两个低等级范围。他特别指出,这种现象不仅发生在生物科学领域文章内,在文学体裁文本中也存在话语范围等级,并特别使用《包法利夫人》中的选段进行了举例。图 4-15 和图 4-16 是他在论文中举例时使用的示范图,可以看到时间、空间话语范围都是有屉套结构的。

图 4-15 时间话语范围导入词屉套结构

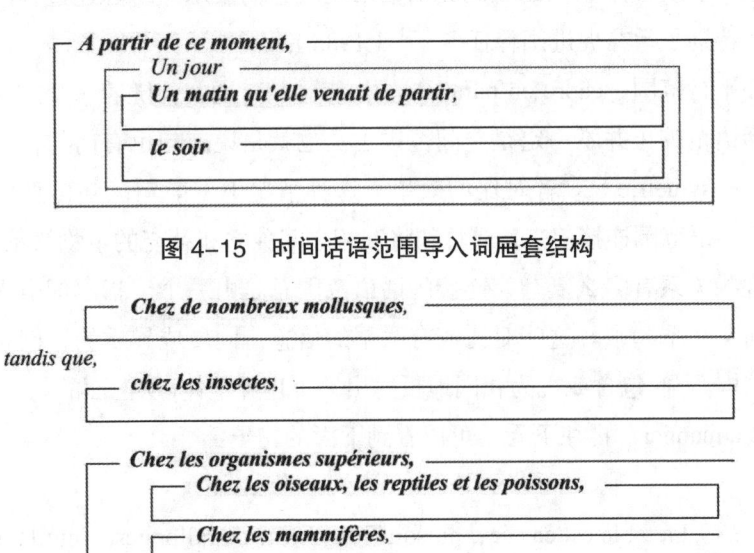

图 4-16 空间话语范围导入词屉套结构

起始型范围(cadres inaugurals)是指前句中没有所指,句首空间表达方式所在句建立了一个新的话语范围。从一个段落或者一个章节开始,对话的话轮,典型标志换行(alinéa)并没有建立起一个不可逾越的边界。最常见的情况是,先行词位于上一段或上一章的最后一个语句中。之前提到的在很远处才能找到其先行词的空间话语范围导入词,就属于起始型范围,这种话语范围一般不依靠上下文就可以做到自洽,在读者的记忆中已经存在这个话语环境，比如 dans la salle à manger 那个例子。

  这里需要指出的是，换行（alinéa）和段落（paragraphe）在字典里的定义有一定的模糊性。亚当建议将段落定义为"一个跨句篇章单位"或者"元语句单位"（une unité textuelle transphrastique ou métaphrastique de Tournier）（1980）[38] 换行则是"首字母大写的段落标点的最大符号，带或者不带首行缩进（打开的空白），结尾跟着一个空行（关闭的空白），有时跟着一个空白行（必须是首行不缩进的情况）"。段落体现了作者在写作过程的心理认知事实。夏罗尔认为，诸如段落和标题之类的语言链的分割标记"表明使用它们的人的元话语活动。它们表示组织陈述过程的外显工作，特别是旨在促进阐释任务"[①]（1988）[9]。

  而平行范围（cadre en parallèle），前置 SP1 通常伴随着一个或几个其他的话语范围（并不一定是空间范围）。也就是说前句也有前句，呈现一种对等（symetrie）或者对比的效果。这种情况下，前句已知信息可以与另一个话语范围连接起来，或总和将互相之间独立和补充的事物联系起来。无论这些关系有多么复杂，连接的话语范围总是由一个定指冠词引入，并且与前文联系起来。这些对比或有联系的信息，同质或异质的，创立了平衡的结构。它们包含或视为相同地投射出一个世界整体。从上面的句子"dans la salle à manger"再往下看，可以看到下面的句子：

  （38）La table est carrée, puisque le système de rallonges (inutile pour si peu de personnes) n'a pas été mis. Les trois couverts occupent trois des côtés, la lampe le quatrième. A... est à sa place habituelle ; Franck est assis à sa droite — donc **devant le buffet**.

  Sur le buffet, à gauche de la seconde lampe […] **À droite de la lampe et en arrière de celle-ci—contre le mur**—une cruche indigène en terre cuite

---

[①] indice d'une activité métadiscursive chez celui qui les utilise. Elles dénotent un travail explicite d'organisation de l'énonciation visant en particulier à faciliter la tâche de l'interprétation。

marque le milieu du meuble. **Plus à droite** se dessine, sur la peinture grise du mur, l'ombre agrandie et floue d'une tête d'homme — […]

这个例子当中的"sur le buffet"属于起始型范围"Dans la salle à manger"下属的平行范围（但如果说dans la maison是整本书的起始范围的话，la salle à manger 依然属于下属的平行范围），与其平行的是"la table"。而 À droite de la lampe et en arrière de celle-ci — contre le mur 则使我们发现起始范围下的平行范围下仍有再低一个等级的空间话语范围。

举个例子，就像对于进行文档展示通常都会使用 PPT，功能相似的软件 Preizi，这个软件不同于 PPT 展示是一张一张地顺序进行，而是所有的内容都在一个画面上，但是可以对这个画面进行扩展，甚至可以在三维空间内部进行扩展。这类似于富克斯和勒高非克所说的 zoom 效应，即可以通过照片、画等进入一个很大的空间，照片里可能有一个完整的运动的世界，有咖啡馆到桌子，桌子到桌子腿，桌子腿到腿上的镂空花纹。想象一下，如果可以无限用手指扩大观察范围，就像在智能手机屏幕上那样，那么我们甚至可以观察花纹内的具体情况。而且观察到的内容并不是平面的，可能是立体的，甚至是多个角度的。这个时候，每次将画面放大，范围也相应地缩小，所以这些空间话语范围导入词其实是有多个等级的，大的包含着小的。

话题的展开可能是从北京这样的起始型范围到天坛、故宫、颐和园这几个平行型话语范围，也可能是从北京到故宫，再从故宫到具体的某个宫殿，再到宫殿的某根柱子，然后是柱子上的花纹等，无限地将空间缩小到更小的范围内，每次缩小范围都有一个层级的话语范围导入词。所以微观空间绝对有可能也是一个微观的空间话语范围导入词，只要我们的这段所讲的内容就是这个范围内的情况。然而，篇章内容并非微观世界，所以在比较小的话语范围层级下，特别是没有指称可传递性的情况下，且这个话语范围所包含的内容非常少之时，往往会被译者所忽略。

也就是说，需要从篇章伊始就确定话语范围导入词的最高等级，比如《嫉妒》中的房子、《迷宫》中的木版画、《拓扑学》中的监狱都属于最高等级的空间话语范围。可以肯定的是，有很多等级（hiérarchie）的话语范围。这种情况显而易见，不大可能只有身体部位或者房屋的部件，所以这种类型的句首空间表达，只可能是次等级的话语范围。这可能还要看这个文本限定的总体范围大小和文体风格。话语范围没有绝对的大小。

人的身体部位，比如无名指适不适合作为一个话语范围呢？"pilier"（柱子）是房子的一个很小的部分，适不适合作为一个话语范围呢？ 与前文关系的标注，可能标注的就是柱子，或者手指，那么我们处于这个等级中的第四级、第五级，与前文的关联应该就是第三级和第四级的。它们之间的联系不一定是完全重复的，有可能是通过联想回指方式衔接在一起的。与后文关系的标注，也是一样的情况。

起始型、平行型话语范围和话语范围的层级如图 4-17 所示。

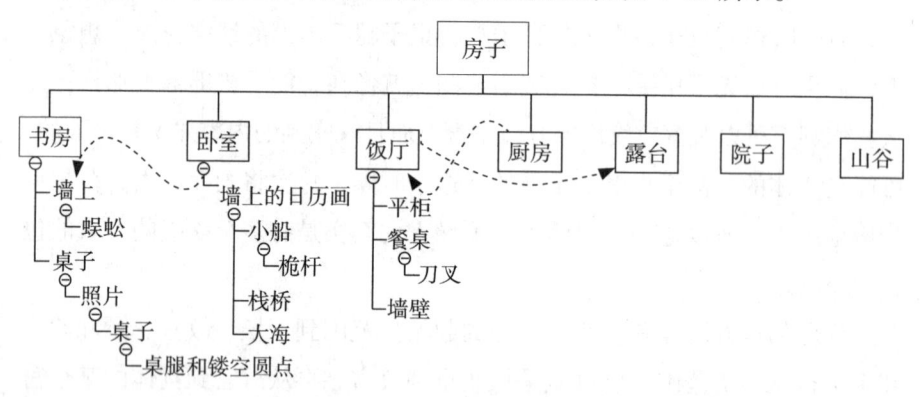

图 4-17　起始型、平行型话语范围和话语范围的层级

能够自洽整个句子乃至整个段落与名词的语义有着非常重要的关系。语料中统领整个小段落的句首空间表达很多，比如下面句中 "dans tout le bureau"（在整个书房里），其后的阿 X、照片、镜框、镜框前的刀片和橡皮，都属于处于书房这个背景范围之内的物品。可以说 "dans tout le bureau" 是这个段落的空间话语范围导入词。

（39）**Dans tout le bureau** brusquement le jour baisse. Le soleil s'est couché. **A…**, déjà, est effacée complètement. La photographie ne se signale plus que par les bords nacrés de son cadre, qui brillent dans un reste de lumière. **Par devant** brillent aussi **le parallélogramme** que la lame dessine et l'ellipse en métal au centre de la gomme. Mais leur éclat ne dure guère. L'œil maintenant ne discerne plus rien, malgré les fenêtres ouvertes.

（39'）在整个书房里，光线顿时暗了下来。太阳落下去了。阿 X 也已经整个在夜幕中消失了。照片只能从镶着珠贝的镜框上分辨出来，镜框在落日的余晖中闪着微光。还有就是镜框前边，平行四边形的保险刀片和橡皮正中镶着的椭圆形金属，也闪着亮光。不过它们的亮光没能维持多久。现在，尽管窗户打开着，但是凭肉眼已经什么也分辨不清了。

4.2.2.3　空间关系与辖域范围的关系

对于话语范围导入词的定义关键点是位于句首的、文件夹式的、向下的、导入的等。那么对后文进行导入范围超越所在句，甚至辖域范围达多个段落的，是哪种类型的句首空间表达比较多呢？跟什么有关系呢？跟上文提到的类型、位置、是否为分离结构有关，还是说所在句中的"空间表达 + 空间存在物"之间的关系有关？这几个因素哪一个是决定性因素，还是多个因素同时决定了导入的范围？换句话说，这些位于句首的空间表达是否都可以成为话语范围呢？是不是有一些是，有一些不是话语范围？如果是这样的话，那么谁不是话语范围呢？

而且，并不是所有的句首空间词都可以作为话语范围导入词，也有不是处于句首的词可以统领整个段落，比如：

（40）De la commode à la table il y a six pas : trois pas jusqu'à la cheminée et trois autres ensuite. Il y a cinq pas de la table au coin du lit ; quatre pas du lit à la commode. Le chemin qui va de la commode à la table n'est pas tout à fait rectiligne : il s'incurve légèrement pour passer plus près de la cheminée. Au-dessus de la cheminée il y a une glace, une grande glace rectangulaire fixée au mur. Le pied du lit est situé juste en face.

　　这句话中位于句首的空间表达 de...à 表达了一段距离，从衣柜到桌子有六步远。然后话题很宽就转向别的实体了，从桌子到床脚有五步远。隐形的观察——讲述者的目光在整个房间内游移，可能还亲自走着从一个实体到另一个实体测算距离。所以这个句首空间表达并不能算作一个话语范围导入词。这个表实体的名词与后文的空间关系属于空间参照。

　　把辖域范围和空间关系这两个条件综合在一起，句首空间表达与后文属于什么关系的情况下，其后导入的辖域范围更大一些呢？我们可以从ANALEC 软件中利用相关（corrélation）功能反向推导，找到辖域距离比较远的情况，看一看其所属的类型是哪一种。距离最远的情况超过了 26 个自然段，最多达到 46 个自然段，全部集中在了"背景"关系这一类型中；而 11～20 个自然段的辖域范围则有"背景"和"空间参照"关系两种；6～10 个自然段的辖域范围也大多集中在"背景"关系内，也有少量"整体—部分"关系类型。

　　采用 ANALEC 软件的"关联"（correlation）功能，可以看出位于段首（以及位于章首）和段中的句首空间表达类型分别占比多少。以《拓扑》为例，法语原文中占比较多的是位于段中的部分类，位于段中的实体类；而位于段首比较多的就是地点类，段首的部分类次之。段首也有部分类和方位类，段中也有实体类和地点类，但由于段中信息可以依赖前文，部分类空间表达更多一些，段首可以自治的地点表达更为显著，如图 4-18 所示。

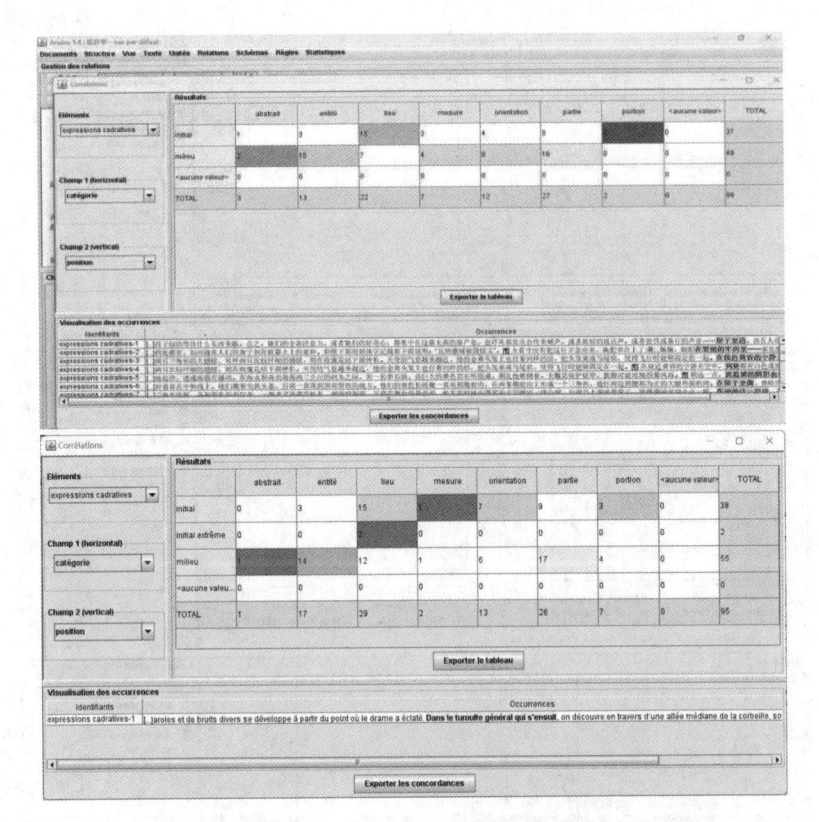

图 4-18　句首空间表达语义类型和篇章位置交叉关联

由此可见，句首空间表达和句中的空间存在物之间的关系为"背景"类关系的情况下，成为空间话语范围导入词的机会最大，且辖域范围也比较广。

4.2.3　句首空间表达位移造成的篇章纹理变化

我们可以通过 ANALEC 的可视化几何图形中不同类型的空间关系分布图形来对比源语和目的语篇章的纹理变化，如图 4-19 所示。

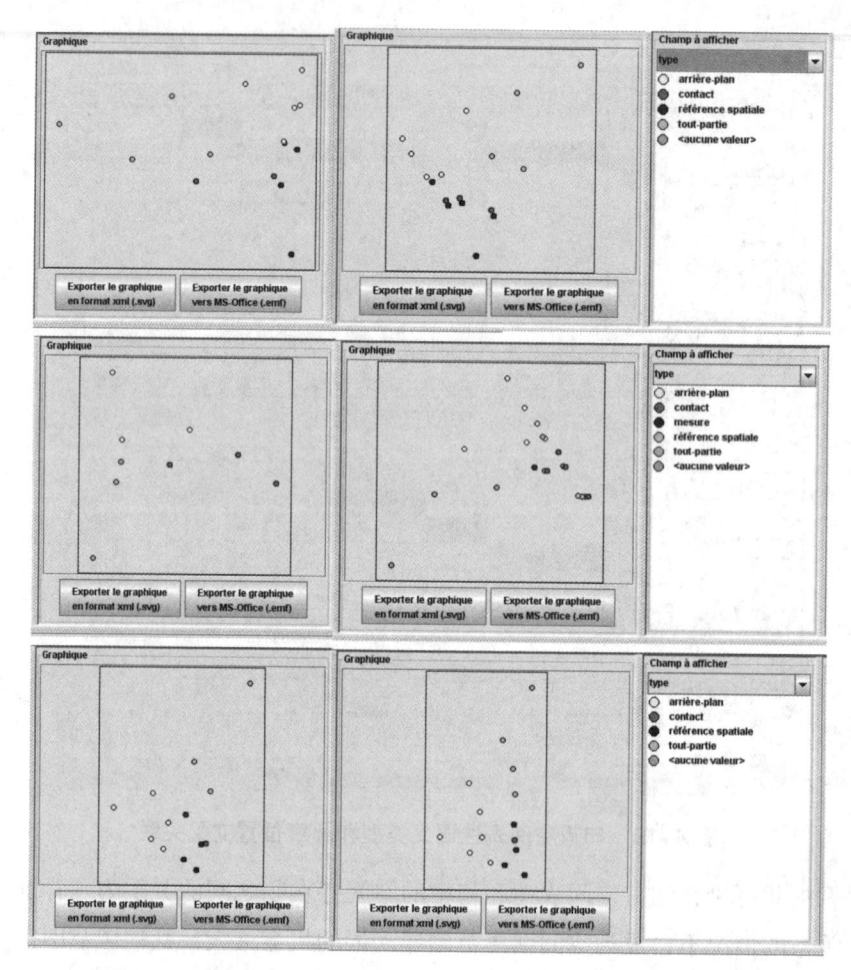

图 4-19　ANALEC 标注后的导入类型可视化几何图形对比图
（按照顺序分别是《嫉妒》《迷宫》和《拓扑学》）

　　这些导入类型的变化可以看出，句首空间表达对于后文的导入类型和数量都发生了改变。ANALEC 软件中标注的句子形成的可视化几何图形的颜色和形状都发生了一定的改变。

　　也可以从最初的数据看到，我们标注的导入类数据在译文中有一定数量的降低，那么减少的导入都去哪里了呢？与源语文本差异最大的结构的情况就是下面这种类型，不是空间定位词，在翻译中是主语位于句首，即从 XVS 句型变为了 SVX 句型。下面这个公式可以让我们了解源语与翻译文本之间的差别。

— 法语原文：$LOC_1 + LOC_2 + V + SRhème$
— 汉语翻译：$SThème + [LOC_1 + V + LOC_2]Rhème$

源语文本中，主语被置于述位上，定指或者不定指的情况都有。面对一个在法语中嵌入述位的主语，翻译将主语处理为处于句子的主体位置上，如下例：

Sur la terre nue，devant le pigon ouest，se projette l'ombre gauchie de la maison.（p.30）
房子的影子倾斜地投射**在西面山脚下的土地上**。（p.28）

这句话需要结合上下文才可以看得更加清晰：

（41）La maison n'occupe pas toute la largeur du jardin. Ainsi est-elle isolée, de toute part, de la masse verte des bananiers.
Sur la terre nue, devant le pignon ouest, se projette l'ombre gauchie de la maison. L'ombre du toit est raccordée à l'ombre de la terrasse par l'ombre oblique du pilier d'angle.
（41'）房子窄，花园宽，所以，在房子与香蕉树丛之间隔了一段距离。
房子的影子倾斜地投射在西面山墙脚下的土地上。那根柱子的影子形成一根斜线，将屋顶与露台的影子连成一体。

汉语译文中三个连续的主体都是"房子"或者房子的一部分（如"影子"），句首空间表达所在句和后句通过"影子"连接到一起。而四个不同的主体散落在法语原文中：la maison 和表示房子的代词 elle、la terre nue、le pignon ouest et l'ombre du toit。根据夏罗尔先生所说：

汉、法句首空间表达方式的对比研究及其翻译应用
——以阿兰·罗伯－格里耶小说平行语料为例

话语范围导入词作为标准通过其引入的表达规定引入一个或几个分句，用于分割随着话语进行而带来的信息，这个标准用于将可能分散的同质信息分成几块。①

因此，在空间话语范围"Sur la terre nue, devant le pignon ouest"里，有好几个实体的影子处于其中（la maison、le toit、la terrasse、le pilier）。

再看下面这个例子：

（42）**Au-delà de cette grille**, ce que l'on voit par l'ouverture béante qui laisse entrer à flots l'air brûlant du dehors, ou plutôt ce que l'on verrait si cette ouverture n'était placée si haut, ce devrait être, normalement, <u>un paysage de la Grèce antique</u>, ou de Sicile, ou bien d'Anatolie, une route de pierraille qui monte en lacets à travers la lande rase et sèche, vers <u>le petit temple</u> d'allure massive situé au sommet d'une colline : un fronton triangulaire soutenu par cinq colonnes épaisses, celle du centre étant plus puissante encore que les autres(selon un modèle d'architecture à vrai dire très inhabituel) et le second fût à partir de la gauche se trouvant mutilé de telle façon que seuls demeurent en place sa base cubique et son chapiteau curieusement resté suspendu en l'air.

Sur le chemin pierreux court <u>une fille nue</u>, aux longs cheveux blonds en désordre, à la bouche ouverte comme sous l'effet de l'essoufflement ou de la terreur, dont l'aine paraît percée d'une large blessure sanglante, toute fraîche. Sans interrompre sa course, elle se retourne à demi vers la route en lacets jalonnée de gouttes vermeilles qu'elle vient sans doute de parcourir, regardant comme avec effroi le sommet de la colline où se cache l'autel du sacrifice dans

---

① 原文：les cadres de discours intègrent une ou plusieurs propositions en fonction de critères qui sont spécifiés par les expressions les introduisant. Ils contribuent à subdiviser et répartir les informations apportées par le discours au fur et à mesure de son développement. Les critères servant à la répartition des informations en blocs homogènes peuvent être très divers.

le sinistre sanctuaire pentastyle. Non, ce modèle d'architecture est vraiment par trop improbable, et trop improbable aussi cette colonne ruinée dont les restes défieraient ainsi les lois élémentaires de la pesanteur. Ce qu'il y a, dehors, ce sont seulement <u>des rues, les rues d'une ville aux trois quarts détruite</u>, mais d'une ville moderne, ou du moins dont les constructions n'étaient vieilles que d'un siècle au plus. Sous l'effet de quelque cataclysme–incendie géant, peut-être, ou bombardement aérien–<u>toutes les maisons</u>, hautes environ de quatre ou cinq étages, à l'origine, se sont partiellement effondrées, et aucun îlot habitable ne semble être resté debout. Ce ne sont plus que pans de murailles aux capricieuses découpures, façades presque intactes mais sans rien derrière, les embrasures béantes de leurs fenêtres ne s'ouvrant que sur le ciel bleu, ou sur d'autres pans de murs, fragments enfin de nombreux monuments publics, ornés de statues dont la pierre ou le bronze ne montrent plus à présent, dans leur majesté conservée, que des membres mutilés ébauchant des gestes absents.

Cependant, <u>les rues de cette ville abandonnée</u> ont dû être nettoyées avec soin, car elles ne sont encombrées d'aucun amoncellement de matériaux écroulés, ni même du moindre menu gravat.

（42'）**洞开的窗户**让外面炎热的空气大量地流进来，窗户外边可以看见，或者正确点说，如果这个窗户不是开得那么高，那么在正常情况下可以看见的，是古希腊、或者西西里、或者安纳托利亚的<u>风景</u>，一条碎石路蜿蜒曲折地穿过光秃秃而干旱的荒野，向着小山顶上一座外表粗笨的<u>小庙</u>走去。**庙门**上五根粗厚的柱子支撑住一个三角楣，正当中那根柱子比其余的柱子更粗（这种建筑样式老实说是不常见的）从左边起第二根柱身损坏得那么厉害，只剩下立方体的底座和它的柱头，那柱头很奇怪地吊在空中。

<u>一个浑身赤裸的姑娘</u>**在碎石路上**奔跑，她的金黄色长发凌乱不堪，她的嘴巴张开，仿佛气也喘不过来，或者由于害怕所致，她的腹股沟似乎刚被刺了一刀，伤口很大，流着血。她并没有停止奔跑，只是稍微回过头去

汉、法句首空间表达方式的对比研究及其翻译应用
——以阿兰·罗伯-格里耶小说平行语料为例

张望一下那条弯弯曲曲的道路，路上洒满了她流下来的鲜红的血；她恐怖地凝视着小山的山顶，因为那里有阴森森的<u>五柱圣殿</u>，里面藏着放牺牲的祭台。不，这种样式的建筑真的太不可能有了，而且那根损坏的柱子违反最基本的重力原则，也更不可能有了。外边所有的，只是道路，是一座城市的被损坏的四分之三的道路，可是这是一座现代城市，市内建筑充其量只是一个世纪前的老建筑。由于某种灾难——也许是一场大火，或者是空袭——所有的房子，原来四五层高的，现在都部分倒塌了，任何可住人的角落似乎都没有遗留下来。只见到处是断墙残瓦，有些门面差不多完整无损，后面却什么也没有了，宽大的窗户洞开着，面对蓝天或者别的断垣残壁，最后是无数古迹的碎片，夹杂着许多石头的或者铜的雕像，现在这些雕像已经不能维持自己的尊严，只剩下一些残肢断臂，在做着毫无意义的姿势。

然而这座荒废城市的街道一定是有人仔细打扫过的，因为街上没有堆积如山的坍废料，也没有任何一小片瓦砾。可以说，夹在两排废墟中间的马路，到处都打扫干净，准备迎接经常和定期前来的访问，就像对许多古城的珍贵遗迹一样。

联系上下文，可以从宏观角度来看待这句话的翻译：空间话语范围"sur le chemin pierreux"（在碎石子路上），所囊括的空间物，除了有"une fille"（姑娘）之外，还有 des rues、les rues de cette ville abandonée 等内容。而且姑娘的出现与上文并没有直接关系，没有在上文近处发现其先行词。用这个词来作为主位已知信息，只能说汉语习惯使用生命体作为主语，生命体进行活动符合汉语的阅读习惯。

在上一段"Au-delà de cette grille"〔（透过）洞开的窗户〕实际上也是一个空间话语范围，而且是更高一个层级的话语范围。在这个"grille"作为空间引导词的范围内，通过这个窗口，可以看到风景、碎石子路，连同那个裸体的姑娘都是这个窗口望出去的内容。

所以，纹理变化是说，语篇的织法不同，以句首空间表达为锚定点，它与前文的衔接距离和衔接方式，对后文的导入范围在原文和译文都不同。

原文中的空间话语范围罩住了一些内容，而译文中原来的述体被颠倒放置在主位上，与前文衔接，导致原文的 LOC 组只能作为一般的地点状语，原来的空间话语范围消失，语篇的织法和纹理发生变化。对于读者来说，连贯衔接是可以做到的，但译文的损失是不可避免的。

4.3 本章小结

本章主要集中在句首空间表达中名词和代词指称在法文原文与中文译文两种语言组织篇章的相同和不同之处。以句首空间表达所在句为中心句，对前文的衔接和后文的导入范围进行对比研究。

与前文的回指衔接距离不同的现象在于，语义上表达比较微小部分的句首空间表达与前文进行融合，或者由于翻译中的位移导致衔接位置发生了改变；而衔接方式由比较多的联想回指方式转变为较多的部分重复，即忠实回指，这也一定程度上证明了翻译的明晰化特征。这是从法文到中文的翻译过程中句首空间表达与前句衔接方式上最显著的差异。衔接距离上，从折线图可以看出，差异并不是很大。我们从 0 距离、短距离、中距离和长距离回指衔接几个方面分别对比了法文原文和中文译文的衔接距离。其中，与前句融合的情况即 0 距离回指和远距离回指都比较少，其次是中距离回指也并不是很多，而最多的就是短距离回指，也就是在前一句结尾就可以找到其回指先行词。

对后文的导入能力可能与介词、名词、空间关系等有关。在逐个验证之下，我们发现介词辖域能力强的一般是在认知角度为视觉前景，即凸显区域的介词，法文中为 dans 和 sur 等原型介词，而汉语中则是上、里、中等方位词；我们的语料也证实了空间话语范围存在不同的层级，对于下游文本的导入辖域范围自然与层级有一定的关系，即语义上的关系，低层级的空间话语范围在语义上一般为物体的部分；除了语义的影响，还有在篇章中的位置，数据显示位于段首位置上的高层级空间话语范围更多一些；

汉、法句首空间表达方式的对比研究及其翻译应用
——以阿兰·罗伯-格里耶小说平行语料为例

最后一个影响因素是句首空间表达与后文中名词实体的空间关系，当句首空间表达作为所在句中存在物背景的情况，最适宜作为空间话语范围词。从认知角度来看，某些空间话语范围导入词并非处于句首，可能是一扇窗、一幅画或者听到、幻见等，从这些心智空间引导词出发，下文出现的景象可能非常广阔。

而翻译过程中产生的句首空间表达的位置移动，其原因可能是译者将生命体作为主语置于句首，或者是两种语言的不同造成的不可译现象，但造成了原本以空间话语范围导入词置于句首囊括后面的存在物这样的结构发生了改变。

第三部分

第 5 章 空间话语范围导入词翻译方法的总结和规律模式化

前面两个章节中，我们分别分析了句首空间表达所在句及其前后句这样一个微型的篇章结构，并且对比了两种语言中的句内各个成分、与前句的衔接关系及其后句的导入关系。在这一章中，我们将根据前面的分析，从篇章角度对句首空间表达的所在句及其前后句的翻译方法做出总结，并尝试找出一定的规律。

在原作的作品个人风格特别强烈的情况下，几位译者很少改变篇章结构，段落数量，甚至句式语序都很少有变化。通过统计对比分析，可以发现从法语到中文有几种句型变化，中文翻译出现了一种与原文迥异的情况，就是增加了主语前置句型。而倒装句型则增多了（《迷宫》减少了一例，但整体是增加趋势）。XSV 句型则相应减少了。见图 5-1 所示具体数值变化：

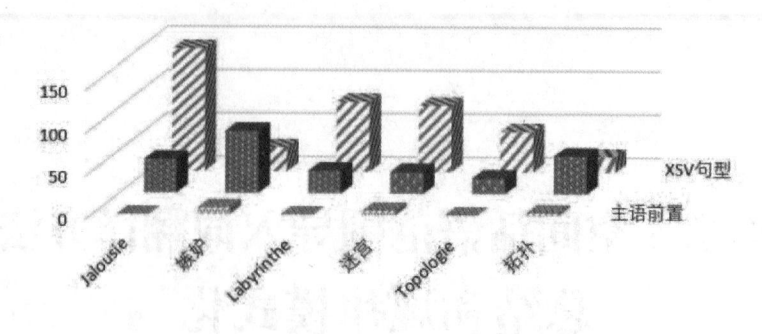

图 5-1　法文 – 中文句型对比图

通过对语料进行观察、分类，按照与原文的差异从小到大排列，大致可以将法译中情况分为三大类：语序一致、移植和调换。但我们所提出的翻译方法与《英法文体比较》一书中提到的翻译方法并不是完全一致的，而是根据前面两章的内容总结而成的翻译规律。

语序一致的情况中，由于中法两种语言有很大差异，从语言类型学角度来看，介词、名词前的限定词等很多成分实际上是不同的；移植（transpositon）表示在翻译过程中一个语序发生了变化，但是词的翻译是基本忠实的；最后的调换（modulation）指的是翻译过程中有所修改。每个类别下面还有子类别，下面具体从语料中试举几例进行详细说明。

5.1　语序一致

在观察语料之后，改变最小的是基本与原文保持一致词序的"忠实对等"翻译方法，然而词序对等就是真的对等吗？关于"等值"（équivalence）[①]这个术语，学界已经讨论足够多了，前文我们也讨论过"翻译单位"。语

---

① Equivalence : Procédé de traduction qui rend compte de la même situation que dans l'orignal, en ayant recours à une rédaction entièrement différente.

第 5 章　空间话语范围导入词翻译方法的总结和规律模式化

序一致指的是当法语为 XVS 这种方位倒装句或 XSV 的情况下，汉语译文也同样是这样的句式构成。但问题在于，同样的句型中，词汇的翻译也是不完全一样的。而且即便词序相同，标点符号、词汇等也是不可能一致的，回到绪论中的"国际象棋"比喻，两种不同的语言其构成材料和棋法必然是不同的。

5.1.1　词汇翻译

前面第 3 章我们分析过，在句首为空间表达的所在句中的三个主要成分的对应情况，此处从翻译方法的角度来谈论这一部分。实际上，这里的语序一致并不能对应文体比较翻译方法中的"équivalence"，更倾向于属于"移植"（transposition），因为移植和交叉（chassé-croisé）在 V&D 的《法语英语文体比较》一书中的定义是这样的，移植表示的是所指在译文中的语法范畴改变，例：

（43）He soon realized : Il ne tarda pas à se rendre compte.

交叉是一种特殊形式的移植，两个所指在翻译过程中位置对调，语法范畴也发生了改变，举的例子是马丁内那个著名的例子：

（44）He limped across the street : Il a traversé la rue en boitant.

只是将 swam 和 à la nage 换了一个动词而已，这也是泰尔米后来的研究重心。我们将在这一小节，按照顺序，总结介词、限定词、动词的翻译。而名词的翻译我们将放在 5.3 小节，即句中所指发生改变那一部分总结。那么词汇在没有发生位置移动的前提下有哪些翻译规律呢？

5.1.1.1　*介词的翻译*

按照刘丹青（2002）对"框式介词"的说法，"介词+名词+方位词"

· 201 ·

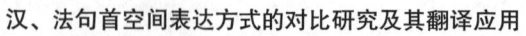

结构被称为"框式介词"。也就是说,传统的"方位词"也被认作是汉语介词的一个组成部分,法语中的介词翻译为汉语要考虑前介词"在、从、跟"等,后介词要考察"上、下、里、中"等。

5.1.1.2 限定词的翻译

从语篇角度来说,限定词的翻译其实应该对应着回指指称链条,当限定词发生变化时,指称链条也发生了轻微的变化。中文限定词+名词最多的情况是将定冠词和指示形容词都翻译为光杆名词,因为光杆名词可以表示定指、类指等多种意义。其次是忠实翻译的情况,即与原文完全一致,这主要体现在主有形容词和限定词的翻译上。然后是主有形容的翻译译者会根据其前文先行词将其补充完整,比如ses不译为"他的",而是"NP的"。

5.1.1.3 动词的翻译

本书语料中的句型经过分析有存在句和事件句两种。

从形态上来说,总数占比最多的情况是"V着"〔56个,"正在V"(4个)也可以计入"V着"这个类别〕,存在句中的时态大多是现在时,且为表状态的轻语义动词。即便忠实翻译原文中的动词原义,中文译文也会根据具体名词的存在状态补充出"种着""趴着""躺着""蹲着"等各种具体存在方式轻动词,这里换成"有"并不影响句意。接着是"有"和"是",分别有49个和37个,"有"等同于"V着",只是没有表明存在的具体状态,只是单纯地存在。"是"与"有"的最大不同就是强调这个存在物的凸显性。空白无动词有14个,即省略动词,这是中文里特有的一种形式,法语一般是不可能省略动词的,但中文可以通过名词的堆砌来实现一种画面感,比如"漫天黄沙"中少了一个存在动词,我们加上"有""飘着"等动词意义相同。"V到"11个,也是为了引出感知到的"听到""看到"等画面或声音,实际上与前面的轻动词语义并无区别。"V了/过"32个,也并不表示是过去的事情,更多的是一种状态。事件句中的动词翻译更加地体现中文特质,我们有动结式、动趋式、同义重复动词、动宾离合式以

第 5 章　空间话语范围导入词翻译方法的总结和规律模式化

及省略动词等多种表现方式。介词短语一般与动词连用，比如我们会说"坐在椅子上"，这一类的动词在译文中出现频率占总数的 11.5%。

5.1.2　浓缩和"的"的使用

语序即使一致的情况下，原文和译文仍有很多差别。即便是标点符号，也有很多变化，胡庆和王秀丽（2016）就研究过标点符号在原文和译文之间的差异。原文与译文对齐的难度就在于从段落到句际的对齐，由于句法结构等各种原因导致两种语言的句子是无法对齐的，标点符号必然也无法一一对应。

标点符号发生改变有多种情况，其中一种是本来位于句首的空间状语前面的句号在译文中变为了逗号，导致其所在句与前句形成了一句话，联系更为紧密了，这属于一种浓缩现象。

浓缩，这个术语是指好几个所指（signifié）浓缩在一个更小的，有可能只有一个能指（signifiant）上。反义词是稀释（dilution）。浓缩导致节约，这实际上是一种特殊情况的对等。[①]

我们语料中句首空间表达包含三个定位的 LOC 组合，在汉语译文中都被翻译为一个或者两个空间定位，这可能是因为译者将其合并了：

表 5-1　中文与法文对照观察（61）

序号	法文	中文
例 120	De l'autre côté de la balustrade, vers l'amont, il n'y a que le ciel sans étoiles et le bruit assourdissant des criquets.（p.164）	栏杆以外，只有不见星光的夜空和震耳欲聋的虫鸣。（p.112）
例 121	À droite de la lampe et en arrière de celle-ci – contre le mur – une cruche indigène en terre cuite marque le milieu du meuble.（p.16）	在那盏灯的右后方，靠墙摆着一只当地人烧制的瓦罐，这是平柜的中央。（p.18）

[①] Terme qui exprime la concentration de plusieurs signifiés sur un plus petit nombre de signifiants, ou même sur un seul.

续表

序号	法文	中文
例 122	À l'intérieur, dans la chambre, A... se tient debout contre la fenêtre et regarde par une des fentes.（p.144）	在房间里，阿 X 站在窗前，从百叶窗的一个缝隙间向外看着。（p.100）
例 123	À droite de la lampe et en arrière de celle-ci – contre le mur – une cruche indigène en terre cuite marque le milieu du meuble.(p.16）	在那盏灯的右后方，靠墙摆着一只当地人烧制的瓦罐，这是平柜的中央。（p.18）

这种翻译方法解释起来相对容易：为了避免冗余，我们会将可以合并在一起的相似表达结合在一起，这也是翻译中非常常见的一种策略。

导致逗号减少的另一个原因是可以观察到语料中出现了很多由"的"将两个成分连接起来了，一般有两种情况：一种是 LOC 组和主语 SN 被"的"连接起来，如画面中央的人像、天花板上的苍蝇、门的左右上方的所有窗户、立柱上的漆、三只杯子里的冰块、窗台上的油漆、山腰上的香蕉林、商店后部的家具、外边高墙上的石头、主桅顶上的小军旗等。另一种情况为句首空间表达的减少是因为将 LOC1 和 LOC2 之间用"的"连接起来了，如下面的白漆铁床上、在墙角边的门洞里边、袖子的手肘部。鉴于我们的 LOC2 经常是将观察的视野缩小，在空间关系表达上，这两种情况都属于地标（landmark）和射体（trajector）的关系，即翻译中用"的"将二者连接起来。那么为什么译者要将其连接起来呢，是否二者存在着语义上的依存关系？

此处需要了解一下配价语法。配价语法是一种结构语法，研究动词和名词的配价，体现在句法层面上，有些名词不需要别的成分的帮助就能明确地指称事物，意义自足；而有些名词必须借助于别的成分才能明确地指称事物。前者就是零价名词，后者就是有价名词。一个名词是零价名词，还是有价名词，可以从其词义结构中推导出来，或者说名词的词义结构中包含着配价信息。

名词的价分类，取决于名元的数目。不需要名元词的配组配的名词是

第 5 章　空间话语范围导入词翻译方法的总结和规律模式化

零价名词；需要一个名元组配的名词是一价名词；需要两个名元组配的名词是二价名词（比如，对某人产生好感）。根据袁毓林（1994）研究，一价名词在语义上可以分为三类：表示亲属称谓的名词；表示隶属于整体的一个部件的名词；表示事物属性的名词。袁毓林（1995）对于"的"字从句法、语义和语用三个平面概括"的"字结构称代中心语的规则。有的时候，"的"的使用可能是因为省略了一个动词，但 NP1 跟 NP2 之间的述谓关系有时并无一个简单的、现成的动词可用以表达，如明天的下午、房子的前面、秋后的蚂蚱、外国的月亮等。这时候，下午、前面、蚂蚱和月亮也并非一价名词。

表 5-2　中文与法文对照观察（62）

序号	法文	中文
例 124	Dans les trois verres, les morceaux de glace ont maintenant tout à fait disparu.（p.66）	三只杯子里**的**冰块这会儿都消失了。（p.51）
例 125	Sur l'appui lui-même, la peinture s'est écaillée en grande partie, postérieusement à la coulée, supprimant la trace rouge aux trois quarts.（p.166）	窗台上**的**油漆在出现这次渗水现象之后大量剥落了，所以那上面水渍的四分之三不见了。（p.114）

从例 124 和例 125 可以看出，"冰块""油漆""香蕉林"等名词可以被认为是表示隶属于整体"杯子""窗台"和"山腰"的一部分，与之前的地点联系紧密，所以用"的"连接起来。而 LOC2 通常上内部的名词都是实体，如上文提到的"白漆铁床""门洞""手肘部"，这些名词之于前面的 LOC1 也是整体-部分的关系。从语法角度来说，这些在原文中的句首空间表达从副词变成了名词主语的限定词，是汉语中特有的空间限定，空间限定词和名词中心词之间使用助词"的"连接起来。这也就解释了为什么中文译文出现了如此多的助词"的"。

崔希亮（1992）对于人称代词修饰名词时"的"字隐现问题做了详细的分类，解释了为什么不能说"我狗"，却可以说"我爸/妈"。他认为人称代词（PP）+名词（N）是一种向心结构（endocentric construction），N是向心结构的核。从语义的角度看，PP和N似乎是一种领属关系，领属关系可以细分为三大类：A，具有不可变的领属关系（N是PP的血亲、姻亲、配偶、社会关系、一部分、本源）；B，具有可变的领属关系（N是PP的私有财产、精神产物、生理现象、个人属性、社会属性；C，N是PP具有特殊的领属关系，N不可能只属于某一个人（如处所、行政区域、环境、所属群体）。其中，C类的PP必须是复数形式，A、B两类的N可以只属于某一个人，而每种具体情况是否可以加"的"也单独列表说明，我们可以看到A类中整体部分名词与前面的人称代词衔接时，"的"是可隐可现的。

本书语料并非人称代词+名词的形式，而是两个名词之间的连接。其中，整体的一部分的情况比较多，比如上面例子中都是NP1+NP2的构成形式：画面中央的人像、门的左右上方的所有窗户、立柱上的漆、袖子的手肘部、在墙角边的门洞里边、外边高墙上的石头，这些都可以认为NP2是NP1的构成部分。这种情况下我们如果试图去掉"的"，将其改成用逗号隔开，也是可以成立的。但是，天花板上的苍蝇，三只杯子里的冰块，商店后部的家具，有些例子中"的"连接的并不是一种领属关系，前面的NP1不是一个人称代词，也并不是一个生命体，这是一种存在地点和存在物的关系。这种情况中，同样用逗号隔开而去掉"的"依旧是不影响句意的。为什么译者在可隐可现的情况下在译文中加了这么多的"的"，三位译者汉译语篇中满篇的"的"是一种巧合吗？

可以通过构式语法来深入解决问题，司富珍（2014）对于"鲁迅的书"和"鲁迅的儿子"的区分提到了领属关系可让渡和不可让渡两种类型。英语可以采用领属者后置的形式来区分领属关系的可让渡性，比如the brother of Obama（欧巴马的哥哥）是正确的，但the dog of Obama（欧巴马的狗）中，狗是奥巴马的可以让渡的一部分，其紧密程度轻于直系血亲的情况。而汉语只有前置方式表达领属关系，"的"是区别领属关系可让渡性的重要形式标记。（法语表达领属的情况是采用介词de或者主有

形容词。)"的"的隐现规律是:

(一)在不可让渡的领属结构中,"的"的出现是选择性的;而在可让渡的领属结构中,"的"的出现则是强制性的。(二)在不可让渡的领属结构中,"的"的实际隐现有时还受其他因素(如语义解读等)影响。

(司富珍,2014)[43-55]

而不可让渡的领属关系中的整体 – 部分类,比如"桌子腿儿"或"桌子的腿儿"都是正确的,如果没有逗号隔开,"墙角边门洞里"和"袖子手肘部"似乎还可以接受,但"立柱上漆""外面高墙上石头""天花板上苍蝇""杯子里冰块"都似乎有语病,这个存在地点 NP1+ 的 + 存在物 NP2,更像是一个限定词修饰一个物体,表达的意思是这个地方而非那个地方的物体,这个物体才是我们要表述的中心,是句子的主语。所以此处似乎并不是要研究 NP1 的领属问题,而是以 NP2 为中心,确定其限定成分。

熊仲儒(2005)就认为如果"的"是限定范畴的语音形式,它的语义应该是"限定",即 Determine 的省写,而不是"领有"。程翠平(2017)就提出了这个观点,她认为有两种结构的 NP1+NP2,可以用"是……的"这种句式替换来测试,比如"书是鲁迅的"是可以说的,但"儿子是鲁迅的"就很难接受,因为前者表示一种限定关系,后者则是以"儿子"为核心词汇,"鲁迅"是一个论元,如果不加"的"就会产生歧义,认为"鲁迅儿子"是一个整体。

以此为基础观察我们的语料,"苍蝇是天花板的"也是非常荒谬的,可见上面的研究也有一定的问题,从语篇角度来说,这些原本位于句首主位的空间表达,虽然位置没有改变,但句法成分从原本的地点状语转变为名词主语的修饰定语,且用助词"的"强调了其限定修饰成分,更凸显了论述中心的转变过程,更为凸显的是句中的主语。

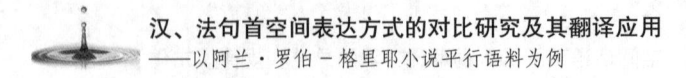

5.2 位置移动

5.1.1 小节也提到了移植和交叉的定义，这两个定义并不表示位置移动，而是所指在译文中的语法范畴改变，两个所指在翻译过程中位置对调，语法范畴也发生了改变。但我们语料中发生的位置移动，指的是在翻译过程中所指的语义得到了忠实翻译，译文语序却不与原文保持一致，包括多个句首空间表达的顺序改变，以及将句首的空间表达后置到句子末尾或者将句末的空间表达前置的情况，甚至将整个句子语序全部打乱的翻译方式。

5.2.1 LOC 后置和前置

句首的空间表达有很多差别，首当其冲的是数量上的差异，通过对齐文档可以发现由 3 个 LOC 组成的句首空间表达消失了。以《嫉妒》为例，在法语中，3 个 LOC 有 4 个，2 个 LOC 有 41 个（13+28），1 个 LOC 有 144 个（34+110）；在汉语中，没有 3 个 LOC，2 个 LOC 有 34 个（12+22），1 个 LOC 有 136 个（31+105）。我们发现，这些空间状语的翻译策略有几种：合并、顺序调换、置后等，其中合并和置后句首空间表达减少。《嫉妒》中有很多重复的句子，用类似的句子描写相同的场景，从近景或远景。比如下面的两个句子非常相似，但是译者采取的翻译方法却不太相同：

表 5–3　中文与法文对照观察（63）

序号	法文	中文
例 126	De l'autre côté de la balustrade, vers l'amont, il n'y a que le ciel sans étoiles et le bruit assourdissant des criquets.（p.164）	栏杆以外，只有不见星光的夜空和震耳欲聋的虫鸣。（p.112）
例 127	De l'autre côté de la balustrade, vers l'amont de la vallée, il y a seulement le bruit des criquets et le noir sans étoiles de la nuit.（p.16）	栏杆以外，在山谷的上方，没有星光的暗夜中传来昆虫的鸣叫声。（p.18）

第 5 章　空间话语范围导入词翻译方法的总结和规律模式化

这两句话非常相似，译者却采取了不同的翻译方法，动词分别使用了"只有"和"传来"，这说明翻译其实是具有任意性的。句中"vers l'amont"（上空）没有被翻译出来，是因为星光和夜空自然在上空，所以没有必要将冗余信息翻译出来。反观另一句中"vers l'amont de la vallée"（在山谷的上方）多了"山谷"这个具体地点，故而不能省去。译者甚至还将句尾的名词"le noir sans étoiles de la nuit"（没有星光的暗夜）也转换为地点状语前置了。下面类似的情况，2 个 LOC 却在译文中变为 3 个 LOC 的情况，这属于 LOC 前置。同样也有 LOC 后置的情况，导致句首空间词的数量减少，从 3 个变为 2 个或者 2 个变为 1 个，比如：

表 5-4　中文与法文对照观察（64）

序号	法文	中文
例 128	C'est **devant cette fenêtre**, **à l'intérieur de la chambre**, qu'a été poussée la coiffeuse en acajou verni et marbre blanc（p.53）	**在卧室里**，那只涂着清漆、装有白色大理石台板的桃花心木薯妆台，就放在这个窗子的跟前。（p.43）
例 129	**Juste au coin de la dernière maison, debout contre l'arête du mur, dans la bande de neige blanche en forme d'L comprise entre celui-ci et le sentier**, le corps coupé verticalement par l'angle de pierre derrière lequel disparaissent un pied, une jambe, une épaule et tout un pan de la pèlerine noire, le gamin est en observation, les yeux fixés sur le lampadaire de fonte.	**就在最后那幢房子的拐角上**，孩子**紧贴着墙角**在窥视，眼睛盯着铸铁的街灯，站**在墙角与小径之间呈"L"形的白色雪地里**，身体正好从横里被墙角的石头垂直挡住，一只脚、一条腿和一只肩膀，还有黑色斗篷的整个下摆，都看不见了。（p.40）

5.2.2　句型变化

在本章开头，可以看到句型变化程度最大的情况就是从 XVS 或 XSV 变为 SVX 的情况。也就是说，结构调整为主谓宾结构的句子，还有从 XVS 到 XSV 句型：

表 5-5　中文与法文对照观察（65）

序号	法文	中文
例 130	[...] **vers lui** converge l'intérêt de tous les autres personnages constituant la scène.（p.124）	画面上所有其余人的注意力都是**聚向它**的。（p.88）
例 131	**Sur le visage de A...**, tendu de profil vers le coin de la terrasse, il n'y a plus ni sourire ni attente, ni signe d'encouragement.（p.37）	阿 X 把脸朝着露台的一角侧过去，既不笑，也不期待，甚至没有一点鼓励的表示。（p.32）
例 132	**Entre cette première fenêtre et la seconde**, il y a juste la place pour la grande armoire.（p.96）	**在这第一只窗子与第二只窗子中间**，那空档刚好放下一只大衣柜。（p.70）

也有少量句子加了主语，过去分词作为 A 的修饰成分，无法与后面的内容相容，所以主语由生命体 A 担任，之后的一切都顺理成章了。下面那个句子则是将 LOC 的内容进行了概述回指"那空档"，解释了一下更加明确了。

表 5-6　中文与法文对照观察（66）

序号	法文	中文
例 133	**Sur ce côté**（le côté droite）la tête s'incline, de manière à mieux offrir les cheveux à la brosse.（p.51）	为了使头发凑向发刷，头歪向了**这一侧**（右侧）。（p.41）
例 134	**À la tête de ce bel exemplaire** d'une couche nuptiale sacrée à l'époque des conquêtes coloniales（qui, on ne sait pourquoi, fait songer à un navire : peut-être à cause d'une sorte de proue obtuse en bois sculpté qui s'avance jusqu'au mur）, un grand miroir légèrement incliné se trouve fixé à la paroi rocheuse, dont il occupe tout le reste de la hauteur.	在掠夺殖民地时期，这是一张标准的、神圣的结婚之床（不知怎么，这床使人想起了一条船，也许是因为它有一个木雕的圆弧形的船头的缘故，船头一直抵到墙上），**床头上端**的岸壁上斜挂着一面大镜子，镜子占据了岩壁的整个上半部。

前文已经提到，法语原文中句尾的名词很少为简单结构，多数都是带

第 5 章 空间话语范围导入词翻译方法的总结和规律模式化

有修饰语，且修饰语也为一个地点，整个句子形成一个环状结构。以地点开始，再以地点结束。那么汉语译文中多大程度地保持了这样的结构呢？可以观察例 135 和例 136：

表 5-7 中文与法文对照观察（67）

序号	法文	中文
例 135	**À droite**, viennent, **dans l'ordre**, la manche courte de la chemise kaki, la cruche indigène ventrue, en terre cuite, qui marque le milieu du buffet, puis, posées au bout de celui-ci, les deux lampes à gaz d'essence, éteintes, rangées côte à côte contre le mur; [...]（p.90）	**按照顺序**，**往右**便依次出现了卡其布衬衣的短袖，陶制的土产花瓶，这瓶子正位于平柜的中心，随后，在这平柜的头上放着两盏汽灯，已经熄掉，靠墙摆在一起。（p.67）
例 136	**Entre les deux battants**, **comme** à travers celui de droite qui est à demi poussé, s'encadre, divisée en deux par le montant vertical, la partie gauche de la cour où la camionette bâchée stationne, son capot tourné vers le secteur nord de la bananeraie.（p.45）	**跟右边那扇开着的窗户一样**，**在两扇窗户中间**，镶着左边这一半院子的景物，只是被窗扇那根垂直的边框割成了两半。小卡车盖着帆布停在那儿，车头朝着北边那片蕉林。（p.37）

这两句中，后者结尾同原文"蕉林"，以地点结尾。但前者句尾的"contre le mur"（靠墙）中文译文无法置于句尾。中文译文中环状结构并没有全部形成，这也是翻译的遗憾所在。由于中文语法、句法等原因限制，导致无法完全还原法语原文的文体特征。

还有一种句法顺序的位置移动没有谈到，就是当有多个同质的空间表达都置于句首时，虽然在现实世界中没有所谓的先后顺序，但人类语言需要将这些空间表达排序，这一点因为涉及人类语言与现实世界的顺序像似性和认知方式，我们将其归到第 6 章来说明解释。

5.3 调换/灵活改变

调换/灵活改变（modulation）的定义是这样的：在改变观点、角度以及通常上思维范畴时获得的变化。[①]并且 V 和 D 将其分为固定调换（modulation figée）和自由调换（modulation libre），二者的区别是字典中是否有收录。固定调换的例子：英文的 tooled leather 译为法文的 cuir repoussé。自由调换在字典中查询不到，但译者需要查询字典，因为译出语（la langue d'arrivée）不能做到字对字的翻译（la traduction littérale）。

本书所提到的调换更多的是自由调换，因为大多数的情况是在字典中无法查到的，即便是现在通过机器学习的神经网络式机器翻译也无法做到。这种自由调换指的是译者通过语境信息或者根据自身语言的特点灵活翻译，这一部分主要谈论译者在翻译过程中主动做出的改变，包括词汇的变化和句型的调换。句型调换的意思与 5.2 小节中词汇发生位置移动不同，指的是如果译文字对字地忠实翻译原文，会产生不像中文的句子，因此译者将整个句子打乱，重新组织信息。

5.3.1　词汇调换

第 3 章的句首空间副词这一部分中的指称，如果是不够清晰的代词、副词或者通过隐喻方式取得的表示物体部分的名词，即"准方位标"，那么在译文中全部被译为与前文重复的名词，或未说明具体情况的名词。比如"replantation"变为"蕉林"，都在译文中得到了明晰化处理，这些指称的明晰化都是需要前文语境支持的。

直译译文似乎也是合理的，可见最后我们所见的译文是译者对信息的重新整合，将原文的 2 个 LOC 分解成 3 个，下面我们采用 DeepL 翻译工具对于语料进行机器翻译，这是一个 2017 年上线的来自德国的在线翻译工具，在业界有着非常好的口碑，可以翻译 7 种语言（英语、德语、法语、西班牙语、意大利语、波兰语和荷兰语）。经过专家的盲测，认为 DeepL

---

① 原文：Variation obtenue en changeant de point de vue, d'éclairage et très souvent de catégorie de pensée.

第 5 章 空间话语范围导入词翻译方法的总结和规律模式化

的翻译要优于 Google 翻译。但再优秀的机器翻译不可避免的问题仍然是很难改变语序或根据语境对原文进行改写，采用机器翻译是帮助我们考察直译原文的效果：

表 5-8 中文与法文对照观察（68）

序号	法文	中文人工翻译	DeepL 中文机译
例 137	Parallèlement au mur des maisons, **un peu plus près de celui-ci que du caniveau de la rue**, un chemin rectiligne marque aussi le trottoir enneigé	外面，沿着与房子的墙相平行的方向，**在墙与马路上的排水沟之间，更靠近墙的地方**，有一条笔直的路出现在积雪的人行道上	与房屋的墙壁平行，**比街边的水沟更靠近一点**，一条笔直的道路也标志着被雪覆盖的路面
例 138	Sur la tache de lumière ainsi rayée de quatre traits verticaux, sans compter l'amorce d'un cinquième, **se pose** le regard d'une des quatre jeunes femmes –également dévêtues –qui sont en train de jouer aux cartes encore un peu plus bas, assises chacune d'elles sur une chaise blanche, au milieu d'un des côtés d'une table de bois rectangulaire, laquée de blanc elle aussi （rectangulaire ou peut-être, à la réflexion, carrée : ici encore l'effet de perspective est trop marqué pour que l'on puisse en décider à coup sûr）	凝视着这圈阳光的——阳光被四条直线划分开来，第五条只有一点残杆——**是四个少女中的一个**。四个少女全都裸着身体，在玩纸牌；她们的位置更显得低一点，因为她们每人都坐在一张白色的椅子上，在一张长方形木桌子一条边的中间，木桌子也漆成白色（桌子是长方形的，或者细想一下，是方形的，因为这里也一样，透视的效果太明显，使人无法肯定）	**在这样有四条垂直线的光斑上**，不算第五条的开始，**四个年轻女人中的一个的目光**——也是没有穿衣服的——在稍低一点的地方打牌，每个人都坐在一张白色的椅子上，在一张长方形木桌的一个侧面中间，也是白色漆的（长方形，或者仔细想想，也许是方形：在这里，透视的效果又太明显，我们无法确定）

· 213 ·

续表

序号	法文	中文人工翻译	DeepL 中文机译
例 139	Mais en-dessous, dans la trajectoire d'une chute imminente, la tête chauve d'un vieil ouvrier ne se doute apparemment de rien, continuant d'apostropher le voisin assis à sa gauche, ou de l'exhorter, ou de le prendre à témoin vivement, tout en brandissant de la main droite son verre encore plein, dont le contenu menace de se répandre	**托盘底下，酒瓶翻倒下来的直接受害人是一位秃顶的老工人。**这位老先生当然什么都不知道，他正在对着他左面的邻座继续大声地责骂，或者正在劝告别人，或者热切地要请他人作证。他的右手握着斟满的酒杯，举得高高的，差一点要泼出酒来	眼看翻倒的轨迹下，**一位老工人的秃顶**显然什么也没**感觉到**。……

按照机器翻译，例 137 将"un peu plus près de celui-ci que du caniveau de la rue"译为"比街边的水沟更靠近一点"，可是这样直译的话读者无法理解是什么比水沟更近一点。译者对信息重新整合，翻译为"在墙与马路上的排水沟之间，更靠近墙的地方"，原文中并没有"墙"，可我们知道"celui-ci"这个代词指代的正是上文提到的"墙"。

例 138 和 139 中，不可译的句子中比较让目的语读者难以接受的情况是，名词主语为非生命体（inaminé），而动词表达的含义却是由生命体发出来的，如上例中的"少女的目光"和"放置"（se poser），"老工人的秃顶"和"感觉"（se douter de）。"光斑上是目光"和"老工人的秃顶什么都没感觉到"是病句。所以，译者做出的词汇调整就是，遇到此类情况，翻译策略通常是将那个真正的生命体，即"少女"和"老工人"作为主语，而动词则通过译者的理解，比如将"目光"（regard）翻译为动词"凝视"。

5.3.2 句型调换

原文中有些句子因为各种原因，句型发生了变化。同样将这些句子采用 DeepL 在线翻译工具进行翻译，会发现标点符号和句型都忠实翻译了。

第 5 章 空间话语范围导入词翻译方法的总结和规律模式化

表 5-9 中文与法文对照观察（69）

序号	法文	中文人工翻译	DeepL 中文机译
例 140	La couronne de fleurs du sacrifice orne même sa jolie tête, **coiffée** avec le plus grand soin pour cette cérémonie cruelle. Sous l'arc des **cheveux** très blonds, que personne n'aura défaits, les grands yeux bleus sont restés ouverts	祭品的花环已经装饰着她的美丽的脑袋；为着这个冷酷无情的仪式，她的**头发**已经十分仔细地梳理过，金黄色的**头发**扎成弓形，没有人会去弄乱它。她的蓝色大眼睛仍然睁开着	祭品的花冠甚至装饰着她漂亮的头，为了这个残酷的仪式，她用最精心的方式梳理了头发。**在没有人会解开的非常金黄的头发的蝴蝶结下**，蓝色的大眼睛仍然睁着
例 141	**Sur le visage de A...**, tendu de profil vers le coin de la terrasse, il n'y a plus ni sourire ni attente, ni signe d'encouragement（p.37）	**阿 X 把**脸朝着露台的一角侧过去，既不笑，也不期待，甚至没有一点鼓励的表示（p.32）	**在 A 的脸上**，向露台一角伸展的轮廓，不再有任何微笑或期望，没有鼓励的迹象

例 140 句中的"头发"是前面的人物的身体部位，以此作为话语范围导入词层级较低，且前文中还有"coiffée"表示"梳理"，原文直译为"在没有人会解开的非常金黄的头发的蝴蝶结下，蓝色的大眼睛仍然睁着。"并不符合汉语表达习惯；第二句是因为 A… 后有个分词"tendu de profil vers le coin de la terrasse"修饰，在中文译文里无法将这个分词修饰语包容在"阿 X 的脸上"这个很小的空间范围内，试想如果我们说"在 A 的脸上，向露台一角伸展的轮廓，"这句话实际的意思是 A 侧脸面向露台，故而译者采取的策略是以生命体"阿 X"作为主语和主题。

语料中的翻译文本从句法上来看，可能有三种情况：A，汉法逻辑是相同或相似的，比如法语中的方位倒装句（inversion locative）和汉语中的存在句；B，自由选择（可以这样翻译，也可以那样翻译的），但译者没有采取忠实的字对字翻译方式；C，绝对不能直译的（不符合汉语习惯），所谓的不可译现象。

这三类翻译当中，A 类属于忠实翻译，C 类是因为两种语言的思维方式或文化语境不同导致的，B 类则体现了译者的主观选择。B 类是根据译

· 215 ·

者的自由选择，体现了译者的主体性，在译出语句子即使字对字翻译都并不影响阅读体验的情况下，译者仍然将其语序打乱。还有的例子明明直译也可以，译者却选择了这样翻译，其实更值得深思。

5.4 补偿策略

在维纳和达尔布勒纳著作的术语表中也提到了"补偿"（compensation）概念：

即一种文体学手段，旨在通过在陈述的另一点上恢复无法在原文相同位置上呈现的细微差别来保持整体的基调。①

（Vinay and Darbelnet，1958）[6]

这与前面总结的三种翻译方法并非并列关系，因为这三种方法无论是位置的移动还是词语的变化，都可以被读者轻易察觉到，然而补偿却并非一种形式上的翻译方法，而是译者的一种翻译策略的选择。

纽马克认为：

补偿主要用来弥补译文在语义、声音效果、修辞及语用效果等方面的缺损，而且译文可以在不同于原文的语句中再现这种效果。

（Newmark，1988）[90]

赫维和希金斯（Hervey and Higgins，1992）[35-40]确定了四类补偿：类比补偿（compensation in kind）、换位补偿（compensation in place）、

---

① 原文：stylistique qui vise à garder la tonalité de l'ensemble en rétablissant sur un autre point de l'énoncé la nuance qui n'a pu être rendue au même endroit que dans l'original.

第 5 章　空间话语范围导入词翻译方法的总结和规律模式化

融合补偿（compensation by merging）和分解补偿（compensation by splitting）。作者强调上述几种形式可同时运用，并不相互排斥。也就是说，译者可能在同样或不同的位置上，集中或分散地试图还原原文的风格特点。

乔治·斯坦纳（George Steiner）的《通天塔》（*Après Babel*）一书中将翻译过程划分为四个阶段：信任（élan initial）、侵入（agression）、吸纳（incorporation）与补偿（réciprocité ou restitution）。其中，补偿是为了平衡倾向于原作或译作，达到平衡的效果。

形式－功能不匹配是讨论补偿这个问题的核心，补偿被定义为处理任何无法直接用目标语言复制的源文本含义（思想、人际关系和/或文本）的程序。[①]

（斯坦纳，1987）[69-70]

哈蒂姆和梅森认为：翻译转换过程中，当遇到难以直接传译的词句，特别是类似双关语等特殊修辞手法时，译者往往需要借助译入语特有的语言表现手段来尽力弥补译文语言效果方面的失真与缺损，以使译文达到与原文大体相同的效果。这种翻译过程就是补偿。他们对"补偿"的定义是：

一套翻译程序，旨在通过再现目标语言的整体效果来弥补源文本中相关含义特征的丧失。[②]

（Hatim and Mason，1997）[179]

补偿效果是指，在译文中，在另一处保留原文中同一位置无法还原的

---

① 原文：The form-function mismatch is central to the discussion of compensation, which has been defined as a procedure for dealing with any source text meaning (ideational, interpersonal and/or textual) which cannot be reproduced directly in the target language.

② 原文：compensation: a set of translation procedures aimed at making up for the loss of relevant features of meaning in the source text by reproducing the overall effect in the target language.

整体的语气风格。但在实际操作过程中，补偿的对象、方式和必要性等，均由译者本人做出相应的选择和判断，同时也是对译者翻译创造力与语言灵活性的锻炼和考验。如此种种，对于译者来说都是不小的挑战。根据上文分析可见罗伯格里耶的作品风格是非常鲜明的，按照前文的顺序，我们下面试图从微观的字词风格到宏观的语篇风格来总结一下：

从句法角度来说，句首空间表达和句尾空间表达的大量叠用造成了句法上的空间的环状结构。由于中文语法、句法等原因限制，中文译文中环状结构并没有在所有例句中体现出来，但在有些结尾并不是空间表达的句子中，译者将空间表达有意无意地置于句尾。大量的空间倒装句型是具有一定的意义效果的。IL 句型不减反增，这是因为译者为了达到作者书中空间编织的效果，也因为汉语的表达方式限制，将很多 XSV 的句型也翻译成了 XVS 的 IL 句型。

原指称链条多为不忠实回指、模糊回指、联想回指。译者倾向于将译文清晰化，采用忠实回指、重复回指等手段建构翻译文本。由于句型变化或指称表达的变化，原文中的空间话语范围导入词发生位置移动，译文则采取其他衔接方式，将文章串联起来。

为了实现原作中特别的语言效果，观察语料数据，我们可以发现，对于微观语言单位，中文与法语有着明显的根本性差别，并没有相似的对等单位。但译者不仅准确传达出原作的信息，并且会根据语境做出合适的调整。原作作者特殊的文体风格体现在多个方面，由于目的语与原文语言的巨大差别，译者只能在其他位置进行异位补偿。而有些情况无论是原位置还是其他位置上，无论是整合还是拆分，都是很难还原的。

5.5 本章小结

通过自建的平行语料库，我们对比了三部小说中句首空间表达的法语原文和中文译文，而对于翻译现象的分析，可以发现几种主要的翻译方法：

第 5 章　空间话语范围导入词翻译方法的总结和规律模式化

形式上的对等、位移和灵活改变。细致比对让我们发现法语原文和中文译文的区别。

原文和译文语序一致的情况下，仍然有句内成分融合，助词"的"的使用等情况，在前文我们已经对比了句内各个成分的不同之处。句子成分发生位移，这个移动的成分可能是多个句首空间表达中的一个，这些地点状语的顺序改变，或者移动到句中和句末。空间顺序的改变体现着真实世界中人类的认知顺序，不同民族对于世界的描述方式体现在语言中，语言是人类思想对现实世界的描摹体现。不同语言对空间描写的编码体现了民族思维的不同。位移还有一种情况，可能是整个句子结构发生了改变，导致原本位于主位的句首空间表达移动到句中或句尾，取而代之的是名词主语组合，这样篇章的纹理结构就发生了变化。而调换分为固定调换和灵活调换，译者为了达到译文清晰的目的，将原文中的某些部分用其他成分替代。并且，由于语言的根本不同，如果直译可能导致句子成为病句，比如将非生命体作为主语，发出实际的动作，或者参照物的选择并不遵从一般的语言习惯，译者都会有意无意地做出符合实际情况的改变。

通过篇章语言学和认知语言学理论，我们可以做如下解释：地点状语中指称的变化是为了与前文更好地更清晰地衔接起来，或者为了更清楚地将指称链条展示给读者。译文中明晰化有好几种现象：①代词翻译为名词；②不确指的部分名词加上了名词部分；③名词指称本身变化为了与前文更清楚地衔接起来。这三种变化都导致同样的结构，即译文的指称链条中词汇衔接方式从原文的不忠实回指、代词回指、联想回指转为完全重复或部分重复的忠实回指形式，即便仍旧是联想回指的方式，也从认知成本较高转为较低的情况。

至于翻译策略选择，几位译者似乎致力于尽量忠实原文，译者尽量增加了句首空间定位，为了尝试制造一种补偿现象，间接地造成一种文章被空间表达侵占的感觉。在字词的选择上，尽管两种语言完全不同，但译者尽量做到了与原文效果类似。

常见的翻译策略来自前人的研究，一般这样的翻译方法囿于句子内部，是译者基于自己对源语文本的理解，以及受限于译出语语法所做出的决定。一般是将原文重复的部分简化，或者将原文没有说清楚的部分进行解释，抑或者由于译出语限制无法忠实翻译而做出的一些调整。译者所做的一切都是为了将自己理解到的内容再传递给读者，让读者理解而已。所以译者会将内容整合或进一步解释等。所以翻译才会有简化和明晰化等翻译方法，目的是减少冗余信息或者阐明文中未明说的内容。

  对于译者的行为，巴拉尔认为翻译单位是一个分为几部分的过程，从意义建构开始（基础操作），为了建造对等物（操作的第二阶段），目的是篇章的重写，篇章的连贯和可接受度将产生来自译者方的第三种类型的介入，这种介入通常目的是重建篇章联系和语用质量。总之，翻译研究的特征是接受了不可避免的翻译不可预测性，这将通过对可能的对等系统进行更大程度的模块化来体现，这可以通过观察语料库来实现。最重要的是，这个模态系统被两个基本构成元素的探索支撑着：译出语/源语篇章的阐释和译入语/目的语的重组。译者在这个翻译过程本来被认作是"隐身"状态的，然而，在篇章连贯和重组的过程中，为了建造对等物，译者可能做了很多种尝试来补偿文化和语言上不同造成的缺失。由于认知差异，原文和译文也必然有着种种不同。

第6章 空间话语范围导入词翻译方法的认知原因探究

语言在某种程度上反映了思想，而思想又反映了一些外部现实，这种观念至少可以追溯到亚里士多德。更现代的概念是，人类语言的语法不是任意的，而是在某种程度上与其心理特征同构的。不同的研究从不同的角度导致对翻译的解释各不相同。

本章提出的论点是，将认知方法纳入翻译研究需要进行双语认知的研究，认知语言学的理论模型一般包括原型理论、标记论、范畴化理论、意象图式理论、隐喻机制、家族相似性理论、像似性理论等。这些理论模型彼此之间是有一定的关联性的，比如意象图式理论中在身体经验基础上建立的认知图式先于概念存在（Lakoff and Johnson，1980），这也是我们常说的具身认知理论。再比如，范畴化理论强调分类，而原型正是一个范畴中的典型成员。

下面将根据本书语料中所发现的语言现象中的不同之处，做出认知语言学的解释，具体将分为三个部分：其一，是按照语义联系来说，我们的句首空间表达如果可以对下文中的指称起到导入作用，实际上是由于其语义认知起到了关键作用；其二，是根据不同语言对现实物理空间的意象图式化从认知角度来分析翻译现象；其三，则是联系叙述者和故事中行动者的具身感受来分析空间表达的参照系统和与现实的像似性顺序。

6.1 语义网络

从篇章视角来看翻译，我们知道无论是联想回指还是话语范围，其实都需要认知语义学方面的知识才能做到，但现阶段可以用于人工测试篇章认知紧密程度的工具并不完备，语义网络的发展情况也紧密关系着未来篇章语言学与人工智能结合的前景。

篇章语言学研究实际上离不开自然语言处理领域，刘国兵（2017）提出基于 Hoey 的词汇衔接理论，利用 WordNet 语义网络提取学生作文中语篇连贯相关的特征，尝试进行书面语语篇连贯自动评价。袁毓林和李强（2014）对于解决如何将具有情境联想关系的词汇概念联系起来，发现它们之间的语义和推理关系。该文对目前比较主流的概念知识库系统（包括 WordNet、VerbNet、Framenet、ConceptNet 等）进行了介绍，指出它们在解决"网球问题"上还都存在一定的局限性，比如 WordNet 虽然形成了聚合式的同义词集，词义联系有上下位、整体–部分、反义、蕴含等关系，但缺少位于论元的语义角色信息，且没有词汇之间的组合关系，对没有相似特征的词语关注度不够，比如"医院"和"医生"两者之间在 WordNet 里没有关联；VerbNet 是以动词为中心的词汇知识库，所以"吃"的句法框架只能搜索到食物，而无法将"生日"和"蛋糕"联系起来，或将电脑的一系列配件，比如"鼠标"和"键盘"联系在一起；FrameNet 基于著名的菲尔莫提出的框架语义学理论建成，这是 2001 年开始建立的一个词汇资源，旨在为当代英语词汇的重要部分提供一组语义和句法注释的句子，从中可以报告有关每个目标项目的价或组合可能性的可靠信息，但仍然不能做到涵盖世间万物。最后，他认为美国语言学家、计算机科学家普斯特约斯基（Pustejovsky）设计的基于生成词库论和语境语义学，利用名词物性结构知识描写体系可以解决"网球问题"。虽然这些概念知识系统都各有各的问题和缺点,但令人喜悦的是人类在建立词汇语义知识库这项工作上一直没有停止自己的脚步,中国也有自己的汉语概念词典 HowNet(知网),可供研究者利用其进行词汇语义相似度判定。

6.1.1 框架语义学/场景理论

美国语言学家菲尔墨(Fillmore),在 1975 年扩展其早期格语法理论,将框架概念引入语言学研究。框架语义学(frame semantics)是一种语义研究理论(Fillmore and Collin, 2001)。该理论将语义学与百科知识联系起来。其基本思想是对一个词汇意义的理解可以激活与该词所指概念相关的语义知识框架。最初的"框架"和"场景"概念不同,场景是概念实体,框架则是与场景相关的语言表达。后来,菲尔墨直接用"框架"取代了"场景","框架"就是具体的知识系统或经验连贯性图式化。也就是说,词汇可以指向和激活框架,比如"交易事件"框架与一系列动词相关:买、卖、支付、收取等。这一思想后来被菲尔墨进一步应用于在线框架词典 FrameNet 的编撰上。[①]

可以把话语(discourse)理解为一系列的句子命题(propositions),合并多个分句,分句之间有层次结构,有些理论学者曾经断言这样的结构符合话语的心智(记忆)表征。一个有些不同的方向就是,话语通常上围绕着场景(setting)、论元(arguments)或者环境(situations)被组织,这些信息已经被一个能够读或者理解的人在某种程度上知晓。从这种方式看待话语,任何话语先前部分的一个重要的功能,就是能够在阅读者的记忆中成功搜寻一个指称环境。韩礼德(1976)提出的话题/评论(topic/comment)模式中就是这样的例子:主题识别可以被认为是一个工具手段,使过程生效,在这个过程中主题内容在记忆中作为一个地址被建立起来,新信息黏着在这个地址上。

---

① 此处参考中国大百科全书网站,网址:https://www.zgbk.com/ecph/words?SiteID=1&ID=154350.

桑福德和伽罗德（1998）的"场景理论/脚本理论"也认为"医院"作为脚本可以激活诸如"医生""护士"等内容；对于认知心理对话理解，一系列有趣的问题被提出来，无论是心理表征还是心理操作方面。根据这种方法，讨论了话语心理表征的一般框架，其中提出了不同类型的记忆分区之间的区别。

在读取文本时，根据内存的四倍分区对其进行分析，见表6-1。这些分区被认为是解释传入语言的背景数据结构。

表6-1 场景映射和话语理解的重点说明的记忆中心的四个分区

项目	基于文本 （TEXT-BASED）	基于知识 （KNOWLEDGE-BASED）
动态 （DYNAMIQUE）	外显焦点 （Explicit Focus）	内含焦点 （Implicit Focus）
相对静态 （RELATIVELY STATIC）	话语记忆 （Memory for the Discourse）	常识和场景 （World Knowledge and Scenarios）

注：该表出自桑福德和伽罗德的 The role of scenario mapping in text comprehension。原表格标题：The four aspects of memory central to the scenario-mapping and focus account of discourse comprehension.

动态分区被认为是由与最近的文本输入相对应的表示组成，而静态分区被认为是与更持久的（尽管是可更新的）表示相对应。具体来说，永久分区包括关于事物的一般知识和（解释的）文本本身的长期记忆记录。我们将动态分区称为焦点分区，这与格罗兹（1977）在其早期关于对话中知识参与的工作中提出的思路一致。这些划分反映了文本原型展开的两种方式。

无论是框架语义学、场景理论，还是心智空间，抑或我们所使用的话语范围导入词理论框架，实际上都与语义网络有着一定的关系，通过一个空间场景的确定，来激活在这个空间内的指称。之前我们已经分析过三部小说中的句首空间表达的语义分布，部分类名词占比最多，实体类和地点类次之。如图6-1所示。

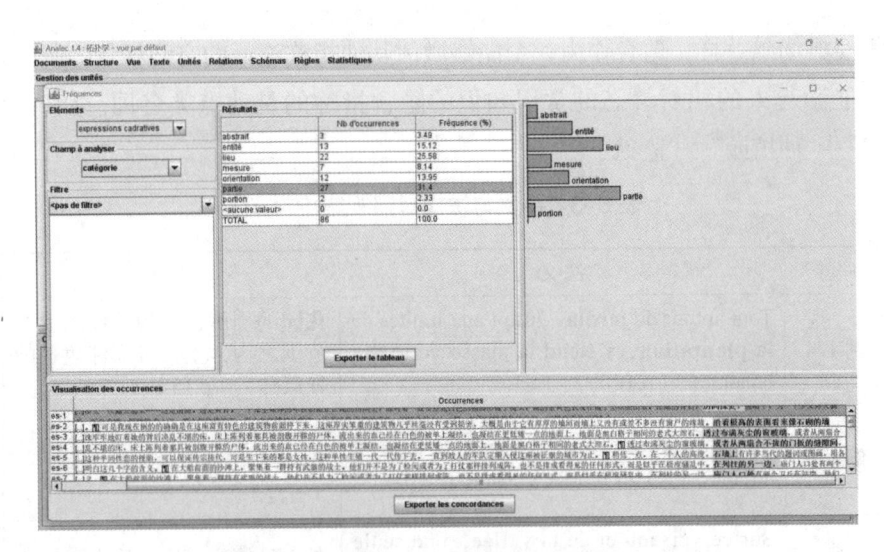

第 6 章　空间话语范围导入词翻译方法的认知原因探究

图 6-1　句首空间表达类别反向查找例句图示

很明显，抽象类、方向类，以及方位标类肯定排除在外，因为这些词的语义是比较具有普适性的。而表示部分类的名词语义根据框架语义学可能会从身体部位（如"嘴唇"）联想到人，从"地板"联想到整个房间。

实体类名词更多的是依靠动态的上下文语境才能够识别其他指称论元，如"镜子""台灯""床""餐桌"，都可以让读者根据常识和长期话语记忆，锁定基本的存放地点，这些物品不可能存在于马路上，而是一般处于室内。反之，"树""路灯"等物品则可以锁定其存在地点为室外。

表 6-2　中文与法文对照观察（70）

序号	法文	中文
例 142	Sur le **plancher** ciré, les chaussons de feutre ont dessiné des chemins luisants, du lit à la commode, de la commode à la cheminée, de la cheminée à la table.	打蜡**地板**上，毡底便鞋踏出几条发亮的通道，从床到衣柜，从衣柜到壁炉，再从壁炉到桌子。（p.9）
例 143	Sur ses **lèvres** closes flotte un demi-sourire de sérénité, de rêve, ou d'absence.（p.158）	她那紧闭的**嘴唇**上浮着一丝轻微的、迷茫的、梦幻般的笑意。（p.108）

天然地点类名词是比较适合作为一个空间场景的，像"餐厅""医院"

· 225 ·

等经典场景一样，适合作为一个能够激活其他指称论元的空间场景。所以，更能激起人的相对静态的常识知识的隐含指称的是地点类名词，如"山谷""种植园""监狱"。

表 6-3　中文与法文对照观察（71）

序号	法文	中文
例 144	Tout autour du **jardin**, jusqu'aux limites de la **plantation**, s'étend la masse verte des bananiers.（p.10）	**花园**的周围，在**种植园**的整个范围之内，生长着郁郁葱葱的香蕉林。（p.15）
例 145	Au coin du **trottoir**, un bec de gaz est allumé, bien qu'il fasse grand jour.	**人行道**一角，亮着一盏煤气街灯，尽管现在正是大白天。（p.12）
例 146	Sur ce versant-ci de la **vallée**, une seule parcelle s'étend depuis la rivière jusqu'au jardin.（p.29）	在**山谷**的这一侧，从小河到花园之间只有一片香蕉林。（p.28）

例 144～例 146 都可以非常容易接受这个语义框架内，或者说这个场景内的其他事物，比如"监狱"就很容易接受"高墙""看守""犯人"等论元。

6.1.2　心智空间

上文提到，话语范围除了起始范围、平行范围，也有层级之说，即高等级和低等级话语范围，这个部分在语料中也有体现。除了以上的话语范围等级，还有一种特别的话语范围，即门、窗、某人听到、看到等作为引导词开启的一个心智空间，这不是一个从点到点的平面空间，而是通过一个平面，从一个空间转入另一个空间的具体表现。此时，空间话语范围并不是平面推进的，而是处于心智空间（Fauconnier，1994）的，可以无限延伸的。也就是说，在话语理解过程中，大脑会激活关于人、事物和事件的各种语言和非语言的知识框架，并存储在工作记忆中。这些储存在思维中暂时的、在线的话语信息的集合称之为心智空间。

在话语的范围内谈论认知构建，因为话语渐进的过程，也就是不断建

第 6 章　空间话语范围导入词翻译方法的认知原因探究

构"心智空间"的过程。福康涅称为"引导词"（le déclencheur/trigger）的语言材料在我们的语料中体现为，句首空间表达中有一些实体或者部分词汇，如一些窗户、画、照片等，从这些平面望进去可以从一个空间进入另一个空间，而且可以进入任意一个空间。按照福康涅的理论，表空间的介词短语，可能作为一个引导词，引导一个虚拟空间，具体可以见例147：

表 6-4　中文与法文对照观察（72）

序号	法文	中文
例 147	(EIC1) Sur le coin du bureau se dresse un petit cadre incrusté de nacre, contenant une photographie prise par un opérateur ambulant lors des premières vacances en Europe, après le séjour africain	（EIC1）在书桌的一角立着一只镶嵌着螺钿的小镜框，里边放着一幅照片，那是早先离开非洲后，在欧洲度假时，由一位到处兜揽生意的照相师拍摄的
	(EIC2) Devant la façade d'un grand café au décor modern-style, A... est assise sur une chaise compliquée, métallique, dont les accoudoirs et le dossier, aux spirales en accolades, semblent moins confortables que spectaculaires. Mais A..., dans sa façon de se tenir sur ce siège, montre selon son habitude beaucoup de naturel, évidemment sans la moindre mollesse	（EIC2）在一家装潢时髦的大咖啡馆前面，阿 X 坐在一把样子古怪的椅子上。椅子整个由金属做成，靠背和扶手弯弯曲曲的，看来主要不是为了坐着舒服，而是重在标新立异。可是，即便是坐在这样一个座位上，阿 X 的姿态仍然是一如既往地安闲自在，当然也并不显得慵懒
例 148	Elle s'est un peu tournée pour sourire au photographe, comme afin de l'autoriser à prendre ce cliché impromptu. Son bras nu, en même temps, n'a pas modifié le geste qu'il amorçait pour reposer le verre sur la table, à côté d'elle. Mais ce n'était pas en vue d'y mettre de la glace, car elle ne touche pas au seau de métal étincelant, qui est bientôt couvert de buée.	她稍侧着头，把笑脸对着相机，好像是特意供其抢拍下这个镜头。与此同时，她那裸露的胳臂保持着举杯的姿势。 不过，这姿势并非在加冰块，因为她根本没碰那只盛冰块的小桶。金属小桶本来锃光瓦亮，可很快就蒙上了一层水汽

EIC1 的"Sur le coin du bureau"（在书桌的一角）作为一个空间话语范围导入词，其引入的内容多是书桌上的物品，只是这物品是"une photographie"（一幅照片）。而这张照片作为一个"引导词"（trigger），所引出的内容竟是在欧洲的一家装潢时髦的咖啡馆，咖啡馆的椅子样子古怪。而这个话语范围的辖域关闭得也非常有趣，似乎是电影的镜头语言手法。通过同样的女主人公 A，由书房中的照片又回到了现实中。类似的话语范围还有墙壁上的画，某一扇窗等，作者采用的并非写实手法，在《拓扑》中更是将画作中的内容与现实奇妙地联系在一起。

6.1.3　固有联系

　　回指类型中对于机器识别最难的就是不忠实回指中的联想回指了，因为这也涉及知识百科中的语义问题。对于联想回指的定义有很多，克莱伯（2001）有专著《联想回指》，萨拉（Salles）教授也是法国研究联想回指的专家。夏罗尔和克莱伯（1999）指出，联想回指中，某些在篇章中定指的名词事先并未引进篇章，而是借助回指词与先行词之间的关系引进篇章。国内徐赳赳（2005a）也曾专门发文研究联想回指。比如"un vieux tilleul"和"le tronc"就是很典型的联想回指，是篇章中非直接的指称现象，也就是说相对于先行词来说，引入了一个新的指称表达（Kleiber，1992），但是，如果回指表达相对于先行词个体来说，不能作为自治个体出现，那么这个连接就是不稳定的。阿祖莱（Azoulay，1978）提出的"固有性质"（propriété intrinsèque）。很多学者以各种名称提出了这种"同类联系"（lien générique），或者称为"固有联系"（lien intrinsèque），这能够解释排除属性的原因，因为这些属性不构成拥有它们的实体的内在品质。

　　夏罗尔（1999）提出了联想回指的必要条件：常规关系和非传递性，以及凸显性。克莱伯认为在法语中联想回指中的整体－部分关系类回指具有可分离性（aliénation）和本体同质性（ontologie）。张凤（2006）对此做出了进一步的解释，不具有可分离性和本体同质性的成分不能成为联想

第 6 章 空间话语范围导入词翻译方法的认知原因探究

回指的指称对象，除非在先前话语中出现的动词或名词和这些特征有关，从而把它们激活。

从上一章的两个例句中可以对比原文和译文中的指称链条。

法文：il– entrebâillement–intérieur。

中文：门 – 门缝 – 房子。

法文：sa jolie tête–coiffée–Des cheveux–les grands yeux。

中文：她的美丽的脑袋 – 她的头发 – 金黄色的头发 – 她的蓝色大眼睛。

可以大胆推测，这是因为这样的句首空间表达一般为"门缝"这样部分（门为房子的一部分）的部分（门缝又是门的一部分），也即是说我们需要"房子 – 门 – 门把手"这样的认知过程才能识别这个句首空间表达。克莱伯（1999）在联想回指的介绍中提出过不可传递性，就是说这样"部分的部分"的名词，对于读者来说需要更高的认知成本，除非这个部分的部分具有凸显性，比如气门芯之于自行车。同样，对于眼睛（yeux）这个词来说，头发（cheveux）算不上是一个很好的先行词，汉语增加了主有形容词"她的"，使得读者更易于理解。再有，将 coiffée 也翻译为"她的头发"。

我们知道，回指词和先行词之间是有黏合的网眼（maillon），根据阿里尔（1990）和朗德阿然（2014），两个词之间的黏合紧密程度是有区别的。同样需要认知推理的情况下，很显然汉语译文的认知成本要少于法语原文。

篇章内容并非微观世界，所以在比较小的话语范围层级下（如"通过门缝"），特别是没有可传递性的情况下，且这个话语范围所包含的内容非常少之时，往往会被译者所忽略，与上文融合在一起。

此外，某些空间表达被修改导致的指称链条变化是这样的。

法文：<u>ses demi-bas</u>- il– des chaussures de tennis–qui– sur le dessus du pied。

中文：腿上 – <u>中统粗线袜</u> – 脚上 – <u>一双网球鞋</u> – 白色橡胶的鞋底。

法文：Au milieu de celle–ci– un autre plat intact– sur un fond de sauce

· 229 ·

brune – trois oiseaux rôti。

中文：桌子中央 – 一盘菜 – 盘子底上 – 一层棕色的沙司 – 三只个头儿不大的烤炙飞禽。

为了理解译者的选择，需要考查该句的上下文背景：

表 6–5 中文与法文对照观察（73）

序号	法文	中文
例 149	**La figure de Franck** ainsi que tout son corps se sont comme figés. **Il** est vêtu d'un short et d'une chemise kaki à manches courtes, dont les pattes d'épaules et les poches boutonnées ont une allure vaguement militaire. **Sur ses demi-bas en coton rugueux**, il porte des chaussures de tennis enduites d'une épaisse couche de blanc, qui se craquelle aux endroits où plie la toile sur le dessus du pied。（p.36）	**弗兰克**的脸和身子似乎都僵住了。**他**穿着一条运动短裤和一件卡其布的短袖衬衫。衬衫的肩上缝着肩章式的布带，口袋上钉着纽扣，蛮有点军人的派头。**腿上**套着中统粗线袜，**脚上**着一双网球鞋。白色橡胶的鞋底很厚，并且在布面打弯处裂了开来。（p.32）

译者用腿和脚替换了原文中的中统袜，用盘子替换了沙司。为什么？法语中先行词为 Frank，后面跟着一个代词回指指代。后面的句子中，作为联想回指，相对于"中统粗线袜""腿"和"脚"才是人类身体不可或缺的一部分。同样地，一盘菜和沙司之间的关系，相对于一盘菜和盘子的关系来说显得就弱一些。沙司并不是一盘菜的必需品，而盘子却是。盘子是一顿饭中刻板印象的必需品，这两个事物之间有着"固有联系"。作者没有直接通过盘子与上文进行链接，而是引入了"沙司"作为关联回指引入晚餐情节。可见原文采取了一种对于读者来说并不是十分友好的主体推进方式，而译者却有意无意地改写了这种方式。这反映了译者的一种翻译选择，就是尝试着要连贯，然而可能需要通过空间副词表达的位置移动或者改变句子结构等翻译方式来实现。

实际上，篇章导入和固有联系这部分都需要人类的常识知识作为基础，这是一种篇章层面上的阐明现象。并且，上下文语境中依靠常识推理的情况实际上在计算机领域并没有得到很好的解决，至少目前并没有找到特别强大的可以自动识别语义联系的自动标注篇章语义衔接关系的软件。医院中有医生和病人，马克龙和法国总统有关联关系，这些人类几岁孩童就了解的常识，却需要一个特别强大的语义网络供计算机系统学习。

6.1.4 范畴化和原型语义学

从亚里士多德到维特根斯坦（Wittgenstein）的后期作品，范畴被认为是很好理解且没有任何疑问的。范畴被认为是抽象的容器，事物要么在范畴之内，要么在范畴之外。当且仅当事物具有某些共同属性时，它们被假定为同一范畴，这些共同属性被视为范畴定义的条件。

这个经典理论不是实证研究的结果，甚至不是一个重大辩论的主题，而是在先验推测的基础上得出的哲学立场，几个世纪以来一直是大多数学术学科中的背景假设的一部分。事实上，直到最近，范畴理论甚至不被认为是一种理论。在大多数学科中，它不是作为经验假设来教授的，而是作为无可置疑的、定义性的真理来教授的。

经验现实主义哲学需要认知语义。原型理论家（prototype theorists）的实证研究已经分离出人类与外部环境（基本层面）的显著互动，其特征是格式塔感知、心理意象和运动。正是在这种物理经验水平上，我们准确地区分了老虎和大象、椅子和桌子、玫瑰和水仙花、芦笋和西兰花、铜和铅等。再往下一级，事情就困难多了。区分一种长颈鹿和另一种长颈鹿比将长颈鹿与大象区分开来要困难得多。

原型效应的研究在语言学中也有着悠久的传统。研究最多的效应类型是类别内的不对称和等级，远离最佳示例。20世纪70年代，在心理学家和民族学家的推动下，发展了一种解决分类问题的新方法，该方法被称为原型理论。有些人毫不犹豫地将这一运动的领导者罗施（Rosch）的工作描述为革命性的，并且断言，鉴于分类在认知活动中的核心作用，原型理论从根本上更新了我们对人类思维本质和认知能力的概念。原型理论的范围迅速扩大。特别受到了语言学家的热烈欢迎，他们正在寻找新的语义模型,而"认知"这个标签现在似乎赋予了它的合法性。在心理语言学中,在过去的二十年里,词汇的问题逐渐战胜了句法问题,成为关注的中心,无数关于语义记忆和词汇访问的著作证明了这一点。相应地,分类和典型性的心理学理论在词汇学中变得越来越流行。

对于罗施和他的同事们来说,文字只是概念上的标签,而意义和概念之间的区别就逃脱了它们。但是语言学家也没有做出这种区分,他们将原型的概念扩展到名词、指示词(Fillmore)、动词(Coleman 和 Kay)、介词(Vandeloise)。

克莱伯(1990)的书正是针对这种从原型理论应用于词汇语义问题而产生的新语言潮流。公开的目标是提出对原型语义的批判性解读,并反思该模型的真正有效性。原型理论不仅并不总是与普特南(Putnam)的刻板印象理论(la théorie des stéréotypes)或维特根斯坦的家庭相似性理论(ressemblances de famille)明显区别,后者来自不同的理论背景,而且原型理论本身也发生了相当大的变化。原型的概念远非一成不变,而是经历了几次转变,一方面与罗什的思想演变及其在他工作的不同阶段给出的连续重新定义有关,另一方面与她从其原始框架,即认知心理学的框架,转移到语言语义学的框架有关。

莱文森和梅拉(2003)受柏林和凯(1968)提出的基本颜色术语创造的隐含尺度启发,对世界语言中空间术语形成的层次做了研究,这种层次结构涉及内部的词汇形成过程。而范德洛伊斯则在此基础上又针对英法中的空间术语、空间实体、动词、介词也进行了原型分类。他将英语三个原型介词认定为 at、on、in,分别对应三个维度,法语中对应的三个介词应该是 à、sur、dans。但是这三个介词由于动词编码和一些历史原因,在两个如此相似的语言中也不能做到完全对应。

本书语料中,法语中最常用的介词按照词频统计来说依次是 de、sur、à、dans、en、par、devant、derrière、entre,中文则是方位词起作用:上(67)、里(36)、中(19)、下(16)、左、中间、右、周围、对面。前四个常用的中文方位词"上、里、中、下",其中,"上"表示接触关系,"里"和"中"

第 6 章　空间话语范围导入词翻译方法的认知原因探究

表达一种包含关系，而"下"则一般不会接触，而是一种有距离的相邻关系。再之后的"左""右""周围""对面"也是表示一段距离的空间参照系统，而且按照这几个方位词都是"相对空间参照系"，也就是说假定物体是分左右，有正反面的，这都是认知方式所体现的一种具身感受。

因此，我们大胆假设中文的原型介词为"上""里/中""下"，分别表达接触、包含和相邻三种关系。这种原型介词并不像英法语言一样从一维、二维、三维等角度分类，而是更侧重从空间关系角度对介词分类。

前文的文献综述部分我们提到过，各种语言的动词和介词对于空间的编码方式并不一样，比如亚洲语言中的韩语和日语就将介词方位信息融入动词中，英语却需要使用 on，off 等介词附加信息才能表达完整的意思。但我们也不能完全盲目相信经典文献，比如法语就无法用一个动词来表达"扛"这个意思，可能需要说"porter sur les épaules"（承在肩上）。可见我们的中文原型方位词也不可能与英法语言达成对应关系。

6.2　空间语言的意象图式

《认知语言学教程》（文旭，杨坤，2022）中就提到了"两点一线"这种说法其实就是一种典型的"意象图示"认知方式。图式的概念源于哲学，经格式塔心理学家发展，由著名认知语言学家拉考夫和约翰逊（Lakoff and Johnson，1980）引入认知语言学。其著作将这种思维方式比喻为时空的蒸馏器，它们将复杂的空间形状在心中模拟、拓扑、加工、储存为点线面的形态。

伊万斯和格林（2006）提出的意象图示结构，指在大多数情况下，人类对空间的经验以及由此所形成的概念，一般借助意象图示构建起来的心理表征。一般有如下几种情况：容器、出发地—路径—目标、部分—整体、中心—边缘、上—下、前—后等类型。虽然心理表征的建立是类似的，但在不同文化和语言中，词汇对于背景的图式化方式其实是不同的，还有对

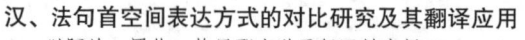

于相同物体的图式化方式却不一定是相同的。

泰尔米阐述了图式化（schematization）在空间语言描述中所扮演的角色，前面我们提到英语中的介词将背景图示为不同的拓扑结构，那么本书中常见的几个介词是如何图式化背景的，又有什么相同和不同呢？

本研究语料中，法语中最常用的介词按照词频统计来说依次是 de、sur、à、en、par、devant、derrière、entre，中文则是方位词起作用：上、里、中、下、左、中间、右、周围、对面。这两种语言中的空间语言图式化的方式是不同的。我们将这些中文方位介词分为三组来说明问题，第一组为"上"和"下"，第二组为"里"和"中"，第三组为其他词频较高的方位介词。

6.2.1 "上"和"下"

我们看到之前介词分析的情况中，"上"的整体使用频率是最高的，如"à l'annulaire"翻译为"无名指上"，"sur la chemin pierreux"翻译为"碎石子路上"，"dans le miroir taché"翻译为"在有斑点的镜子上"，三个例子中，à、sur、dans 都被译为"上"。"上"的高频出现可能有两点原因：一是"上"和"下"的不对称性；二是不同语言文化对于同一个物体的图式化方式不同。

先说"上"和"下"作为方位词的不对称性，经过文献搜索发现有研究讨论过这个问题。比如，储泽祥（1997）在《现代汉语方所系统研究》一书中指出，"上"有内部、外部和广延三种形态，而"下"并不与之一一对应。王佳（2020）也从认知角度对汉语方位词"上""下"的不对称性进行解析。

汉语主要是通过方位词来表达物体空间关系，当面对同一事件时，观察者如何编码语言去重构这一事件，取决于观察者与事件之间的视角。认知心理学中用"图像"和"背景"这对概念，来解释语篇中"上"和"下"在信息地位上的差别。当说"猫在垫子上"时，"猫"是"图像"，

第6章 空间话语范围导入词翻译方法的认知原因探究

"垫子"则是起衬托作用的"背景"。"图像"突出在"背景"之前，是人们感知事物时注意的中心。从信息传递的角度来看，这种信息具有认知上的"显著性"。认知凸显度会形成差异。例如：猫在垫子上。（*垫子在猫下。）

总之，方位词"上""下"的隐喻义在语义侧重和分布范围上是不对称的，"桌子上"是指桌子的表面，表示一种接触关系，而"桌子下"，是以桌子为参照点，即"桌子下"所指空间与参照空间互不包含，只能表示一种相离关系。同时，"上"的使用频率要多于"下"，因为在认知语义学中，"射体—地标"理论观照下方位词"上""下"的不对称现象，不仅反映了人类对于空间语言编码的一种基本认知能力，也折射出语言组织与实体世界相关的概念内容时的基本准则。同理，"里""中""内"显然比"外"作为地标/背景的能力要强。而法语中的介词描述视线的关注点时，其辖域能力更强一些。

"上"作为方位词高频的另一个理由是，不同语言对于相同物体的图式化方式不同。在某些情况下，说话者不能选择他偏好的重点或视角点，因为他所在的语言文化可能已经在不同的可能性中做出了"预选择"。比如说车辆、飞机、学校等空间会唤起"封闭体"图式或"平台"图式。法语中我们说"dans un avion"表示"飞机上"，英语则说"on a plane"。这个时候英语和汉语的图示化方式是类似的。"学校"在英法语言里都被认作一个平面：sur le campus/on campus，而汉语中则被图式化为一个封闭体，所以我们说"学校里"。

可以从 Linguee 的真实双语平行语料[①]中观察到，英法语言在语言文化中也不是完全一致的，"飞机"这个名词，在法语中表达为"dans un avion"（飞机里），而英语中则是"on the plane"（飞机上），如图 6-2 所示。

---

① 网址：https://www.linguee.fr/francais-anglais/search?source=auto&query=dans+un+avion.

汉、法句首空间表达方式的对比研究及其翻译应用
——以阿兰·罗伯-格里耶小说平行语料为例

Dans un avion, j'ai déjà eu l'occasion de discuter avec un juge d'une cour supérieure qui me disait que si les parlementaires [...] ↪ www2.parl.gc.ca	While travelling by plane, I had the opportunity to speak with a superior court judge, who told me that if parliamentarians [...] ↪ www2.parl.gc.ca	
Je sais d'expérience qu'en Albanie, on peut pénétrer dans un avion sans passer par le moindre détecteur d'explosifs. ↪ europarl.europa.eu	I know from my own experience how to board a plane in Albania without passing through bomb control. ↪ europarl.europa.eu	
Personne ne sait que cela se produit chaque fois que l'on monte dans un avion. ↪ europarl.europa.eu	No one knows that this is what happens when he or she boards an aircraft. ↪ europarl.europa.eu	
Le coût d'une expédition peut être modifié en fonction du volume occupé dans un avion. ↪ dhl.ci	Shipment cost can be affected by the amount of space occupied on an aircraft. ↪ dhl.hu	
Nous ne transporterons pas 200 personnes dans un avion à énergie solaire l'an prochain, peutêtre même pas dans vingt ans. ↪ internationaltransportforum.org	We will not be transporting 200 people in a solar-powered airplane next year, and maybe not even in 20 years. ↪ internationaltransportforum.org	
[...] renseignement qui ont permis à Umar Farouk Abdulmutallab d'embarquer dans un avion à destination des Etats-Unis avec des explosifs . ↪ esisc.net	[...] intelligence agencies which enabled Umar Farouk Abdulmutallab to board a plane headed for the United States with explosives. ↪ esisc.net	
Une des horloges, placée dans un avion et l'autre sur la terre ferme. ↪ urantia-uai.org	One clock is placed on a plane and the other one on the ground. ↪ urantia-uai.org	
Son père, alarmé, a sauté dans un avion pour tenter de le convaincre de ne pas travailler pour une société concurrente mais [...] ↪ pwc.ch	His father recognised the explosiveness of the situation, got on the plane and convinced Martin to join the family business rather than the competitor. ↪ pwc.ch	
Soit dans un avion ou hélicoptère qui vole dans un couloir aérien réservé. ↪ uci.ch	Either on board of an helicopter or plane that flies over the event. ↪ uci.ch	
Comme si nous avions passé notre vie dans un avion en vol, traversant nuages sombres et turbulences, et que nous voyions soudain l'avion s'élever en flèche dans un ciel clair et sans limites. ↪ rigpa.org	It is as if all our lives we have been flying in an airplane through dark clouds and turbulence, when suddenly the plane soars above these into the clear, boundless sky. ↪ rigpa.org	

图 6-2　Linguee 在线双语平行语料中查询 dans un avion 法英对照情况

表 6-6　中文与法文对照观察（74）

序号	法文	中文
例 150	**Dans le battant gauche, ouvert**, de la première fenêtre de la salle à manger, au centre du carreau médian, l'image réfléchie de la voiture bleu vient de s'arrêter au milieu de la cour.（p.161）	在饭厅第一只窗子左面那扇敞开的窗户上，正中那块玻璃映现出蓝色的篷车刚刚停到院落中央。（p.110）

第 6 章　空间话语范围导入词翻译方法的认知原因探究

续表

序号	法文	中文
例 151	**Dans le miroir taché**–de mauvaise qualité sans aucun doute car il n'est pas tellement ancien–s'encadre le visage d'une très jeune fille aux cheveux pâles, défaits, à la poitrine nue, sa longue chemise de nuit blanche en dentelle ayant glissé jusqu'à la taille, sous l'action sans doute de deux bras agiles et de deux mains aux doigts effilés qui retiennent encore le tissu de chaque côté, sur les hanches	**在有斑点的镜子上**——这面镜子肯定质量不好，因为它还不十分旧就有了斑点——显出一个非常年轻的少女的脸，她的散落的头发作淡白色……她的白色花边长睡袍已经滑落到腰部，一定是她两条灵活的臂膀和十指尖尖的双手移动时滑落的，两只手还在腰部两边提着睡袍呢。（p.69）
例 152	**À l'intérieur du** sous–main, le buvard vert est constellé de fragments d'écriture à l'encre noire（p.132–133）	垫板上一张绿色的吸墨纸印着零零碎碎的墨迹（p.93）

语料中跟随"中"的名词还有"窗""大气""镜子"等名词，某些名词的图式化方式在不同语言中是不太一样的。比如"窗"和"镜子"这样的物体，我们应该强调其表面还是其内在呢？汉语当中会说"镜子上"还是"镜子中/里"更多一些？

表 6-7　中文与法文对照观察（75）

序号	法文	中文
例 153	Mais **dans** le panneau de gauche, plus sombre quoique plus brillant, l'image réfléchie est franchement distordue[...]（p.58）	而在左边的窗扇**中**，玻璃很亮但看上去很暗，因为景物是通过反射而映现出来的，并且完全走了样子……（p.46）
例 154	**Dans** l'air presque frais qui suit le lever du jour, le chant des oiseaux a remplacé celui des criquets nocturnes, et lui ressemble, quoique plus inégal, agrémenté de temps à autre par quelques sons un peu plus musicaux.（p.139）	在早晨清新的大气**中**，鸟儿的鸣啭取代了夜间昆虫的叫声。两种声音很相似，只是鸟儿的叫声多一些抑扬起伏，间或被几声更富音乐感的叫声装点得格外丰富。（p.96）

我们在北京语言大学语料库中心（BLCU Corpus Center，简称 BCC）中分别查询"镜子里"和"镜子上"，前者"里"有 2 789 条，后者"上"有 299 条，如图 6-3 所示。"镜子上"后面通常跟随"水汽""斑点""水珠"，

虽然也有映照出来的"眼睛"等影像，但显然"镜子里"的情况更多一些。

图 6-3　北京语言大学 BCC 语料库查询"镜子里"和"镜子上"

同样的方法可以检索到的"窗上"有 1 250 个句子，"窗里"只有 455 个句子，"窗中"有 239 个句子，如图 6-4 所示。而且"窗里"前面通常有一个"从"，构成"从……里"，或"动词+进……里"，并与"外"形成对照组；"窗中"出现的有"手""人""枪声""床单""家具""声音"除了从窗户内抛出或伸出的物体，还有从窗户这个地方观察到的屋内的人事物，以及这个小的出口传出来的声音；"窗上"的存在物有"雨""影子""头""晚霞""重物""孩子"等，也就是说除了物理学意义上的

第 6 章　空间话语范围导入词翻译方法的认知原因探究

倚靠或撞击在窗上，影子的投射区域也是窗上而不是窗中。

图 6-4　北京语言大学 BCC 语料库查询"窗里""窗中"和"窗上"

不过"上"也并不是无处不在的情况，有些"sur"原本应该对应"上"，但由于 sur 后面跟随的名词"le coin du bureau""le second rang""la plantation"和"ce côté"与中文的名词图式化方式也不同，特别是"种植园"（la plantation）与上文提到的"学校"（le campus）的认知图示方式是相似的，中文将其处理为一个三维空间，而法文则认为是一个二维平面。

表 6-8　中文与法文对照观察（76）

序号	法文	中文
例 155	**Sur le coin du bureau** se dresse un petit cadre incrusté de nacre, contenant une photographie prise par un opérateur ambulant lors des premières vacances en Europe, après le séjour africain.（p.60）	**在书桌的一角**立着一只镶嵌着螺钿的小镜框，里边放着一幅照片，那是早先离开非洲后，在欧洲度假时，由一位到处兜揽生意的照相师拍摄的。（p.47）
例 156	**Sur le second rang**, en partant de l'extrême gauche, il y aurait vingt-deux plants（à cause de la disposition en quinconce）dans le cas d'une pièce rectangulaire.（p.27）	左起**第二排树**，要是在一个矩形中的话，应该有二十二株（因为植株之间是梅花阵的排列方式）。（p.26）
例 157	**Sur la plantation** aussi, ce temps a été bien employé（p.75）	**种植园里**时间的确没有荒废（p.57）
例 158	**Sur ce côté**(le côté droite)la tête s'incline, de manière à mieux offrir les cheveux à la brosse.（p.51）	为了使头发凑向发刷，头歪**向了这一侧（右侧）**。（p.41）

另外，某些方位标名词，比如 coin、rang、côté 等其后不再加方位词，因为这个方位标就足以表明其所处方位，无须再画蛇添足，"一侧上""一角上""一排上"是错误表达。

6.2.2　"里"和"中"

与中文"里""内""中"对等的介词 dans，和其英语、德语或荷兰语的对等物，大部分描述都让人联想到拓扑包含（inclusion）的概念。

不同语言中的介词是无法完全对等的，因此讨论"里"或"中"与"dans"的区别是有一定的局限性的。比如，in 和 dans 的区别，英语和法

第 6 章 空间话语范围导入词翻译方法的认知原因探究

语都用在地区前，比如森林或地区。但是英语中 in 后可以加国家，法语却使用 à 或者 en 分别加阴阳性国家，这就是说法语将国家和城市处理为地标（landmarks），英语则将国家城市认为是类似于实体的容器。而中文的国家名词作为天然处所名词，后面是不加任何方位词的，即我们不说：中国里、法国中。国家专有名词前甚至很少加"在"这个方位介词，除非为了强调或者引起话题等。很显然，这种差异显示介词的选择并不是被现实所决定的。然而，这也并不意味着语言所作的决定是任意的。实际上，语言经历历史变化，英语中，城市和国家前直到 17 世纪都使用 oet（at 的前身），而法语中 en 这个介词是从拉丁介词衍生出来的。

张金生和刘云红（2008）从认知语言学视角考察了"里""中""内"的空间意义。首先提到了一些前期研究，但这些研究的局限在意义描述，缺乏系统性，没有统一标准，且限于定性分析。虽然分析了这三个近义词的意义上的一些差异，比如"内"强调边界意义，与"外"形成对立关系；"中"强调较大事物的空间内部以及游移活动意义；"里"则强调"满"的意义。相对"内"有限而具体的状态，"里"的范围更加宽泛。然后，作者从认知角度且利用"北京大学汉语语料库"量化探讨这三个"空间介词"的容器意象图示意义。结果可以发现，表达空间意义的数量从多到少的顺序是：里、内、中（52.4%、30%、26.8%），这与我们的统计结果也是基本符合的，只是我们的语料中用到的"内"较少。随后，作者又将这些表示包含的容器分为七种，是按照一维、二维和三维是否有边界和空隙来分类的。根据与容器的相似程度分为三种，即容器（有外壳或外部边框，有内部空间，外部全封闭或半封闭，跟随方位词"里"的频率最高，如瓶、桶、冰箱、车厢等）、类容器（不是自然容器，但形状近似容器，三种介词使用频率都很低，"内"甚至没有出现，如椅子、树杈、角落、怀抱、杯子等）和处所词（实际上也是容器，"里"的使用频率依旧最高，如办公室、宿舍、教室、酒吧等）。

考察我们的语料，在表达空间意义时，"里"大部分情况下跟随一个处所词，比如 À l'intérieur 根据上下文语境，被译为屋子/厅堂里边/面，餐厅里、卧室里都属于三维有边界和内部空间这种情况：

表 6-9　中文与法文对照观察（77）

序号	法文	中文
例 159	**Dans** la salle à manger brillent deux lampes à gaz d'essence.（p.16）	餐厅里点了两盏汽灯。（p.18）
例 160	**Dans** l'office, le boy est en train déjà d'extraire les cubes de glace de leurs cases（p.84）	在厨房里，仆人已经在从冰盒里往外倒冰块儿了（p.63）

还可以发现标准的三维容器，边界敞开或封闭的情况都有，比如杯子、抽屉、信箧等：

表 6-10　中文与法文对照观察（78）

序号	法文	中文
例 161	**Dans** les trois verres, les morceaux de glace ont maintenant tout à fait disparu.（p.66）	三只杯子里的冰块这会儿都消失了。（p.51）
例 162	**Dans** le tiroir de la table, il y a deux blocs de papier pour la correspondance（p.133）	在书桌的抽屉里，还有两沓信纸，其颜色、质地和尺寸与上述的一模一样。（p.93）
例 163	**Dans** sa partie droite, plusieurs boîtes renferment des vieilles lettres;（p.134）	右侧的几只信箧里放着些旧信件。（p.93）

院子属于一个处所词，从真实的物理场景看应该属于敞开的三维空间：

表 6-11　中文与法文对照观察（79）

序号	法文	中文
例 164	De l'autre côté de la fenêtre fermée, **dans** la cour poussiéreuse dont l'empierrement inégal laisse affeurer des zones de cailloux, la camionnette a son capot tourné vers la maison.（p.73）	关着的窗户的外边，院子里的沙土地露出一片片的碎石，小卡车头朝房子停在那里。（p.56）

第6章 空间话语范围导入词翻译方法的认知原因探究

"中"在近一半的情况下使用三维地标，"中"还表示"之间""中心"的意思，所以对应的法语原文还有"entre""au centre""au milieu"的情况，这是与"里"的不同之处：

表 6-12　中文与法文对照观察（80）

序号	法文	中文
例 165	**Entre** les deux battants, comme à travers celui de droite qui est à demi poussé, s'encadre, divisée en deux par le montant vertical, la partie gauche de la cour où la camionette bâchée stationne, son capot tourné vers le secteur nord de la bananeraie.（p.45）	跟右边那扇开着的窗户一样，在两扇窗户**中间**，镶着左边这一半院子的景物，只是被窗扇那根垂直的边框割成了两半。小卡车盖着帆布停在那儿，车头朝着北边那片蕉林。（p.37）
例 166	**Au milieu de** celle-ci figure déjà un autre plat intact, où, sur un fond de sauce brune, sont rangés l'un près de l'autre trois oiseaux rôtiss de petit format.（p.56）	桌子**中央**有一盘菜尚未动过。盘子底上铺了一层棕色的沙司，并排摆上三只个头儿不大的烤炙飞禽。（p.44）
例 167	Derrière la table, **au centre du** long buffet, la cruche indigène a l'air encore plus volumineuse（p.128）	桌子后面，平柜**正中**的那只瓦罐显得更大了（p.90）
例 168	**Au milieu du** triangle, le mot HYMEN figure en guise d'enseigne	在三角形的**正中**，写着"结婚"两字作为招牌（p.95）

再之后的"左""右""周围""对面"需要考虑认知科学的又一重要主题，即具身认知理论，因为这些表达方位的中文词，需要考虑说话人的身体感知，才能分辨左右和前后以及周围的事物。这一部分我们将放在下一小节来具体分析。

6.3　具身认知

具身认知理论（la théorie de la cognition incarnée，英文为 embodied

· 243 ·

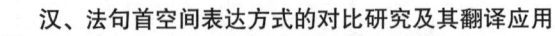

cognition），中文还称为体化认知，体现的认知，是过去三十年来发展起来的一种理论潮流，与自 20 世纪 50 年代占主导地位的认知思想相对立。其本身而言，具身认知源于进化论，特别是我们来自神经系统基本上致力于感知和运动处理以与直接环境相互作用的生物（Wilson, 2002）。简而言之，具身理论认为心智不应该被设想为一台计算机，而应该在身体语境以及其与环境的相互作用中理解。必须在一个人的身体背景（感觉运动环境）及其与环境的相互作用中理解心灵。认知语言学认为，语言结构代表了从我们的经验中映射的概念结构。人们通过存储或生活经验来阅读或理解语言时，这被称为具身认知。

传统观点中心灵哲学和认知科学将心灵描述为一个信息处理器，它与身体和世界的联系在理论上并不重要；相反，越来越多的经验证据表明，身体状态和特定模式的感知和行动系统是信息处理的基础，并且这种体现有助于心理现象的各个方面和影响。

胡壮麟评介王寅所创建的"体认语言学"（Embodied-cognitive Linguistics）时说：

王寅把兰盖克的经典语句"Language is learned and used in context"增补了一个介词短语"by human beings"，以突显语言的人本性。

（胡壮麟，2022）

这也说明体认语言学也强调人的具身感受。基于相同文化和不同文化的人与人之间的交流永远不会停止，人们总是可以以某种方式理解与他们交流的人，这表明语言必须包含另一种人际关系，一种对人类共同经验的模仿关系。在语言交际中，人们倾向于通过提供和采用不同的体现来调整自己的心理建构。我们的大脑和思想是由我们的经历塑造的，这些经历主要发生在我们发展和生活的文化背景下。具身认知是翻译研究和认知语言学的关键概念。文旭认为，如果把翻译当成一种认知现象来研究，就可以称为认知翻译学思维是具身的。具身认知给翻译研究的启示是，在翻译中不但要考虑语言结构，也要考虑概念结构或经验结构，即在翻译过程中要考虑原语的概念结构或经验结构。

令人惊讶的是，空间认知很少受到具身认知研究的关注。尽管语言是一种使用记忆和感知的能力，但它仍然是空间表征的特定信息来源，因为它允许在不面对环境的情况下访问环境。在人类谈论空间环境时，面对和不面对环境所使用的表达方法体现了人类的具身认知方式。下面将从空间参照系和人类语言对空间顺序的像似性模拟两个方面来讨论。

6.3.1 空间参照系

根据莱文森（2004）的研究，语言中的空间参照系有三种：绝对的、固有的和相对的（absolu, intrinsèque et relatif）。不是所有语言都使用全部的三种空间参照系，某些语言只使用一种，某些使用两种（固有的和相对的，或者固有的和绝对的），而某些语言三种都使用。

按照莱文森（2004）和齐沪扬（1998）对于参照点的研究，无论是哪种语言的空间方位关系都可以分为表示绝对关系的方向词"东、南、西、北"和表示相对关系的方向词"前、后、左、右、上、下"等情况。

《嫉妒》当中有很多使用"东南西北"这样的环境参照系的句子，所以翻译的时候也可以自己添加"南"这样的方向。可是《迷宫》和《拓扑》中使用环境方向作为参照系的句子很少，使用"左右"和"前后"这样以自身为参照系的相对关系情况比例非常大。译文一般来说都做到了忠实于原文。

表 6-13 中文与法文对照观察（81）

序号	法文	中文
例 169	Au bas des deux fenêtres exposées **au sud**, des rais de lumière filtrent à travers les interstices des jalousies fermées.（p.137-138）	在**南面**两扇窗子下面，光从关着的百叶窗缝隙间渗了进来。（p.96）
例 170	Sur la terre nue, devant le pigon **ouest**, se projette l'ombre gauchie de la maison.（p.30）	房子的影子倾斜地投射在**西面**山脚下的土地上。（p.28）

续表

序号	法文	中文
例 171	Au bout de cette branche **ouest** de la terrasse, s'ouvre la porte extérieure de l'office, qui donne accès ensuite à la salle à manger, où la fraîcheur se maintient tout l'après-midi.（p.54）	在露台**西侧**这一翼的尽头，开有厨房的门。在屋内，厨房的另一道门通向餐厅，餐厅里整个下午都保持着空气的清新。（p.43）

然而，在语料《嫉妒》中有这样的一例，译者在译文中加入了方向"南"，而这在原文中并不存在：

表 6-14 中文与法文对照观察（82）

序号	法文	中文
例 172	Depuis la route un chemin carrossable mène aux hangars et...（p.9）	从大路**往南**，有一条可以走车的小路直通车房，[……]（p.14）

并且，这句话如果直译是不成立的，上文提到介词"从"的用法中，介词组合"从+名词组合+方位词"方能成立，但 depuis 这个法语介词并不包含方位信息，所以译者通过上下文信息将方位词补充到译文中。

还有一个例子方向都被译者改变了：

表 6-15 中文与法文对照观察（83）

序号	法文	中文
例 173	À l'autre bout de cette brache ouest de la terrasse, s'ouvre l'office.（p.12）	在露台这一面的**北端**就是厨房的门。（p.16）

为什么要将"ouest"（西）翻译为"北端"？难道是译者的失误？

我们看到这句话的左侧上游语境，译者除了忠实翻译"sud-ouest"为"西南"，"ouest"为"西面"外，还加入了"正南方向""正南"这样的方向内容。仔细观察译文，译者没有翻译"ouest"，而是将"l'autre bout"明晰化，指出"露台西面"的另一端实际上就是"北端"。这是根据上文语境推断出来的。

第 6 章　空间话语范围导入词翻译方法的认知原因探究

表 6-16　中文与法文对照观察（84）

序号	法文	中文
例 174	Maintenant l'ombre du pilier — le pilier qui soutient l'angle **sud-ouest** du toit — s'allonge, sur les dalles, en travers de cette partie centrale de la terrasse, devant la façade, où l'on a disposé les fauteuils pour la soirée. Déjà l'extrémité du trait d'ombre atteint presque la porte d'entrée, qui en marque **le milieu**. Contre le pignon **ouest** de la maison, le soleil éclaire le bois sur un mètre cinquante de hauteur, environ. Par la troisième fenêtre, qui donne de ce côté, il pénétrerait donc largement dans la chambre, si le système de jalousies n'avait pas été baissé.	现在撑着屋顶**西南角**的柱子，已经将阴影投到房屋**正南方向**露台的地上。这一带是露台的主要部分。平时总放着靠椅和茶几，以便晚上在此乘凉。影子的一端已经靠近大门，这是房子**正南**的中心。阳光照到了**西面**山墙一米半左右的高度。卧室的第三个窗户就开在这一面，要不是百叶窗关着，阳光早就照到屋里去了。

我们的语料中，作者三部小说中，只有《嫉妒》中使用了"东西南北"这样的固有空间参照系，剩下的两本《迷宫》和《拓扑》并没有使用这样的参照系，大部分都采用"上下左右"这样的相对空间参照系，译本基本上都是还原的。《嫉妒》的译者基于原文整体所采用的参照系，补充了"南"这个方向，即采用以环境为中心的固有参照系。

6.3.2　认知顺序

语言是思维和认知的结果，是心理的表征。人的思维和认知决定着语序的选择和使用；反过来说，语序映照着人的思维和认知顺序。语言中的时空顺序均存在着像似性和非像似性语句。

戴浩一在《时间顺序和汉语的语序》[①]（1988）一文中认为汉语遵循时序原则（principe of temporal sequence），以汉语的词序论证了汉语的时间顺序原则，即两个句法单位的相对次序决定于它们所表示的概念领域里

[①] 原作文章 *Temporal Sequence and Chinese Word Order*，载于 1985 年 Typological Studies in Language 第 6 卷。黄河翻译后做了删节，译文载于《国外语言学》1988 年第 1 期。

的时间顺序。他还提出了时间范围原则（The principle of temporal scope，简称 PTSC），表述为如果句法单位 X 表示的概念状态在句法单位 Y 表示的概念状态的时间范围之中，那么语序是 YX。例如：

（45）美国，伊利诺伊州，卡本代尔市，大学路，800 号。
（46）1980 年，12 月，22 日，上午，10 点。[①]

PTSC 体现了汉语中更加普遍的一条原则，即无论时间还是空间，大范围成分总是限于小范围成分。在戴浩一看来，汉语的语言单位排列的顺序象似于时间顺序和思维顺序，汉语中语序与时序之间存在较高的像似性。英语则遵循现实原则（principe of actuality）。

张敏（2019）《时间顺序原则与像似性的"所指困境"》注意到，斯洛宾（2005）的疑惑是，如果说像似性指的是能指和所指之间"自然的相似性"，凭什么认定某语言的某结构与其表达的意义之间是"自然地相似"？作者以位移事件词汇化模式的跨语言差异为个案提出问题：在描述完全相同的客观场景时（如表达"约翰跑进了房间"），不同类型的语言可从不同角度以不同的方式进行识解并反映在句法形式上，如卫星框架型的英语用 "John ran into the room"，动词框架型的法语用 "Jean（约翰）est entré dans la chambre（入于房间）en courant（以跑的方式）"。如何判断这些形式是否像似？此时，自省的办法是无效的，因为任何一个语言的母语者都会觉得本族语的表达方式与经验结构最具有像似性。

李运兴《语篇翻译引论》的语篇结构这一章里面提到了时空顺序，他认为汉语相对于英语对现实世界具有更强的临摹性：

"不论是综合语（synthetic language）还是分析语（analytic language）

---

① 例句来自戴浩一的文章《时间顺序和汉语的语序》。

第6章　空间话语范围导入词翻译方法的认知原因探究

都必须按一定的时空框架构建语篇，只不过前者的临摹性不如后者强，是语际转换中应该着意处理的。"

（李运兴，2001）

现实世界中，动作和事件均依照时间顺序发生，但反映到语篇中，不同语言的编码方式就不同了。以英汉比较为例，英语中可以说：

（47）"When I entered his office, he stood up to greet me."也可以说"He stood up to greet me when I enterd his office."

（47'）"我一走进他的办公室，他便起身和我打招呼。"而不能说"他便起身和我打招呼，我一走进他的办公室。"

虽然本书并没有涉及时间顺序，但时间顺序这一点也能说明问题，观察法语中的叙述方式，时间顺序表达方式与英语基本相同。

王文斌和艾瑞（2022）不同看法，他们认为如果加上一些连接词，汉语完全可以不遵循PTS原则，比如：

（48）从前有座山，山上有座庙，庙里有个老和尚在给小和尚讲故事。

（48'）There was a monk（who was）telling stories in a temple（which was）located in mountain.

就这个例子，他提出"山""庙""和尚"形成了从大到小、从整体到部分、从背景到图形的排列顺序，是汉语空间顺序原则的典型体现，其英译的语序描写的逻辑顺序也做出了很大的调整，"山""庙""和尚"三者的排列顺序被调整为"和尚""庙""山"，由小到大，由近及远，由聚焦点向外辐射。汉语描写性篇章中的描写顺序一般为从大到小（从一般到特殊）、从整体到局部（从综合到分析）、从宏观到微观（从远到近），体现为"以大为大""以虚为大"等空间顺序原则。这与刘宁生（1995

汉、法句首空间表达方式的对比研究及其翻译应用
——以阿兰·罗伯-格里耶小说平行语料为例

提出的汉语的空间顺序是由参照物（ground）到目的物（figure）不谋而合。

萧立明（2001）[55-56]也发现，不同语言对空间顺序的编码并不尽相同，从空间的认识上来说，中国人的视角由大及小，而英美人的视角则由小及大。作者采用长篇小说《德伯家的苔丝》（Tess of the d'Urbervilles）第二章的首段为例来进行讨论。原文中作者的视角从里向外扩大，最重要的信息，即故事发生的村庄处于主位上。而由于中国人的视角由外向里缩小，处于述位上的重要信息是为了获得所谓"画龙点睛"的效果。萧立明的解释是，各民族之间的语篇特征与文化传统是有一定联系的。有语言学家（原文并未指出出处）把世界各民族的思维模式归纳为四大模式：东方式、闪族式、斯拉夫式、英美式，如图6-5所示。

东方式　　　闪族式　　　斯拉夫式　　　英美式

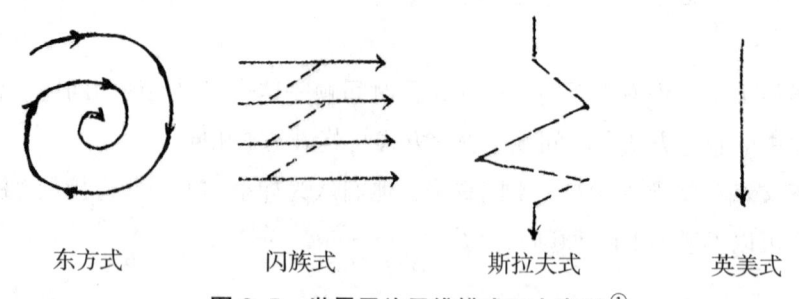

图6-5　世界民族思维模式四大类型①

（资料来源：转引自萧立明。）

这个图示或许可以从一定程度上解释为何译者要"大动干戈"，费力将原文中的空间顺序调整。难道世界不同民族的思维模式就是如此地简单易懂，非此即彼吗？我们通过空间表达这种表征现象对人类内在思维的反向推理的这种研究方式是否科学呢？

空间顺序的排列是按照范围大小、程度高低、形状大小层次或位置高

---

① 原图解释：东方民族的思路是螺旋式展开的，如中国人起承转合式的语篇。闪族（阿拉伯人）的思路是平行展开的，常以寓言体出现。斯拉夫人是按"之"字形展开的，例如插述很多。英美人则是按直线形展开思路的，常常先点出命题，再围绕命题直接发挥。

第 6 章　空间话语范围导入词翻译方法的认知原因探究

下、距离远近、关系疏密、分量轻重，无论如何排列都具有明显的层递性。空间是遵循上下、大小、近远顺序。相对顺序一般是由大到小，抑或由小到大、先整体后部分。

那么法文中的空间描写顺序真如我们的研究所说，一定是从焦点到环境吗？答案是否定的，可以看到，多个句首空间表达的排列顺序，如果在句法上是同质的，一般来说 LOC2 占据了更靠近核心的位置，作用是为了使 LOC1 的定位信息更清晰。LOC1+ LOC2（+ LOC3）的顺序可能如下。

平行关系：

表 6–17　中文与法文对照观察（85）

序号	法文	中文
例 175	Devant la porte, au bord du trottoir, un réverbère est allumé, bien qu'il fasse encore jour	门前，人行道边上，街灯亮着，尽管现在正是白天。（p.86）
例 176	À droite, à gauche, au-dessus, toutes les fenêtres sont closes, et montrent des carreaux noirs, sales, sans le moindre voilage, ne laissant deviner aucune trace de vie dans les pièces sans lumière, comme si l'immeuble entier était abandonné	门的左右上方的所有窗户都关着，露出又黑又脏的一排排玻璃，窗上亦没有任何遮拦的东西，这些黑灯瞎火的房间里没有人住过的丝毫痕迹，仿佛整个大楼是一幢荒宅。（p.43）
例 177	Sur les joues creuses, autour de la bouche entrouverte et sur le menton, la barbe, très noire, est longue d'au moins quatre ou cinq jours.（这几个是并列平行的）	在凹陷的双颊、张开的嘴巴四周以及下巴颏上，长满黑森森的胡子，至少四五天没有刮脸了。（p.153）
例 178	À droite de la lampe et en arrière de celle-ci – contre le mur – une cruche indigène en terre cuite marque le milieu du meuble.（p.16）	在那盏灯的右后方，靠墙摆着一只当地人烧制的瓦罐，这是平柜的中央。（p.18）
例 179	Tout en bas, au fond de la vallée, devant la parcelle taillée en trapèze où les rayons obliques du soleil découpent chaque panache, chaque feuille de bananier, avec une netteté extrême, l'eau de la petite rivière montre une surface plissée, qui témoigne de la rapidité du courant.（p.168）	在很低的山谷深处，在那块呈梯形的地段前边，斜射过来的阳光将每一行树木甚至树木的每一片叶子照耀得清晰分明。小溪里的流水现出褶皱似的波纹，这说明水流够湍急的。（p.115–116）

背景+包含（从大到小）关系：

表6-18 中文与法文对照观察（86）

序号	法文	中文
例180	Au carrefour, au pied d'un réverbère, un petit rond de neige piétinée présente la même teinte jaunâtre que les étroits sentiers qui longent les maisons	在四岔路口，街灯脚下的一小块圆形地面上的雪由于被践踏而变得与房子平行的小径一样微微发黄。（p.19）
例181	Au-dessous de l'estampe, dans la marge blanche, une légende est calligraphiée en écriture anglaise : « La défaite de Reichenfels »	画面下方空白的地方是英文体的手写题名：《莱曾费尔兹的失败》。（p.21）
例182	Tout à fait sur le devant, dans la partie gauche du cadre, une seconde tache de lumière vive réunit de la même façon trois autres personnages féminins	在最前面，舞台的左边……第二圈明亮的光线同第一圈一样，把另外三个女人集中在一起……她躺在一张椭圆形的有点像手术台的桌子上，桌子只有中央一条腿，越到下面越宽阔，最后构成一个圆形的大底座。（p.55）
例183	Dans le battant gauche, ouvert, de la première fenêtre de la salle à manger, au centre du carreau médian, l'image réfléchie de la voiture bleu vient de s'arrêter au milieu de la cour. (p.161)	在饭厅第一只窗子左面那扇敞开的窗户上，正中那块玻璃映现出蓝色的篷车刚刚停到院落中央。（p.110）

　　在例184中，从房子（la dernière maison）到墙角（l'arête du mur）再到墙角与小径（le sentier）之间，空间位置是不断细化的。好像是作者不断用线条把空间缩小，最后缩小到一个"L"形之中。例185和例186是非常类似的，三个LOC的构成方式都在整体—部分—具体条件下（中轴线、微弱光线中）。

第 6 章 空间话语范围导入词翻译方法的认知原因探究

表 6-19 中文与法文对照观察（87）

序号	法文	中文
例 184	Juste au coin de la dernière maison, debout contre l'arête du mur, dans la bande de neige blanche en forme d'L comprise entre celui-ci et le sentier, le corps coupé verticalement par l'angle de pierre derrière lequel disparaissent un pied, une jambe, une épaule et tout un pan de la pèlerine noire, le gamin est en observation, les yeux fixés sur le lampadaire de fonte	就在最后那幢房子的拐角上，孩子紧贴着墙角在窥视，眼睛盯着铸铁的街灯，站在墙角与小径之间呈"L"形的白色雪地里，身体正好从横里被墙角的石头垂直挡住，一只脚、一条腿和一只肩膀，还有黑色斗篷的整个下摆，都看不见了。（p.40）
例 185	À l'intérieur, tout au fond de la chambre noire et dans l'axe de symétrie de l'ensemble, brûle une torche	在屋子里面，黑暗房间的深处，把整体分为对称两半的中轴线之间，燃烧着一支火炬（p.41）
例 186	Contre la partie rentrante du mur, dans l'embrasure de la porte, du côté qui reçoit un peu de lumière du lampadaire le plus proche, est fixée à hauteur d'homme une petite plaque : quelque inscription concernant le locataire de l'immeuble, ou du moins l'un des locataires	在墙角边的门洞里边，在一人高的位置上钉着一块小牌子，从最近的街灯照过来的微弱光线中，可以看得出是房客的名牌或者至少是其中一家房客的名牌。（p.76）

而且，空间移动者和观察者是不是同一个人，与空间的描写顺序也有关系。当观察者和画面中的移动者不同时，观察者采取由远及近的顺序。语料中的情况是，《嫉妒》中隐身的丈夫就是这个观察者和移动者，他描述的场景也包括其想象空间；《迷宫》中的叙述者"我"处于陈述内外两个部分；《拓扑》中的叙述者不受时空的限制，可以从一扇窗或一幅画跳跃到另一个空间中去。这是一个移动者不断地移动并将所观察到的情况实时叙述出来的过程，所以空间移动者和观察者是同一个人，叙述按理说应该采取由近及远，由细节到整体的顺序。

总体来看，当法语视角是从整体到局部或彼此为平行关系时，中文译文通常上是忠实原文的。中文翻译的情况可以从例187中看到，从定位顺序来说基本与原文保持了一致。但是当法文的叙述方式是从小到大的情况，译者却没有忠实原文。实际上，三部小说的翻译中总共只有八个例子中的原文的空间顺序与译文是不同的，这些例子中法文的空间顺序情况是由小到大，由聚焦的某一点再扩散到周边的环境，中文译文并没有忠实翻译，而是使用从大到小的顺序，从环境到焦点这样的方式进行描述。

这说明当法文视角是从小到大进行的，从局部一点上升到整体视野时，中文译文的翻译往往是相反的。最经典的一个例子在《拓扑》这本书里，这个例子中，呈现在读者眼前的画面如果用电影镜头表示的话，应该是最开始聚焦在石板地上（Sur le dallage），然后镜头拉远，出现一片枯死的树（entre les arbres morts），镜头再往上看到的地图更为广阔，我们可以看到最初的林荫道（de l'autre côté de l'avenue）就在这个事件发生地点的另一边。可是，中文译文正如我们分析的那样从大的背景信息逐步细化到焦点信息。

表 6-20　中文与法文对照观察（88）

序号	法文	中文
例187	Sur le dallage, entre les arbres morts, de l'autre côté de l'avenue, sont apparus à présent quatre ou cinq hommes en survêtement de sport	林荫道的另一边，在枯死的树中间，石板地面上现在出现了四五个穿厚运动衫的男人（p.127）

而剩下的例子中大多数情况是法文的顺序是一个比较小的局部位置，后面是其修饰成分，往往是一个更大的空间区域，这也符合我们译文中两个空间区域用"的"来连接的情况。中法文的修饰成分摆放位置是不同的，法文的修饰成分置于所修饰的名词组合后面，而中文置于名词组合前，这也造成了法文顺序是从小到大，而中文顺序是从大到小的情况。

表 6-21　中文与法文对照观察（89）

序号	法文	中文
例188	Sur le pont de rondins, qui franchit la rivière à la limite aval de cette pièce, il y a un accroupi.（p.29）	在这块地的下端，一座木桥横跨在小河上，桥上蹲着一个人（p.27）

第 6 章　空间话语范围导入词翻译方法的认知原因探究

续表

序号	法文	中文
例 189	Sur la cloison nue, entre la porte de l'office et le couloir, la tache formée par les restes du mille-pattes est à peine visible sous l'incidence rasante.（p.54）	在厨房门与走廊之间光秃秃的墙壁上，那块由蜈蚣的残骸组成的斑点，虽然擦拭仍清晰可辨。（p.43）
例 190	Depuis le fond jusqu'à la limite supérieure des pièces les plus hautes, sur le flanc opposé à celui où se trouve bâtie la maison, le comptage des plantes est assez facile（p.25）	在与房子遥遥相对的山坡上，从谷底到种植园最高处的地段边缘，树木的植株很容易数清（p.25）

例 191～例 193 这三个例子略有不同，不属于部分名词+整体修饰语的情况，而是方向（反方向、往右、左起）+区域（窗棂外面、第二排、按照顺序），译文的顺序也是不同的。同样可以理解为方向先划定一片比较大的区域，而下一个地点状语再将其细化为更局限的一个地点。不过，"按照顺序"完全可以删掉，因为"依次"与其意思重复。

表 6-22　中文与法文对照观察（90）

序号	法文	中文
例 191	En sens inverse, derrière les carreaux repasse le chapeau de feutre.（p.43）	在窗棂外面，草帽朝相反的方向掠过。（p.36）
例 192	Sur le second rang, en partant de l'extrême gauche, il y aurait vingt-deux plants（à cause de la disposition en quincone）dans le cas d'une pièce rectangulaire.（p.27）	左起第二排树，要是在一个矩形中的话，应该有二十二株（因为植株之间是梅花阵的排列方式）。（p.26）
例 193	À droite, viennent, dans l'ordre, la manche courte de la chemise kaki, la cruche indigène ventrue, en terre cuite, qui marque le milieu du buffet, puis, posées au bout de celui-ci, les deux lampes à gaz d'essence, éteintes, rangées côte à côte contre le mur（p.90）	按照顺序，往右便依次出现了卡其布衬衣的短袖，陶制的土产花瓶，这瓶子正位于平柜的中心，随后，在这平柜的头上放着两盏汽灯，已经熄掉，靠墙摆在一起。（p.67）

我们在最初的文献回顾和预先设想中认为法文的顺序大部分情况是从

· 255 ·

小到大，而中文顺序与之相反。但实际上，在法语中多个句首空间表达的句子共有 101 个（2 个 LOC 83 个，3 个 LOC 18 个），实际上按照从小到大顺序排列的空间顺序并不多，全部算上只有 8 个，完全符合我们所说的经典例子实际上只有 1 个。不过这 8 个句子在中文译文中都被译者调整为从大到小的顺序。

这说明顺序像似性并不像我们所猜想的那样绝对，各个语言之间存在着普遍性。以中文的像似性顺序译法文的顺序大多数时候是一致的，少数情况即便从小到大译为从大到小，层递性结构并不发生改变。

6.4 本章小结

本章我们从认知科学角度对语料中的空间表达方式做了相应的解释。一是从认知语义学的角度，我们首先分析了框架语义学、场景理论与空间话语范围导入词的相似性；其次，分析了心智空间的触发词"门""窗"等如果位于句首，可以从这个语义桥通往更加广阔的场景；然后，分析了语义之间的固有联系，体现了衔接的网眼关系的强弱性；最后，分析了语义的范畴化分类和其中最能体现一种语言特征的原型词汇。二是不同语言对于空间的图式化方式是不同的，以本书中的法语和汉语为例，高频出现的四个方位介词"上、里、中、下"与法文原文无法完全对应，是因为我们对于不同空间的预选则是不同的，而且对于不同空间名词，比如天然地点名词"北京"这座城市，法文会说"à Pékin"，中文却只能说"（在）北京"，其后绝对不能加任何方位词，可见两种语言中表示空间区域的名词与介词的使用规则是大相径庭的。三是讨论空间表达方式在不同人类的语言和思维中异同，得出的结论是虽然中法两国相距甚远，但大部分的空间表达方式中的空间参照系和空间像似性顺序是类似的，只有少数例句中有差异，这些差异其实也可以帮助我们更深入地了解两种语言。

时空在不同语言中由于思维、语序等原因有着一定的差异，但人类的时空认知必定也有着一定的共性。洪堡特（Humboldt，1999）认为："在语言中，个别化和普遍性协调得如此美妙，以致我们可以认为下面两种说法同样正确：一方面，整个人类只有一种语言；另一方面，每个人都有一种特殊的语言。"语言的共性源于"人性"，而通过语言个性的对比，我们发现从自己语言的角度出发去思考别的语言，进而了解了其他人思考世界的方式是行不通的。他认为，每一种具体语言都是这样，既源出于人，反过来又作用于人，制约着人的思维和行动。语言既有普遍性，也有具体语言的特殊性。

我们采取的方法是由语言中的空间表达推测人类将现实世界概念化的不同认知方式。内省（introspection）是认知语言学最重要的方法，也是认知语言学受到误解和诟病最多的地方。然而，人类思维在大脑这个黑匣子中进行，我们不可能切开人脑去取得人类思考的思维模式，上面的图示看起来对于不同族群认知模式的概括显得有些一概而论，而且从繁杂的现象去推测看不见的人类思维这个方法是否行得通也是值得商榷的。兰盖克在其代表作中也提到他所做的工作用"推测"（speculation）一词（而不是"纯粹的猜测/纯虚构"或"完全幻想"）：

Since I claim no privileged access to the operation of the human mind, there is obviously a substantial (some might say intolerable) element of speculation in any such proposals concerning the specifics of cognitive activity.

（Langacker，1987）[6]

在拉考夫和约翰逊（1980）看来，语言植根于人类认知中。人类认知的各种表现，如经验和想象力，不仅对于人类理解语言是必要的，而且对于语言理论的发展也是必要的。语言意义体现在语言形式和我们对世界的经验中，这是理解语言形式所必需的。因此，研究空间的语言表达特别有意义，语言似乎是了解人类认知的优先途径。但有些学者仍对这一观点存疑。跨语言分析提出了关于语言与认知之间关系的核心问题，虽然这个基

汉、法句首空间表达方式的对比研究及其翻译应用
——以阿兰·罗伯-格里耶小说平行语料为例

本问题并不是空间特有的，在认知科学中，与这一领域有关的争论尤为激烈。空间在这方面的特殊地位可能在于它是所有物种赖以生存的最基本行为领域之一，但它在人类语言的不同系统中也显示出相当大的差异。语言表征依赖于特定的空间系统，每个系统都显示出自己的内部组织，但我们空间表征的感知或认知过程被认为是普遍的，独立于语言存在的。

物理世界和语言之间的认知能力，只是人类所拥有的迷人能力中的一种而已。更令人着迷的是，我们有能力记住这些感知、操纵和反应的事件。存储的记忆由类似情况激活，这些记忆被激活得越多，它们就越有可能成为我们库存的一部分，甚至是我们信仰体系的一部分。通过这种方式，我们的记忆包含有关物理世界对我们的影响的知识。我们的文化教给我们的价值体系的知识，以及有关我们文化成员之间社会互动的知识，当然也包括我们的语言知识。

结　语

结　语

最后的结语和展望环节中，第 1 小节将本书所做的工作做一个总结概括，简明扼要地概述所做的工作；第 2 小节是本书的贡献和不足之处，提出我们在前人基础上迈出了哪些新的步伐，由于笔者的能力不足或是技术限制有哪些力不能逮的部分；第 3 小节则是对未来研究的展望，不仅限于笔者个人及其团队，而是从国内整个大环境来考虑，包括但不限于翻译、外语教学、语言研究、文学研究、自然语言处理领域。

7.1　总结与归纳

在第 1 章理论框架和文献综述的介绍，以及第 2 章语料库建立方法和工具呈现之后，我们在第 3 章分析了法文原文句首空间表达所在句的每个构成部分的特点，以及中文译文的翻译方法。第 4 章则分别从与上文的衔接和对下文的导入两个方向比较了法文原文和中文译文，观察语料中不同译者的共性和特性。第 5 章试图总结翻译规律。第六章从认知语言学角度解释这些翻译现象。

对比研究的对象，是法文和中文句首空间表达所在句与前后文的衔接和导入情况对比，篇章层面上的对比集中在第 4 章。第 4 章第一个部分针对与前文的衔接方式和衔接距离两个方面的对比。我们发现，衔接方式发生了很大程度的转变，法文原文中句首空间表达与前句的衔接多为不忠实

汉、法句首空间表达方式的对比研究及其翻译应用
——以阿兰·罗伯-格里耶小说平行语料为例

回指中的联想回指,而译文中忠实回指中的完全和不完全重复回指相对大幅度增加。而衔接距离的变化并不是很大,由于翻译过程中的融合及指称表达的变化,导致衔接距离发生了一些微小的改变。第4章第二部分则针对句首空间表达对后文的导入情况分析。同时也对句首空间表达可以作为话语范围导入词的资质进行了考察,从介词和名词的语义、篇章中的位置和与后文的联系三个条件分别进行验证,得出位于段首的表示地点、实体语义,且作为存在物背景的句首空间表达更适宜作为空间话语范围导入词。通过对齐语料的观察和标注统计,不难发现:句首空间表达并不都是话语范围导入词,而有些不位于句首,但处于段首的元素,也会对整个段落起到一个话题导入作用。而名词的语义确实在一定程度上影响着空间话语范围的辖域,也就是说,当语篇的最大范围是房子或城市的时候,其他的空间话语范围会限制在其下,成为次一级的话语范围导入词,而这样的等级范围可能是多层屈套式的。但有一种情况是例外,即当空间话语范围导入词中的名词是照片或者画作的时候,作为一个心智空间导入词,可能会将读者引入一个更为广阔的,与现实空间不同的空间范围。介词的语义也对话语范围有一定的影响,当介词引入的名词空间为观察者的关注焦点范围,其所辖域的话语空间范围就更大一些;篇章中的位置对话语范围的辖域能力影响不是很大,但确实段首可以自治的地点表达更多一些,而段中信息由于可以依赖本段落前文信息,部分类名词更多;当空间表达作为一种后景存在时,其辖域能力最强,次之的是作为空间参照关系的情况。

翻译研究对于其从法语到汉语的翻译方法进行了归类,大致分为三种类型:形式上对等、位移、灵活改变。这三种翻译方法之下还有子类别,比如灵活改变可能是空间参照系的改变或者词汇层面上的改变。虽然这些翻译方法的名称借用于《英语法语文体比较》一书,并没有上升到篇章层面,但牵一发动全身,每一个微小的改变都对篇章的构建产生了一定的影响。从翻译的质量上来说,译者可能先考虑的是信息对等,然后才是风格对等。而翻译是一种遗憾的工作,必定会在翻译的过程中产生一定的损失,而译者可能会在相同或不同的地方,对原文的风格进行一定的补偿,我们也讨

论了译文从微观字词到宏观篇章都有哪些补偿行为。

7.2 贡献与不足

下面我们从理论意义、实践价值和应用价值几个方面谈一谈本书的贡献。

本书的理论意义有以下两点：①有助于拓展研究范畴。本书选择建立汉法平行语料库，以汉法篇章中的指称链条和话语范围的翻译状况为研究对象，弥补了对篇章层面的翻译研究较少的现状。②有助于非通用语种平行语料库规范化、标准化建设。本书力图通过规范化、标准化方式进行建构和标注，为未来其他非通用语种平行语料库建设提供了参考依据。

本书的实践价值：①有助于教育者和研究者洞察汉法两种语言句法层面和篇章架构层面的异同，在教学中指导学习者实践；②有助于拓展翻译教学资源，架设教学资源平台和学生自学平台，进一步推进汉法语言信息化教学、混合式教学及学生自主学习。

本书的应用价值有以下三点。

（1）建立汉法平行翻译语料库，语料不仅进行了句际对齐，也涵盖语料的篇章话语标记的标注等内容。可为翻译研究者提供大量语料进行横向和纵向的对比研究，同时有助于翻译篇章层面研究的平台建设。

（2）开发的拓展资源。本书最终所得平行语料的罗伯-格里耶的四部小说［《嫉妒》《一座幽灵城市的拓扑学结构》《在迷宫里》和《反复》（最后一本做了对齐语料但没有用于本书研究）］及其中文译本的对齐语料将发布于网络，本书仅提取了句首成分为空间表达的句子，这四部小说法对中的平行语料应该还可以发挥其他方面的作用。

（3）可应用于翻译教学。为法语教师和学生提供翻译教学素材，后续将沿用本书的方法，对齐文学外译作品、政府工作报告及其他体裁文本。有助于语料库技术应用于外语教学，辅助新型课堂建设。同时，也可以帮助法语教师在教学中指导学生如何避免翻译过程中的不良语篇衔接现象。

本书的创新之处如下。

（1）引入法国语言学家夏罗尔的"话语范围导入词"理论，对句首乃至段首的空间话语范围导入词进行汉法两种语言的对比，不仅对于句内的成分进行分别研究，也对语段和宏观篇章中的衔接进行对比分析。

（2）目前单向翻译对齐语料库的研究因为各种原因仅限于西方相似语言之间的对比研究和中英对比研究，很少有法中对比研究，本书力图在这一方面进行双向尝试。

（3）进行基于篇章语言学的翻译方法研究，在国内外对于两者结合理论还处于不甚明朗的情况下，这也是本书的价值所在。

本书的贡献体现在理论完善、法翻中空间表达翻译方法系统化，以及法文和中文篇章层面的对比。

理论的完善是说当我们做文献阅读和综述的时候，发现没有一种现成的理论可供本书嵌套进去。无论是夏罗尔的话语范围导入词理论，还是语篇翻译理论，需要我们自己利用自建语料去验证和探索。而从法文到中文的空间表达的系统化翻译，实际上也是机器翻译如今正在做的事情，机器翻译目前采用的是经验式的机器学习方法，学习的材料正是平行翻译语料库，机器吸收人类所作的翻译，避免以往的字对字的、忽略语境的不够灵活的翻译方法。我们就是在做对比研究，译者做了哪些改动和自主选择，增减信息的内容。法文和中文的篇章层面对比也是一种语言对比方面的尝试。法中两种语言有着根本的不同，每一个微观结构都有着不同的逻辑，这些由于语言的根本不同导致的语篇层面的变化正是我们对比的对象。

理论完善不仅限于文体比较翻译方法，而且我们所做的也并非完善别人的方法，只是从前人的研究中汲取灵感，提取适用于我们的研究语料的翻译方法，并从篇章语言学的角度将其进行改善，维纳和达尔贝勒那的研究对象是法语和英语，而本书是从法语到中文，研究对象不同，研究视角也不同，所以只能说是古为今用，洋为中用。

而对于话语范围导入词理论，则是从一个比较宏观的角度出发落到比

结　语

较实际的微观之处。宏观的角度是说，学习篇章语言学，自然需要了解连贯和衔接理论，主位和述位的更替方式，甚至指称和回指等理论知识。可是国内篇章语言学界显然对于这位法国语言学家的话语范围导入词理论并不是十分熟悉，我们在第一章的关键问题解释中特别介绍了这个理论的意义所在，不应该忽视除了回指和连接词之外的第三种篇章衔接方式。务必要做的就是在真实语料中去定位它，细化它。但本书所涉及的只有两种语言单向翻译的空间话语范围导入词。

还有一个理论是翻译学研究与篇章/语篇语言学的结合问题，这也是文献阅读过程中碰到的难题。因为前人的理论结合研究总是将"语境"理解为比较宏大的文化语境，偶有涉及回指问题的也是一笔带过。所以在理论关键问题部分，我们从术语上对于"话语""语篇"和"语境"做了详细的区分，本书所涉及的语境大部分都是"上下文"（cotexte），有些上下文需要人类的认知能力才能够识别消解，即百科知识和记忆部分。所以，本书在无法找到系统的狭义上翻译学研究和语篇语言学结合的理论的情况下，自行进行了结合。

从法文到中文的空间表达的翻译方法，地点状语部分的空间介词、限定词和名词三个部分，可以在第三章中找到比较系统的讲解，这也是本书的贡献之一，即从语言类型学角度来分析不同语言中的空间表达异同。且从范畴学和原型语义学角度来说，空间介词在不同语言中的凸显度的不同之处，相较于法语中的 à、sur、dans，中文最有代表性的方位介词为"上、里、中、下"等。

第四章两种语言篇章纹理的对比，实际上也是译出语和译入语的篇章构建方式对比。本书使用了法国 Lattice 实验室制作的篇章衔接标注软件，虽然仍需要手动标注，但标注后的数据可以直接提取，并进行可视化分析。从数据上清楚地看出较之法文原文，中文译文的明晰化现象非常突出，有代词转为名词、方位标识清楚地加上了物体名称、联想回指转变为忠实回指等现象。

对比研究只对法文译出语和中文译入语进行了比较，实际上缺少同样

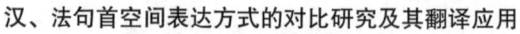

体量的反向对比，这在今后的研究中或者我们整个团队中都会将研究充实、完整。汉语属于典型的非标记型语言，在平行语料中通常从西方语言入手，更容易定位，汉语中无论是时间还是空间的定位并不是非常容易。如果以中文的某种语言现象作为锚定点时，则通常需要人工检索。

总而言之，由于研究者的能力精力所限，学识不足，导致对语料的分析内容不够深入。而且由于欠缺统计学知识和技术能力，导致研究方法都有一定程度的不足之处，希望可以在今后继续扩大语料的体量和体裁，研究维度也可以多样化。

7.3 讨论与展望

在文献阅读过程中，经常可以注意到某些团队协作，多次读到整本著作是由一个团队完成，团队中有人负责标注语料库，最后由不同学者分工完成同一个语料中的不同部分。或者是不同语种的学生，分别研究同一部著作的不同译本。我国近年来在倡导新文科教育，但新文科并不仅限于所谓的"文科"。毫不夸张地说，实际上任何学习教育都需要跨学科的知识支撑。今后外语研究工作势必也需要跨学科合作，或者需要外语人才不仅懂外语，更要有高层次的文学、语言学、哲学、翻译学知识，同时还需掌握一定的计算机编程、统计分析、心理分析等不同学科的知识。

本书的平行语料库建成之后只截取了其中的句首空间表达所在句进行研究，这不能不说是一种资源浪费。这么多的利用自建双语语料库中数据的硕博毕业生如果统一对齐单位和对齐格式，完全可以将资源整合在一起，只需一个服务器就可将这些双语语料库供更多人使用研究。

比如，我们所选用的语料大部分都是真实的物理空间，所以删掉了很多非常有价值的材料，但是这些材料并不是被扔进了"垃圾桶"。完全可以从多个角度重新利用已经花费很多时间精力对齐的语料，比如可以从介词角度入手，研究语料中介词的一些"说完这话"（sur ces mots）、"不幸的是"（par malheur）等这样的抽象用法；再如对齐文本中时态的对比可以辅助基础法语教学。

对比视角也可以从单一的空间对比，转向同种语言的时空对比，或是不同语言之间的时空对比，富克斯（2019）的文献详细解析了法语中时间和空间倒装句的不对称性，空间倒装句多为静态动词，而时间倒装句中的动词一般为动态动词。由此及彼，我们可以用法国语言学家的发现去考察中文中的时空存在句特点，是否与法文一致。

翻译方向上，我国有很多优秀的文学作品由中国或法国译者主动或被动传播到法国，从四大名著、明清散文、聊斋志异，到比较近的老舍、贾平凹、余华、池莉、苏童、毕飞宇、韩少功、刘震云等，获得诺贝尔文学奖的莫言的作品自然也在其列。许钧作为翻译界的领军人物，总结了很多国内学者对于中国文学在法语世界的译介与传播的情况，并曾讨论过苏童小说的外译情况：虽然苏童是在法国被译介最多的中国作家之一，但遗憾的是充分了解并尊重其文学特质的译者和对其创作进行系统译介的出版社很少。四大名著的外译，车琳在讲座中也进行了梳理，这些译本的优劣也一定程度上影响了语料的对齐和翻译的研究。中国文学的法译现象已经有很多学者从各个角度进行研究，如有从宏观角度进行梳理的研究（黄荭，2011；高方，2008，2009；刘云虹，2008），也有对个别作品、个别作家以及译者身份的译介的研究。当然，语料体裁上也不能只局限在文学文本上。观察最近几年成功申请的语言学方向的国家哲学社科项目，我们会发现平行语料的体裁可能有中医典籍、报刊等更具实用性的文本类型。诚然，文学文本的译文是比较容易得到的，且对齐更为方便，但是也应该注意到研究的应用价值。

如今外语教学也经历着新文科的考验，此次需要的语料构建过程中，笔者接触到很多翻译相关的工具（格式转换、语料清理、对齐、术语提取等方面）。机器翻译的优势已经非常清楚，很多著名学者在不同的学术会议上坦言，现下非常愿意借助机器翻译，机器翻译胜过不太成熟的学生翻译。但是机器翻译有哪些问题，发现了问题才有可能改进提升。翁义

汉、法句首空间表达方式的对比研究及其翻译应用
——以阿兰·罗伯－格里耶小说平行语料为例

明、王金平（2020）采用语料库方法，对文学语篇中的汉语流水句（也就是两个或两个以上结构独立的小句构成的，依靠小句间隐性的语义关系联系在一起的一种无标记复句）英译文，进行人工翻译和机器翻译（google translate）的句法和语篇层面上的对比。研究可以为更好的机器翻译提出建议。从主语选择、谓语选择、关联词选择、语序等方面进行对比，发现由于机器缺少逻辑推理能力和语境的主观识别能力，对于汉语流水句中的逻辑关系，大多会依照原文小句间的铺排顺序和松散关系，使用表意比较"客观"的并列逻辑关系的连接词。

梁茂成曾经在 2022 年初线上讲座上展示了一个语义小工具，比如西安＋肉夹馍，再搜索哈尔滨，可能会出现比如锅包肉这样的美食。或者西安＋大雁塔，搜索哈尔滨就会出现索菲亚教堂、冰雪大世界等地标建筑。也就是说其实我们可以在有限范围内，比如全球的城市＋美食／建筑，或者常见的场景内的物品语义网是完全可以建构实现的。后来 2022 年 6 月的讲座上，梁茂成又展示了一个小软件，可以测试两句话的联系紧密程度的数据，即衔接网眼的强弱可以用数据展现出来。这两个软件所依据的模型是 BERT（bidirectional encoder representations from transformers），该软件使用 Transformer[①] 的编码器作为模型结构，可以同时获得左侧和右侧的上下文，BERT 先在大量通用的无标签文本上进行预训练，训练好以后在特定的任务上微调即可获得较好的准确度。未来这项技术可以应用在很多方面，比如作文连贯度自动评分系统和不同语言的篇章连贯度对比等。

当今，语言学家与自然语言处理充分融合，词汇语义百科网络充分吸收了优秀的语言学相关理论，为计算机实现自然语言的语义理解提供了可能性。彼时这些研究成果必然可以应用到外语教学、翻译、作文连贯度测试评分等领域。这也是我们未来努力发展合作的目标。

---

① 2017 年，论文 Attention is All You Need 中提出 Transformer 网络，成为解决自然语言处理（NLP）问题的首选模型。该模型采用了注意力机制，通过加权计算输入数据中每个节点之间的联系，显著提升了性能。

参考文献

中文参考文献

Vandeloise C，王秀丽，2000．《法语表达空间的方式》评介［J］．当代语言学（4）：269-274．

白鸽，2014．"一量名"兼表定指与类指现象初探［J］．语言教学与研究（4）：61-69．

白鸽，2015．定指标记与类指义的表达——语言库藏类型学视角［J］．外国语（上海外国语大学学报）（4）：21-36．

白鸽，2018．光杆名词短语类指功能的跨语言考察［J］．外语教学与研究，50（3）：342-355．

白鸽，2020．入库范畴表达与非入库范畴表达的跨语言比较——以指称、量化范畴为例［J］．当代语言学，22（4）：567-586．

本维尼斯特，2008．普通语言学问题［M］．王东亮，等译．北京：生活·读书·新知三联书店．

陈国樑，2020．法语英语文体比较［M］．北京：商务印书馆．

陈浪，2011．当代语言学途径翻译研究的新发展——语篇·斡旋调节·语境化［M］．天津：南开大学出版社．

陈平，1987a．释汉语中与名词成分相关的四组概念［J］．中国语文（2）．

陈平，1987b．汉语零型回指的话语分析［J］．中国语文（5）．

陈平，1991．现代语言学研究——理论·方法与事实［M］．重庆：重庆出版社．

陈顺意，2014．法国翻译理论源流［J］．法国研究（3）：78-81．

陈庭珍，1957. 汉语中处所词作主语的存在句 [J]. 中国语文（8）：15–19.

程翠平，2017. 也谈"赵本山的爷爷"和"赵本山的帽子"——汉语中的两种 DP 结构 [J]. 淮南师范学院学报，19（3）：64–67.

储泽祥，1996. "在"的涵盖义与句首处所前"在"的隐现 [J]. 汉语学习（4）：33–36.

储泽祥，1997. 现代汉语方所系统研究 [M]. 武汉：华中师范大学出版社.

储泽祥，2004. 汉语"在 + 方位短语"里方位词的隐现机制 [J]. 中国语文（2）：112–122，191.

储泽祥，廖志鸿，2001. 现代汉语的准方位标 [J]. 常德师范学院学报（社会科学版）（1）：98–100.

储泽祥，刘琪，2016. 句法与语篇的互动性对汉语研究的理论意义 [J]. 海外华文教育（6）：739–745.

储泽祥，王寅，2008. 空间实体的可居点与后置方位词的选择 [J]. 语言研究（4）：50–62.

崔希亮，1992. 人称代词修饰名词时"的"字隐现问题 [J]. 世界汉语教学（3）：179–184.

崔希亮，1996. "在"字结构解析——从动词的语义、配价及论元之关系考察 [J]. 世界汉语教学（3）：34–44.

崔希亮，2000. 人称代词及其称谓功能 [J]. 语言教学与研究（1）：46–54.

崔希亮，2001. 汉语空间方位场景与论元的凸显 [J]. 世界汉语教学（4）：3–11.

崔希亮，2002a. 空间关系的类型学研究 [J]. 汉语学习（1）：1–8.

崔希亮，2002b. 认知语言学：研究范围和研究方法 [J]. 语言教学与研究（5）：1–12.

戴浩一，1981. 现代汉语处所状语的两种功能 [J]. 宋玉柱，译. 徐州师范学院学报（2）.

戴浩一，1988. 时间顺序和汉语的语序 [J]. 黄河，译. 国外语言学（1）：10–20.

范芳莲，1963．存在句［J］．中国语文（5）：386-395．

范静，2016．汉法运动事件口语表达的类型学研究［J］．法国研究（2）：92-100．

方经民，1987．汉语"左""右"方位参照中的主视和客视——兼与游顺钊先生讨论［J］．语言教学与研究（3）：52-154．

方经民，1999a．汉语空间方位参照的认知结构［J］．世界汉语教学（4）：32-38．

方经民，1999b．论汉语空间方位参照认知过程中的基本策略［J］．中国语文（1）：12-20．

方经民，2002．论汉语空间区域范畴的性质和类型［J］．世界汉语教学（3）：37-48．

方梅，1996．现代汉语功能语法研究［M］．南昌：江西教育出版社．

方梅，2019．现代汉语篇章语法研究［M］．北京：社会科学文献出版社．

高方，2008．《二十世纪法国文学在中国的译介与接受》评介［J］．外语教学与研究（6）：475-477．

高方，2009．从翻译批评看中国现代文学在法国的译介与接受［J］．外语教学（1）：99-103．

格朗热，莱罗，佩奇-泰森，2003．基于语料库的语言对比和翻译研究［M］．北京：外语教学与研究出版社．

葛囡囡，2017．语料库支持下的专利文献德汉翻译探究——一项篇章语用学视角下的翻译研究［D］．北京：北京外国语大学．

管新潮，2012．语料库与python应用［M］．上海：上海交通大学出版社．

杭零，许钧，2010．翻译与中国当代文学的接受——从两部苏童小说法译本谈起［J］．文艺争鸣（11）：112-117．

郝琳，2015．''回忆/哀悼''的辩证法——论利科的翻译学研究的两条诠释学路径［J］．科学技术哲学研究，32（4）：65-70．

何伟，李璐，2019．限定词之功能视角研究——以英汉为例［J］．山东外语教学，40（2）：11-24．

何元建，2000．汉语中的零限定词［J］．语言研究（3）：39-50．

贺小聊，Lawrence J Z，2015．近二十年搭桥照应研究的回顾与思考［J］．外国语（上海外国语大学学报）（6）：98–107．

洪堡特，1999．论人类语言结构的差异及其对人类精神发展的影响［M］．姚小平，译．北京：商务印书馆．

侯向群，1994．篇章语言学与翻译［J］．山东外语教学（3）：116–119．

胡开宝，2011．主持人语［J］．当代外语研究（1）：12．

胡开宝，2012．语料库翻译学研究导引［M］．南京：南京大学出版社．

胡开宝，2018．语料库翻译学［M］．上海：上海交通大学出版社．

胡庆，王秀丽，2016．对法汉标点符号的篇章分析——以《局外人》法、汉语本中的逗号为例［J］．法语学习（02）：29–33．

胡壮麟，2022．含苞欲放的体认语言学［J］．英语研究（2）：176–186．

黄伯荣，廖旭东，2017．现代汉语：下册［M］．增订6版．北京：高等教育出版社．

黄国文，2002．导读：关于语篇与翻译［J］．外语与外语教学：1–2．

黄国文，张美芳，2002．从语篇分析角度看翻译单位的确定［J］．翻译季刊．

黄荭，2011．回望与反思：20世纪法国文学在新中国的译介历程［J］．中国比较文学（1）：35–44．

黄健秦，2018．"空间量–物量"范畴与存在构式［J］．语言教学与研究（6）：93–101．

黄立波，2007．基于汉英/英汉平行语料库的翻译共性研究［M］．上海：复旦大学出版社．

黄立波，2011．基于双语平行语料库的翻译文体学探讨——以《骆驼祥子》两个英译本中人称代词主语和叙事视角转换为例［J］．中国外语，8（6）：100–106．

黄立波，王克非，2006．翻译普遍性研究反思［J］．中国翻译，27（5）：36–40．

黄立波，王克非，2011（6）．语料库翻译学：课题与进展［J］．外语教学与研究，43（6）：911–923．

黄玮，2014．保罗·利科的翻译哲学观——《论翻译》评介［J］．齐齐哈尔师范高等专科学校学报（3）：60–62．

姜望琪，2006. 从句子语法到篇章语法［J］. 中国外语（1）：1.

姜望琪，2012. Halliday 论语篇分析及有关学科［J］. 中国外语（2）：29-37.

雷涛，1993. 存在句研究纵横谈［J］. 汉语学习（2）：22-26.

李棣华，1993. 法语章法研究［M］. 上海：上海外语教育出版社.

李福印，2008. 认知语言学概论［M］. 北京：北京大学出版社.

李小花，2019. 方位成分"上、下"对称与不对称考察［D］. 上海：上海外国语大学.

李运兴，2000. 语篇翻译引论［M］. 北京：中国对外翻译出版公司.

梁茂成，李文中，许家金，2010. 语料库应用教程：Using Corpora：A Practical Coursebook［M］. 北京：外语教学与研究出版社.

廖秋忠，1983. 现代汉语篇章中空间和时间的参考点［J］. 中国语文（4）.

廖秋忠，1986. 现代汉语篇章中指同的表达［J］. 中国语文（2）：88-96.

廖秋忠，1991. 篇章与语用和句法研究［J］. 语言教学与研究（4）：16-44.

廖秋忠，1992. 廖秋忠文集［M］. 北京：北京语言学院出版社.

林予婷，张政，2013. 再议术语翻译的规范性问题——以"discourse"译名为例［J］. 外语研究（3）：69-72.

林忠，2014. 存现句后续小句回指形式对话题延续性的预测——基于汉语民间故事语料的调查［J］. 外国语文，30（2）：85-89.

刘丹青，2002. 汉语中的框式介词［J］. 当代语言学，4（4）：241-253.

刘国兵，2017. 大学英语学习者书面语语篇连贯自动评价模型的创建［J］. 解放军外国语学院学报，40（5）：89-95，159-160.

刘虹，2012. 翻译中连贯的解读与重构［D］. 北京：中央民族大学.

刘宁生，1994. 汉语怎样表达物体的空间关系［J］. 中国语文（3）：169-179.

刘宁生，1995. 汉语偏正结构的认知基础及其在语序类型学上的意义［J］. 中国语文（2）：81-89.

刘云红，2011. "里""中""内"隐喻意义的认知语言学考察［J］. 解放军外国语学院学报（3）：7-12.

刘云虹，2008. 翻译与文化并重 继承与创新统一——《20世纪法国文学在中国的译介与接受》评析［J］. 中国比较文学（2）：109-114.

陆俭明，2010. 修辞的基础——语义和谐律［J］. 当代修辞学（1）：13-20.

吕叔湘，1999. 现代汉语八百词［M］. 北京：商务印书馆.

吕叔湘，2002，中国文法要略［M］// 吕叔湘全集：第1卷. 沈阳：辽宁教育出版社：1-418.

毛浩然，高丽珍，徐赳赳，2015. van Dijk 话语理论体系的建构与完善［J］. 中国外语（5）：31-40.

孟建安，2012. 小说话语空间表达的修辞解读［J］. 当代修辞学（2）：82-90.

潘文，延俊荣，2007. 论现代汉语存现句的语用分类［J］. 江苏社会科学（1）：209-213.

齐沪扬，1998. 现代汉语的空间系统［J］. 世界汉语教学（1）：23-34.

齐沪扬，1999. 表示静态位置的状态"在"字句［J］. 汉语学习（2）：2-8.

屈承熹，1998. 汉语篇章语法［M］. 潘文国，等译. 北京：北京语言大学出版社.

屈承熹，1999. 从汉语的焦点与话题看英语中的 Y Movement 及其他倒装句［J］. 外语学刊（4）：1-13.

热奈特，1990. 叙事话语 新叙事话语［M］. 王文融，译. 北京：中国社会科学出版社.

司富珍，2014. "赵本山的爷爷"和"赵本山的帽子"——漫谈汉语中的两种领属结构［J］. 语言教学与研究（2）：43-51.

斯坦纳，1987. 通天塔：文学翻译理论研究［M］. 庄绎传，译. 北京：中国对外翻译出版公司.

宋玉柱，1992. 也谈词素和语素——与刘叔新先生商榷［J］. 世界汉语教学（3）：194-195.

宋玉柱，2007. 现代汉语存现句［M］. 北京：语文出版社.

孙冬惠，2018．对外汉语特殊句式十讲［M］．北京：中国戏剧出版社．

孙珊珊，许余龙，段嫚娟，2015．零形代词的设定对汉语指代消解的影响［J］．外国语（上海外国语大学学报）（6）：12-20．

索绪尔，1999．普通语言学教程［M］．高名凯，译．北京：商务印书馆．

谭载喜，2002．语篇与翻译：论三大关系［J］．外语与外语教学（7）：3-10，60．

唐秋艳，2007．方位词"上""下"的对称与不对称性分析［D］．北京：北京语言大学．

唐晓东，金立鑫，2021．汉语名词空间限定的句法表征［J］．汉语学习（5）：43-52．

王佳，2020．汉语方位词"上""下"的不对称及认知研究［J］．现代语文（4）．

王佳敏，王文斌，2021．汉英时间词空间化特质及其语言蕴含共性［J］．语言科学，020（002）：150-163．

王建国，邵志洪，2012．翻译的理解与表达：时间、空间叙事角度［J］．山东外语教学，3（3）：99-104．

王建军，2003．汉语存在句的历时研究［M］．天津：天津古籍出版社．

王军，2012．如何精确理解"整体—部分"的优势顺序——兼论陆丙甫先生的分析方法［J］．外国语（上海外国语大学学报）（1）：26-35．

王克非，2012．语料库翻译学探索［M］．上海：上海交通大学出版社．

王克非，等，2004．双语对应语料库：研制与应用［M］．北京：外语教学与研究出版社

王鹏飞，2019．"继承"与"借鉴"——法国篇章研究之肇始（1965—1980）［J］．法国研究（4）：79-87．

王文斌，艾瑞，2022．汉语语序的主导性原则是"时间顺序"还是"空间顺序"？［J］．世界汉语教学，26（3）：319-331．

王文斌，何清强，2016．汉英篇章结构的时空性差异——基于对汉语话题链的回指及其英译的分析［J］．外语教学与研究，48（5）：657-668．

王文斌，何清强，2017．论汉英篇章构建的时空性差异［J］．山东外语教

学，38（2）：3-11.

王秀丽，2006. 法语语言学教程［M］. 北京：外语教学与研究出版社.

王秀丽，2008a. 话语范围导入词——对存在句的篇章分析［J］. 外语教学与研究，40（5）：345-351.

王秀丽，2008b. 篇章分析—汉法话语范围导入词对比研究［M］. 北京：北京语言大学出版社.

王秀丽，2010. 当代法国语言学研究动态［M］. 北京：北京语言大学出版社.

王秀丽，2011. 当代法国语言学理论研究［M］. 北京：北京语言大学出版社.

王秀丽，2012. 篇章分析中的概述回指［J］. 当代语言学，14（3）：301-306.

王秀丽，胡庆，2018. 篇章分析：对汉语、法语指称链条分布规律的实证研究及其标注［M］. 北京：北京语言大学出版社.

王秀丽，王鹏飞，2021. 篇章分析：实证汉法衔接方式对比研究［M］. 长春：吉林大学出版社.

王寅，2021. 基于体认语言学的结构对称性研究［J］. 汉语学习（6）：3-12.

王寅，2022. Talmy 认知语义学的理论、实践和发展——体认语义学刍议［J］. 北京第二外国语学院学报，44（5）：14-26.

王寅，2023. 体认语言学的理论价值和历史意义［J］. 天津外国语大学学报，30（2）：7-17.

卫乃兴，陆军，等，2014. 对比短语学探索来自语料库的证据［M］. 北京：外语教学与研究出版社.

文秋芳，2004. 应用语言学研究方法与论文写作（中文版）［M］. 北京：外语教学与研究出版社.

文旭，2018. 认知翻译学：翻译研究的新范式［J］. 英语研究（2）：103-113.

文旭，华鸿燕，2018. 具身认知视域下汉语隐喻性话语的工作模型［J］. 外语教学理论与实践（4）：7-12.

文旭，匡芳涛，2004. 语言空间系统的认知阐释［J］. 四川外语学院学报

（3）：81-86.

文旭，司卫国，2018. 认知语言学：反思与展望［J］. 中国社会科学评价（3）：23-36.

文旭，熊荣敏，2010. 参照点与空间指示［J］. 外语学刊（1）：24-30.

文旭，杨坤，2022. 认知语言学教程［M］. 北京：北京大学出版社.

文旭，余平，司卫国，2019. 翻译的范畴转换及其认知阐释［J］. 中国翻译（3）：33-43.

文旭，张钺奇，2023. 认知翻译学研究新进展［J］. 上海翻译（1）：6-12.

翁义明，王金平，2020. 文学语篇机器翻译的特征与局限——汉语流水句人机英译对比研究［J］. 当代外语研究（6）：128-137.

萧立明，2001. 新译学论稿［M］. 北京：中国对外翻译出版社.

肖忠华，2012. 英汉翻译中的汉语译文语料库研究［M］. 上海：上海交通大学出版社.

肖忠华，戴光荣，2010. 寻求"第三语码"——基于汉语译文语料库的翻译共性研究［J］. 外语教学与研究（1）：52-58.

熊仲儒，2005. 以"的"为核心的 DP 结构［J］. 当代语言学，7（2）：148-165.

徐赳赳，1995. 话语分析二十年［J］. 外语教学与研究（1）：14-20.

徐赳赳，1999. 叙述文中名词回指分析［J］. 语言教学与研究（4）：92-109.

徐赳赳，2002. Noun-anaphora in Chinese Texts［D］. 香港：城市大学.

徐赳赳，2003. 现代汉语篇章回指研究［M］. 北京：中国社会科学出版社.

徐赳赳，2005a. 现代汉语联想回指分析［J］. 中国语文（3）：195-204.

徐赳赳，2005b. van Dijk 的话语观［J］. 外语教学与研究，37（5）：358-361.

徐赳赳，2010. 现代汉语篇章语言学［M］. 北京：商务印书馆.

徐赳赳，2019. 篇章语用学研究七十年［M］// 刘丹青. 新中国语言文字研究 70 年. 北京：中国社会科学出版社.

徐烈炯，刘丹青，2003．话题与焦点新论［M］．上海：上海教育出版社．

徐悦虹，2015．法语体范畴研究［M］．南京：南京大学．

许家金，徐秀玲，2016．基于可比语料库的翻译英语衔接显化研究［J］．外语与外语教学（6）：94-102．

许钧，2001．当代法国翻译理论［M］．武汉：湖北教育出版社．

许钧，2014．翻译论［M］．南京：译林出版社．

许钧，袁筱一，1998．当代法国翻译理论［M］．南京：南京大学出版社．

许余龙，2000．英汉指称词语表达的可及性［J］．外语教学与研究（5）：321-328．

许余龙，2002a．对比语言学［M］．上海：上海外语教育出版社．

许余龙，2002b．语篇回指的认知语言学探索［J］．外国语（1）：28-37．

许余龙，2003．语篇回指的认知语言学研究与验证［J］．外国语（2）：17-24．

许余龙，2004．篇章回指的功能语用探索：一项基于汉语民间故事和报刊语料的研究［M］．上海：外语教育出版社．

许余龙，2007．话题引入与语篇回指——一项基于民间故事语料的英汉对比研究［J］．外语教学（6）：1-5．

许余龙，2018．英汉指称词语的语篇回指功能对比研究［J］．外国语（6）：26-34．

余国良，2009．语料库语言学的研究与应用［M］．成都：四川大学出版社．

袁筱一，许钧，1995．"翻译诗学"辨（续）［J］．外语研究（4）：45-50．

袁筱一，许钧，1995．"翻译诗学"辨［J］．外语研究（3）：60-65．

袁毓林，1994．一价名词的认知研究［J］．中国语文（4）：241-253．

袁毓林，李强，2014．怎样用物性结构指示解决"网球问题"？［J］．中文信息学报第（5）：2-12．

张凤，2006．联想回指的话语分析［J］．外语研究（6）：42-46．

张金生，刘云红，2008．"里""中""内"空间意义的认知语言学考察［J］．解放军外国语学院学报，31（3）：7–12．

张美芳，2001．从语篇分析的角度看翻译中的对等［J］．现代外语，24（1）：78–84．

张美芳，2001．意图与语篇制作策略［J］．外国语（上海外国语大学学报）（2）：37–41．

张敏，1997．从类型学和认知语法的角度看汉语重叠现象［J］．国外语言学（2）：37–45．

张敏，2019．时间顺序原则与像似性的"所指困境"［J］．世界汉语教学，33（2）：166–188．

张淑华，2019．汉英法运动事件表达的类型学研究［D］．上海：华东理工大学．

赵彦春，1999．关联理论对翻译的解释力［J］．现代外语（3）：276–295．

赵彦春，2005．翻译学归结论［M］．上海：上海外语教育出版社．

郑贵友，2002．汉语篇章语言学［M］．北京：外文出版社．

郑贵友，2005．汉语篇章分析的兴起与发展［J］．汉语学习（5）：40–48．

周统权，2003．"上"与"下"不对称的认知研究［J］．语言科学，2（1）：39–50．

周小涛，王军，2014．认知语用视域下的概述回指分析［J］．外语研究（4）：31–35．

周祖谟，1957．从"文学语言"的概念论汉语的雅言、文言、古文等问题［C］// 文学语言问题讨论集．北京：文字改革出版社．

朱德熙，1982．语法讲义［M］．北京：商务印书馆．

朱德熙，2001．现代汉语语法研究［M］．北京：商务印书馆．

外文参考文献

Adam J-M, 1990. Eléments de linguistique textuelle [M]. Bruxelles-Liège: Mardaga.

Adam J-M, 1991. Langue et littérature [M]. Paris: Hachette.

Adam J-M, 1992. Les textes: types et prototypes [M]. Paris: Armand Colin.

Adam J-M, 1997. Le style dans la langue [M]. Lausanne: Delachaux and Niestlé.

Adam J-M, 1999. Linguistique textuelle: des genres de discours aux textes [M]. Paris: Nathan-Université.

Adam J-M, 2005. La linguistique textuelle: introduction à l'analyse textuelle des discours [M]. Paris: Armand Colin.

Adam J-M, 2013. Problèmes du texte, la linguistique textuelle et la traduction [M]. Aarhus: [s. n.].

Adam J-M, 2018. Le paragraphe: entre phrases et texte [M]. Paris: Armand Colin.

Aijmer K, Altenberg B, 1991. English corpus linguistics: studies in honour of Jan Svartvik [M]. London: Longman.

Ariel M, 1988. Referring and accessibility [J]. Linguistics (24): 65-87.

Ariel M, 1990. Accessing noun-phrase antecedents [M]. London: Routledge.

Aurnague M, Hickmann M, Vieu L, 2007. The categorization of spatial entities in language and cognition: vol 20 [M]. Amsterdam: John Benjamins Publishing Company.

Azoulay A, 1978. Article défini et relations anaphoriques en français [J]. Recherches linguistique (8): 5-46.

Baker M, 1993. Corpus linguistics and translation studies-implications and applications [J]. American journal of physiology. DOI: 10. 1075/z. 64. 15bak.

Baker M, 1995. Corpora in translation studies: an overview and some suggestions for future research [J]. Target, 7 (2): 223-243.

Baker M, 1998. Réexplorer la langue de la traduction: une approche par corpus [J]. Meta, 43（4）：480–485.

Baker M, 2002. Forms of cooperation in dyadic problem-solving [C] // Salembler P, Benchkroud H. Cooperationand complexity. Paris: Hermes: 1–38.

Ballard M, 2006. A propos des procédés de traduction [J]. Revue de traduction, Hors série: 113–130.

Baumer E, 2015. Noms propres et anaphores nominales en anglais et en français: étude comparée dans des chaînes de référence [M]. Paris: L'Harmattan.

Baumer E, 2017. Chaîne de référence et point de vue dans la fiction littéraire: le cas des nouvelles courtes [J]. Langue Française (195): 73–90.

Benjamin F, 2012. Prépositions et locutions prépositionnelles: la question du renouvellement grammatical [J]. Travaux de linguistique (1): 161–183.

Benjamin W, 1971. La tâche du traducteur [J]. Mythe et violence (1): 261–262.

Benjamin W, 1972. Die aufgabe des übersetzers [M] //Rexroth T. Gesammelte schriften: IV/1. Suhrkamp: Frankfurt am Main.

Benveniste É, 1966. Problèmes de linguistique générale [J]. Les etudes philosophiques, 21（3）.

Benveniste É, 1974. Problème de linguistique générale [M]. Paris: Gallimard.

Berlin B, Kay P, 1969. Basic color terms: their universality and evolution [M]. California: University of California Press.

Berman A, 1985. Vérité de la traduction—vérité de la philosophie [J]. Le cahier (Collège international de philosophie) (1): 40–41.

Berman A, 1988. Tradition, translation, traduction [J]. Le cahier (Collège International de Philosophie) (6): 21–38.

Berman A, 1989. La traduction et ses discours [J]. Meta, 34（4）: 672–679.

Bilhaut, Ho-Dac L M, Borillo A, et al, 2003. Indexation discursive pour la navigation intradocumentaire: cadres temporels et spatiaux dans l'information géographique [J]. TALN Batz-sur-Mer: 11-14.

Bin W, 2015. Embodied cognition anchors translating [J]. Linguistics and literature studies, 3(2): 58-65.

Blum-Kulka S, 1986. Shifts of cohesion and coherence in translation [C] // House J, Blum-Kulka S. Interlingual and intercultural communication: discourse and cognition in translation and second language acquisition studies. Tübingen: Gunter Narr Verlag, 17-35.

Blum-Kulka S, 2000. Shifts of cohesion and coherence in translation: the translation studies reader [M]. London: Routledge: 209-305.

Brown G, Yule G, 1983. Discourse analysis [M]. Cambridge: Cambridge University Press.

Buffard-Moret B, 2009. Introduction à la stylistique: avec exercices corrigés [M]. Paris: Armand Colin.

Catford J C, 1965. A linguistic theory of translation [M]. London: Oxford University Press.

Catherine Schnedecker, Frédéric Langragin, 2014. Les chaînes de référence: présentation [J]. Langages, 195: 3-22.

Celle A, Baumer E, 2013. Adverbiaux cadratif et expressions référentielles dans les articles journalistiques: études omparée français-anglais [J]. E-rea.

Chafe W, 1976. Givenness, contrastiveness, definiteness, subjects, topics, and point of view [C] //Li C N. Subject and topic. New York: Academic Press: 25-55.

Chafe W, 1987. Cognitive constraints on information flow, in Coherence and grounding in discourse [M]. Amsterdam: John Benjamins Publishing Company.

Chafe W, 1994. Discourse, consciousness, and time: the flow and displacement of conscious experience in speaking and writing [M].

Chicago: University of Chicago Press.

Charolles M, 1978. Introduction aux problèmes de la cohérence verbale [J]. Langue Française (38): 7–42.

Charolles M, 1988. Les études sur la cohérence, la cohésion et la connexité textuelles depuis la fin des années 1960 [J]. Modèles linguistiques (2): 45–46.

Charolles M, 1991. L'anaphore: définition et classification des formes anaphoriques [J]. Verbum (Nancy), 14 (2-4): 203–216.

Charolles M, 1993. Les plans d'organisation du discours et leurs interactions, parcours linguistiques de discours spécialistes [M]. Berne: Peter Lang, 301–314.

Charolles M, 1995. Cohésion, cohérence et pertinence du discours [J]. Travaux de linguistique (29): 125–151.

Charolles M, 1997. L'encadrement du discours: univers, champs, domaines et espaces (Cahier de Recherche Linguistique 6) [J]. université Nancy, 2, (6): 1–73.

Charolles M, 1999. Contribution pour une histoire récente de l'analyse du discours [J]. Langue Française (121): 76–116.

Charolles M, 2002. La référence et les expressions référentielles en français [M]. Paris: Ophrys.

Charolles M, 2003. De la topicalité des adverbiaux détachés en tête de phrase [J]. Revue internationale de linguistique Française (47): 11–51.

Charolles M, 2009. Les cadres de discours et leurs frontières [J]. Du linguistique au sémiotique: 143–162.

Charolles M, Combettes B, 1999. Contribution pour une histoire récente de l'analyse du discours [J]. Langue Française, 121: 76–116.

Charolles M, Kleiber G, 1999. Special issue on 'associative anaphora' –introduction [J]. Journal of pragmatics, 31 (3): 307–310.

Charolles M, Vigier D, 2005. Les adverbiaux en position préverbale: portée cadrative et organisation des discours［J］. Langue Française（148）：9-30.

Chastain C, 1975. Reference and context［M］//Gunderson K. Language mind and knowledge. Minneapolis：University of Minnesota Press：194-269.

Chesterman A, 2004. Beyond the particular［J］. Translation universals：Do they exist.

Chierchia G, 1998. Reference to kinds across languages［J］. Natural languages semantics, 6（4）：339-405.

Chilton P, 2014. Language, space and mind：the conceptual geometry of linguistic meaning［M］. Cambridge：Cambridge University Press.

Choi S, Bowerman M, 1991. Learning to express motion events in English and Korean：the influence of language-specific lexicalization patterns［J］. Cognition, 41（1-3）：83-121.

Chuquet H, Paillard M, 1989. Approche linguistique des problèmes de traduction anglais-français［M］. Paris：Ophrys.

Cislaru G, Stiri F, 2009. Texte et discours.［J］. Corpus（8）：85-104.

Clark H H, 1973. Space, time, semantics, and the child［M］//Cognitive development and acquisition of language. New York：Academic Press.

Clark H H, 1975. Bridging［C］//Theoretical issues in natural language processing.

Combettes B, 2005. Les constructions détachées comme cadres de discours［J］. Langue Française（4）：31-44

Comrie B, 1989. Language universals and linguistic typology, syntax and morphology［M］. Chicago：The University of Chicago Press.

Corblin F, 1985. Les chaînes de référence：analyse linguistique et traitement automatique［J］. Intellectica, 1（1）：123-143.

Corblin F, 1985. Les formes de reprise dans le discours［M］. Rennes：Presses Universitaires de Rennes.

Corblin F, 1987. Indefini, defini et demonstratif [M]. Geneve: Droz.

Corblin F, 1988. Les chaînes topicales: leur rôle dans la gestion et de la structuration du discours [J]. Cahiers de Grammaire (23): 19-44.

Corblin F, 2001. L' inversion "locative" en français, italien et anglais: propriété syntaxiques, sémantiques et discursives [J]. Cahiers de grammaires (26): 101-123.

Corblin F, 2006. Relation de cohérence et anaphore en contexte inter-phrastique: une symbolise parfaite [J]. Langages (163): 37-55.

Corblin F, 2009. Le rôle des anaphores dans la mise en place des relations de cohérence: L, hypothèse de J. R. Hobbs [J]. Journal of French language studies (19): 159-181.

Corblin F, 2010. Anaphora: text-based or discourse-dependent? [J]. Functionalist vs. formalist accounts, functions of language, 17 (2): 207-241.

Courrèges S, Troadec B, 2009. Le développement des cadres de référence spatiale: l' émergence d' une préférence culturelle [J]. Bulletin de psychologie (6): 501-513.

Cragie S, Higgins I, Hervey S, et al, 2015. Thinking italian translation [M]. New York: Routledge.

Croft W, Cruse D A, 2004. Cognitive linguistics [M]. Cambridge: Cambridge University Press.

Culioli A, 1990. Pour une linguistique de i' énonciation: operations et représentations [M]. Paris: Ophrys.

Culioli A, 1999a. Pour une linguistique de l' énonciation: formalisation et opérations de repérage [M]. Paris: Ophrys.

Culioli A, 1999b. Pour une linguistique de l' énonciation: domaine notionnel [M]. Paris: Ophrys.

Culioli A, 2018. Pour une linguistique de i' énonciation: tours et détours [M]. Limoges: Lambert-Lucas.

De Beaugrande R A, Dressler W U, 1981. Introduction to text linguistics:

vol. 1［M］. London：Longman.

Delisle Jean, 1980. L'analyse du discours comme methode de traduction［M］. Ottawa：Editions de l'Universite d'Ottawa.

Dépelteau F, 2010. La démarche d'une recherche en sciences humaines：de la question de départ à la communication des résultats［M］. Louvain-La-Neuve：De Boeck Supérieur.

Dickins J, Hervey S G J, Higgins I, 2002. Thinking arabic translation：a course in translation method：arabic to English［M］. London：Routledge.

Ducrot O, 1972. Dire et ne pas dire［M］. Paris：Hermann.

Ducrot O, 1983. Les mots du discours［M］. Paris：Les Éditions de Minuit.

Ducrot O, Schaeffer J-M, 1995. Nouveau dictionnaire encyclopédique des sciences du langage［M］. Paris：Seuil.

Dutriaux L, Gyselinck V, 2016. Cognition incarnée：un point de vue sur les représentations spatiales［J］. L'année psychologique, 116（3）：419-465.

El-Himer M, 2022. Le localisme dans le langage：la primauté de la deixis spatiale［J］. Cahiers d'études sur la représentation（6）：83-91.

ERKÜ F, Gundel J, 1987. Indirect anaphora［J］. The pragmatic perspective, 533.

Evans N, Levinson S C, 2009. The myth of language universals：language diversity and its importance for cognitive science［J］. Behavioral and brain sciences, 32（5）：429-448.

Evans V, Chilton P, 2010. Language, cognition, and space：the state of the art and new directions［M］. London：Equinox.

Evans V, Green M, 2006. Cognitive linguisitics：an introduction［M］. London：Routledge

Fagard B, Charolles M, 2018. Ailleurs, d'ailleurs, par ailleurs：de l'espace à l'humain, de l'humain au discours［J］. Journal of French language studies, 28（3）：351-375.

Fauconnier G, 1984. Espaces mentaux：aspects de la construction du sens dans les langues naturelles ［M］. Paris：Les Éditions de Minuit.

Fauconnier G, 1991. Subdivisions cognitives ［J］. Communications（53）：229-248.

Fauconnier G, 1994. Mental spaces：aspects of meaning construction in natural language ［M］. Cambridge：Cambridge University Press,

Fauconnier G, 1997. Mappings in thought and language ［M］. Cambridge：Cambridge University Press.

Ferrari M, Paoletti C, 1992. La philosophie de l'espace chez Ernst Cassirer ［J］. Revue de métaphysique et de morale（4）：455-477.

Fillmore C J, 1975. Frames and the semantics of understanding ［J］. Quaderni di semantica（2）：222-254.

Fillmore C J, 1982. Frame semantics ［C］//The Linguistic Society of Korea. Linguistics in the morning calm. Seoul：Hanshin Publishing Company：111-122.

Fillmore C J, 1986. This Case for Case ［M］//Emmon B, Robbert T H. Universals in Linguistic Theory. New York：Holt, Rienhart and Winston.

Fillmore C J, Collin F B, 2001. Frame semantics for text understanding ［C］. NAACL：Proceedings of WordNet and Other Lexical Resources Workshop.

Frawley W, 2013. Linguistic semantics ［M］. London：Routledge.

Fuchs C, 2017a. L'inversion locative révésitée：à propos de la notion de "déclencheur" ［J］. Verbum（Presse Universitaire de Nancy）（2）：237-252.

Fuchs C, 2019. L'asymétrie espace/temps dans les inversions locatives ［J］. Scolia（33）：81-98.

Fuchs C, et al, 2016. L'espace de "La Jalousie"：traduire en transférer, transposer, crisco, centre de recherches inter-langues sur la signification en contexte [M]. Caen: Université de Caen Normandie.

Genette G, 1996. Narrative discourse [M]. Paris: Seuil.

Georges K, 1990. La sémantique du prototype: catégories et sens lexical (Linguistique nouvelle) [M]. Paris: Presses Universitaires de France.

Gil Filho S F, 2011. La géographie des formes symboliques chez Ernst Cassirer [J]. Géographie et cultures (78): 41-58.

Givon T, 1983. Topic continuity and word order pragmatics in Ute, in topic continuity in discourse: quantitative cross-language studies [M]. Amsterdam: John Benjamins Publishing Company.

Givón T, 1983. Topic continuity in discourse: a quantitative cross-language study [M]. Amsterdam: John Benjamins Publishing Company.

Givon T, 1984. Syntax: a functional-typological Introduction: Volume II [M]. Amsterdam: John Benjamins Publishing Company.

Givon T, 2005. Context as other minds: the pragmatics of sociality, cognition and communication [M]. Amsterdam: John Benjamins Publishing Company.

Godard B, 2005. L'éthique du traduire: Antoine Berman et le "virage éthique" en traduction [J]. TTR: traduction, terminologie, rédaction, 14(2): 49-82.

Granger S, Lerot J, Petch-Tyson S, 2003. Corpus-based approches to contrastive linguistics and translation studies [M]. Amsterdam-New York: Editions Rodopi B. V.

Greimas A J, 1973. Un problème de sémiotique narrative: les objets de valeur [J]. Langages (31): 13-35.

Grosz B, 1977. The representation and use of focus in a system for understanding dialogs [C] //International Joint Conference on Artificial Intelligence. San Francisco: Morgan Kaufmann Publishers Inc.

Grosz B, Sidner C, 1986. Attention, intentions, and the structureof discourse [J]. Computational Linguistics (12): 175-204.

Guillot C, 2006. Démonstratif et déixis discursive: analyse comparée d'un corpus écrit de français médiéval et d'un corpus oral de français contemporain [J]. Langue Française (4): 56–69.

Gumperz J J, Levinson S C, 1996. Rethinking linguistic relativity: No.17 [M]. Cambridge: Cambridge University Press.

Halliday M A K, 1976. Cohésion in English [M]. London: Longman.

Halliday M A K, 1985. An introduction to functional grammar [M]. London: Arnold.

Halliday M A K, 2000. An introduction to functional grammar [M]. 2nd ed. London: Arnold.

Halliday, Hasan, 1976. Cohesion in English [M]. London: Longman.

Halverson S L, 2010. Cognitive translation studies: developments in theory and method [C] //Shreve G M, E Angelone. Translation and cognition. Amsterdam: John Benjamins Publishing Company: 189–211

Halverson S L, 2015a. Translation theory and development studies: a complexity theory approach [J]. Translation studies, 8 (3): 365–368.

Halverson S L, 2015b. Cognitive translation studies and the merging of empirical paradigms: The case of "literal translation" [J]. Translation spaces, 4 (2): 310–340.

Hardin G, Picot C, 1990. Translate: initiation à la pratique de la traduction [M]. Paris: Dunod.

Hatim B, Mason I, 1997. The translator as Communicator [M]. London: Routledge.

Hawkins J A, 1978. Definiteness and indefiniteness [M]. Atlantic Highland: Humanities Press.

Hervey S, Higgins I, 1992. Thinking translation: a course in translation method [M]. London: Routledge.

Hickmann M, 2006. Space in languages: linguistic systems and cognitive categories [M]. Amsterdam: John Benjamins Publishing Company.

Hœpffner B, 2010. L'ombilicalité du traducteur [J]. Revue de traduction,（23）：149-159.

Hoey, 1991. Another perspective on coherence and cohesive harmony [J]. Functional and systemic linguistics: approaches and uses（55）: 385-414.

House J, 1997. A model for translation quality assessment [M]. Tübingen: Gunter Narr Verlag.

House J, 2006. Text and context in translation [J]. Journal of pragmatics: 338-358.

Huang Y, 1994. The syntax and pragmatics of anaphora [M]. Cambridge: Cambridge University Press.

Jacobs J, 2001. The dimension of topic-comment [J]. Linguistic, 39（4）: 641-681.

Kerbrat-Orecchioni C, 2002. Système linguistique et ethos communicatif [J]. Cahiers de praxématique,（38）: 35-57.

Kleiber G, 1990. La sémantique du protype: catégorie etsens lexical [M]. [s. n.].

Kleiber G, 1991. Anaphore-deixis: où en sommes-nous? [J]. L'information grammaticale（51）: 3-18.

Kleiber G, 1992. Anaphore associative et inférences [C] //Tyvaert J-E. Recherches linguistiques: XVIII. Paris: Klincksieck: 175-201.

Kleiber G, 1994a. Anaphores et pronoms [M]. Louvain-la-Neuve: Duculot.

Kleiber G, 1994b. Contexte, interprétation et mémoire: approche standard vs approche cognitive [J]. Langue Française, 103（1）: 9-22.

Kleiber G, 1997. Sens, reference et existence: que faire de l'extralinguistique [J]. Langages（127）: 9-37.

Kleiber G, 1999. Anaphore associative et relation partie-tout: condition d'aliénation et principe de congruence ontologique [J]. Langue Française（122）: 70-100.

Kleiber G, 2001. L'anaphore associative [M]. Paris: Seuil.

Kleiber G, 2003. Adjectifs démonstratifs et point de vue [J]. Cahiers de praxématique, (41): 33–54.

Kleiber G, 2006. Démonstratifs: emploi a la mode er mode(s) d'emploi [J]. Langue Française (152): 9–23.

Ladmiral J-R, 1979. Traduire: théorèmes pour la traduction [M]. Paris: Payot.

Ladmiral J-R, 1989. Pour une philosophie de la traduction [J]. Revue de métaphysique et de morale (94): 5–22.

Ladmiral J-R, 1997. Les 4 âges de la traductologie: réflexions sur une diachronie de la théorie de la traduction [C] //Les actes du colloque de Genève: L'histoire et les théories de la traduction. Berne: ASTTI & ETI.

Ladmiral J-R, 2004. Dichotomies traductologiques [J]. La linguistique (40): 25–49.

Lakoff G, 1987. Women, fire, and dangerous things: what categories reveal about the mind [M]. Chicago: University of Chicago Press.

Lakoff G, Johnson M, 1980. Johnson metaphors we live by [M]. Chicago: University of Chicago Press.

Lambrecht K, 1994. Information structure and sentence form: topic, focus, and the mental representations of discourse referents [M]. Cambridge: Cambridge university press.

Landragin F, 2008. Vers l'évaluation de systèmes de dialogue homme-machine: de l'oral au multimodal [C] //Quinzième conférence sur le traitement automatique des langues (TALN 2008), Avignon: 390–399.

Landragin F, 2009. De la saillance visuelle à la saillance linguistique [J]. Colloque Saillance, aspects linguistiques et communicatifs de la mise en évidence dans un texte: 9–13.

Landragin F, 2011. Une procédure d'analyse et d'annotation des chaines de coréférence dans des textes écrits [J]. Corpus, 10: 61–80.

Landragin F, 2014. Anaphores et coréférences: analyse assistée par or dinateur [J]. Nouvelles perspectives sur l'anaphore, points de vue linguistique, psycholinguistique et acquisitionel, Peter Lang.

Landragin F, 2015. Références aux personnages dans l'occupation des sols: apport de la linguistique outillée [J]. Revue sciences/lettres (3): 2–21.

Landragin F, 2016. Analyse des références et des transitions référentielles: l'apport de la linguistique outillée [J]. Connexion et indexation: 123–135.

Landragin F, 2016. Analyse, visualisation et identification automatique des chaines de coréférence: des questions interdépendantes? [J]. Langue Française (3): 17–34.

Landragin F, 2017. Etude de la référence et de la coréférence: rôle des petits corpus et observations à partir du corpus MC4 [J]. Les petits corpus (18).

Langacker R W, 1986. Settings, participants, and grammatical relations [C] // Lancey S D, Tomlin R. Proceedings of the second annual meeting of the pacific linguistics conference: 1–31.

Langacker R W, 1987. Foundations of cognitive grammar: theoretical prerequisites [M]. Stanford: Stanford University Press.

Langacker R W, 1991. Foundations of cognitive grammar: descriptive application [M]. Stanford: Stanford University Press.

Langacker R W, 1993. Reference-point constructions [J]. Cognitive linguistics, 4(1): 1–38.

Laure V, Myriam B, Nicholas A, et al, 2005. Locating adverbials in discourse [J]. Journal of French language studies, 15(2): 173–193.

le Goffic P, 2001. Subordination et connecteurs: quelques propositions à partir de l'essai de grammaire de la langue Française de damourette et pichon [J]. Language and space, 25(1): 353–382.

Lederer M, 1994. La traduction aujourd'hui – le modèle interprétatif [M].

Paris: Hachette.

Lederer M, 2003. The interpretive model [M]. Manchester: St. Jerome Pub.

Leech G, 1992. Corpora and theories of linguistic performance [J]. Directions in corpus linguistics: 105–122.

Levinson S C, 2004. Space in language and cognition: explorations in cognitive diversity [M]. Cambridge: Cambridge University Press.

Levinson S C, Meira S, Psycholingu FIPMCALN, 2003. "Natural concepts" in the spatial topologial domain—adpositional meanings in crosslinguistic perspective: an exercise in semantic typology [J]. Language, 79(3): 485–516.

Levinson S C, Wilkins D P, 2006. Grammars of space: explorations in cognitive diversity [M]. Cambridge: Cambridge University Press.

Lewin K, 1936. Principles of topological psychology [M]. New York: McGraw-Hill.

Longacre R, 1983. The grammar of discourse [M]. New York: Plenum Press.

Lyons J D, 1978. Eléments de sémantique [M]. Paris: Larousse.

Lyons J D, 2005. Before imagination: embodied thought from Montaigne to Rousseau [M]. California: Stanford University Press.

Lyons J, 1980. Sémantique linguistique [M]. Paris: Larousse.

Maillard M, 1974. Essai de typologie des substituts diaphoriques [J]. Langue Française (21): 55–71.

Maingueneau D, 1976. Initiation aux méthodes de l'analyse du discours [M]. Paris: Hachette.

Maingueneau D, 1982. Nouvelles tendances en analyse du discours [M]. Paris: Hachette.

Majid A, Bowerman M, Kita S, et al, 2004. Can language restructure cognition? The case for space [J]. Trends in cognitive sciences, 8(3): 108–114.

Malblanc A, 1944. Pour une stylistique comparée du français et de l'allemand: essai de représentation linguist. comparée [M]. [S. 1.]: Didier.

Malblanc A, 1968. Stylistique comparée du français et de l'allemand [M]. Paris: Didier.

Martin R, 1983. Pour une logique du sens [M]. Paris: Presses universitaires de France.

Martinet A, 1960. Éléments de linguistique générale [M]. Paris: Armand Colin.

Matsui T, 2000. Bridging and relevance [M]. Amsterdam: John Benjamins Publishing Company.

Mélanie-Becquet F, Prévost S, 2014. Éléments initiaux: combinaisons et schémas préférentiels dans un corpus d'articles scientifiques [J]. Corpus (13): 29-60.

Meschonnic H, 1969. Pour la poétique [J]. Langue Française (3): 14-31.

Meschonnic H, 1982. Qu'entendez-vous par oralité? [J]. Langue Française (56): 6-23.

Meschonnic H, 1999. Poétique du traduire [M]. Paris: Editions Verdier.

Meschonnic H, 2002. Traduire ce que les mots ne disent pas, mais ce qu'ils font [J]. Meta, 40 (3): 514-517.

Miao J, 2012. Approches textométriques de la notion de style du traducteur-analyses d'un corpus parallèle français-chinois: Jean-Christophe de Romain Rolland et ses trois traductions chinoises [D]. Paris: Université Sorbonne Nouvelle-Paris.

Mill J S, 1986. Système de logique déductive et inductive [M]. Paris: Alcan.

Milner J-C, 1976. Réflexion sur la référence [J]. Langue Française (30): 63-73.

Minsky M, 1975. A framework for representing knowledge [M] //Winston P. The psychology of computer vision. New York: McGraw-Hill: 211-277.

Moignet G, 1981. Systématique de la langue Française [M]. Paris: Klincksieck.

Moirand S, 1975. Le rôle anaphorique de la nominalisation dans la presse écrite [J]. Langue Française (28): 60-78.

Moirand S, 2006. Textes/discours et Co (n) textes. Entretiens avec Jean-Michel Adam, Bernard Combettes [J]. Pratiques: linguistique, littérature, didactique, 129 (1): 129-130.

Mounin G, 1963. Les problèmes théoriques de la traduction [M]. Paris: Edition Gallimard.

Newmark P, 1988. A textbook of translation [M]. London: Prentice Hall.

Nida E A, 1964. Toward a science of translating [M]. Leiden: Brill.

Nida E A, Taber C R, 1969. The theory and practice of translation [M]. Leiden: Brill.

Olohan M, 2004. Introducing corpora in translation studies [M]. London: Routledge.

Pacherie E, 1992. Kleiber, la sémantique du prototype, catégories et sens lexical. [J]. Revue de l'association pour la recherche cognitive, 13(1): 343-351.

Péry-Woodley M P, Asher N, Enjalbert P, et al, 2009. Annodis: une approche outillée de l'annotation de structures discursives [C] //Actes de la16e Conference Traitement Automatique des Langues Naturelles. Senlis: [s. n.].

Prévost S, 2003. Les compléments spatiaux: du topique au focus en passant par les cadres [J]. Travaux de linguistique (2): 51-77.

Punch K F, 2013. Introduction to social research: quantitative and qualitative approaches [M]. London: Sage Publications Ltd.

Rastier F, 1993. La sémantique cognitive: éléments d'histoire et d'épistémologie [J]. Histoire épistémologie langage, 15 (1): 153-187.

Repko A F, Szostak R, 2017. Interdisciplinary research: process and theory [M]. 3rd ed. New York: SAGE Publications.

Ricœur P, 2004. Sur la traduction [M]. Paris: Bayard.

Ricœur P, Brennan E, 2006. On translation [M]. London: Routledge.

Robbe-Grillet A, 1963. Pour un nouveau roman [M]. Paris: Les Éditions De Minuit.

Rousseau A, 1993. Espace, référence, représentation: réflexions sur quelques conceptualisations de l'espace [J]. Faits de langues, 1(1): 151-162.

Sanford A J, Garrod S C, 1998. The role of scenario mapping in text comprehension [J]. Discourse processes, 26(2-3): 159-190.

Sarda L, 2005. Fonctionnement des cadres spatiaux dans les résumés de films [J]. Langue Française (148): 61-79.

Sarda L, Charolles M, 2012. Les adverviaux prépostionnels: position, fonction et portée présentation du numéro [J]. Travaux de linguistique (64): 7-19.

Sarda L, Vigier D, Combettes B, 2016. Connexion et indexation—ces liens qui tissent le texte [M]. Lyon: ENS édition.

Schnedecker C, 1997. Nom propre et chaîne de référence [M]. Paris: Klincksieck.

Schnedecker C, 2014a. Les chaînes de référence: présentation [J]. Langages (195): 3-23.

Schnedecker C, 2014b. Chaînes de reference et variations selon le genre [J]. Langages (195): 23-42.

Schnedecker C, 2021. Les chaînes de référence en Français [M]. Paris: Ophrys.

Seleskovitch D, Lederer M, 1989. Pédagogie raisonnée de l'interprétation [M]. Paris: Didierérudition.

Sinclair J, 1991. Corpus, concordance, collocation [M]. Oxford: Oxford University Press.

Slobin D I, 2004. The many ways to search for a frog: linguistic typology and the expression of motion events [M] //Strœmqvist S, Verhoeven L. Relating events in narrative: Vol 2. Mahwah: LEA: 219-257.

Slobin D I, 2005. Linguistic representations of motion events: what is signifier and what is signified? [M] //Maeder C, Fischer O, Herlofsky W. Iconicity inside out: iconicity in language and literature. Amsterdam: John Benjamins Publishing Company.

Sperber D, Wilson D, 2001. Relevance: communication and cognition [M]. 2nd ed. New Jersey: Blackwell Publishers.

Steiner G, 1975. After Babel: aspects of language and translation [M]. Oxford: Oxford University Press.

Steiner G, 1998. Après Babel, une poétique du dire et de la traduction, traduction Française revue et augmentée [M]. Paris: Albin Michel.

Stosic D, 2012. Le pouvoir cadratif des compléments introduits par à travers: des cadres de discours pas comme les autres? [J]. Travaux de linguistique (64): 55–78.

Talmy L, 1975. Figure and ground in complex sentences [J]. Annual meeting of the Berkeley linguistics society (1): 419–430.

Talmy L, 1983. How language structures space [C] //Pick H L, Acredolo L P. Theory, research, and application. New York: Plenum Press: 225–282.

Talmy L, 1985. Lexicalization patterns: semantic structure in lexical forms [C] //Shopen T. Language typology and syntactic description: grammatical categories and the lexicon. New York: Cambridge University Press: 57–149.

Talmy L, 1991. Paths to realization: a typology of event conflation [C] //Proceedings of the seventeenth meeting of the Berkeley linguistics society. Berkeley: Berkeley Linguistics Society, 480–519.

Talmy L, 2000a. Toward a Cognitive Semantics: Concept Structuring Systems [M]. Cambridge: MIT Press.

Talmy L, 2000b. Toward a cognitive semantics, Typology and process in concept structuring [M]. Cambridge: MIT Press.

Tenbrink T, 2007. Space, time, and the use of language: an investigation of relationships [M]. Berlin: Mouton de Gruyter.

Tesnière L, 1959. Eléments de syntaxe structurale［M］. Paris：Klincksieck,

Toury G, 1995. Descriptive translation studies and beyond［M］. Amsterdam：John Benjamins Publishing Company.

Tyler A, Evans V, 2007. The semantics of English prepositions：spatial scenes, embodied meaning and cognition［M］. Cambridge：Cambridge University Press.

Van de Velde D, 2005. Les interprétations partitive et existentielle des indéfinis dans les phrases existentielles locatives［J］. Travaux de linguistique：37-52.

van Dijk T A, 1972. Some aspects of text grammars：a study in theoretical, linguistics and poetics［M］. The Hague：Mouton.

van Dijk T A, 2008. Discourse and context：a sociocognitive approach［M］. Cambridge：Cambridge University Press.

Vandeloise C, 1992. Orientation en miroir et objets manufacturés：une hypothèse［J］. Cahiers de praxématique（18）：75-88.

Vandeloise C, 1993. Espace et motivation［J］. Faits de langues, 1（1）：181-188.

Vandeloise C, 1996. La méronomie, l'inclusion topologique et la préposition dans［J］. Faits de langues, 4（7）：81-90.

Vandeloise C, 2001. Aristote et le lexique de l'espace：rencontres entre la physique greque et la linguistique cognitive［M］. Stanford：Stanford University Press.

Venuti L, 2000. The translation studies reader［M］. London：Routledge.

Victorri B, 2011. ANALEC：logiciel d'annotation et d'analyse de corpus écrits［J］. Logiciel téléchargeable sur：http：//www. lattice. cnrs. fr/-ANALEC-.

Vigier D, 2004. Les groupes prépositionnels en « en N »：de la phrase au discours［D］. Paris：Université de Paris III.

Vinay J P, Darbelnet J, 1958. Stylistique comparee du Fancais et de l'Anglais［M］. Paris：Editions Ophrys.

Vinay J P, Darbelnet J, 1995. Comparative stylistics of French and English, a methodology for translation [M]. Amsterdam: John Benjamins Publishing Company.

Williams J, Chesterman A, 2002. The map: a beginner's guide to doing research in translation studies [M]. Manchester: St. Jerome Pub.

Wilson M, 2002. Six views of embodied cognition [J]. Psychonomic bulletin and review, 9: 625–636.

Wilss W, 1996. Knowledge and skills in translator behavior: volume 15 [M]. Amsterdam: John Benjamins Publishing Company.

Wilss W, 1999. Translation and interpreting in the 20th century: focus on German [M]. Amsterdam: John Benjamins Publishing Company.

Yule G, Brown G R, 1986. Discourse analysis [M]. Cambridge: Cambridge University Press.

本书所使用语料书目

鲁迅, 1973. 呐喊 [M]. 北京: 人民文学出版社.

罗伯-格里耶, 2007. 嫉妒 [M]. 李清安, 译. 南京: 译林出版社.

罗伯-格里耶, 2011. 一座幽灵城市的拓扑学结构 [M]. 郑永慧, 译. 长沙: 湖南文艺出版社.

罗伯-格里耶, 2011. 在迷宫里 [M]. 孙良方, 夏家珍, 译. 长沙: 湖南文艺出版社.

Luxun, 1981. Le Journal d'un fou, suivi de la véritable histoire de Ah Q [M]. Traduction anonyme. Paris: Éditions Stock.

Robbe-Grillet A, 1957. La jalousie [M]. Paris: Les Éditions de Minuit.

Robbe-Grillet A, 1959. Dans le labyrinthe [M]. Paris: Les Éditions de Minuit.

Robbe-Grillet A, 1976. Topologie d'une cité fantôme [M]. Paris: Les Éditions de Minuit.

附　录

附录1　语言学者中、外文姓名对照

（按外文姓氏首字母顺序排列）

外文	中文
Ariel	阿里尔
Adam	亚当
Aijmer K.	艾杰默
Altenberg B.	爱腾伯格
Azoulay A.	阿祖莱
Baker M.	贝克
Ballard M.	巴拉尔
Bally C.	贝利
Baumer E.	鲍默
Beaugrande（de）	博戈兰德
Benveniste E.	本维尼斯特
Berlin B.	柏林
Bloomfield	布隆菲尔德
Blum-Kulka S.	布鲁玛－库尔卡
Brézillon P.	布列兹隆
Browne T.	布朗
Catford J. C.	卡特福德
Chafe W.	切夫
Chastain C.	沙斯坦
Charolles M.	夏罗尔
Combette B.	康贝特
Corblin F.	科尔布兰
Cornish F.	科尼什
Crystal	克里斯特尔
Culioli A.	古里奥里
Darbelnet	达尔贝勒那
Delisle	德利斯勒
Domergue U.	多梅盖

续表

外文	中文
Dressler	德莱斯
Einstein	爱因斯坦
Evans V.	伊万斯
Fauconnier G.	福康涅
Fillmore C.J.	菲尔莫
Foucault M.	福柯
Galileo	伽利略
Garrod	伽罗德
Genette G.	热奈特
Givón T.	吉翁
Granger S.	格兰杰
Green M.	格林
Greimas A. J.	格雷玛斯
Guillaume G.	吉尧姆
Halliday M. A. K.	韩礼德
Hamel M. J.	阿梅尔
Harris Z. S.	海里斯
Hasan R.	哈桑
Hatim B.	哈迪姆
Hervey	赫维
Hesiod	赫西俄德
Higgins	希金斯
Hoey M.	霍依
House J.	豪斯
Humboldt W. von	洪堡特
Kant	康德
Kay P.	凯
Kerbrat-Orecchioni C.	盖尔波拉·奥尔什欧尼
Kleiber G.	克莱伯
Ladmiral J-R.	拉德米拉尔
Lakoff G.	拉考夫
Lambrecht K.	兰布雷希特
Landragin F.	朗德拉然
Langacker R. W.	兰盖克
Laviosa S.	拉维奥沙

续表

外文	中文
Lederer M.	勒代雷
Leech G.	利奇
Leibniz	莱布尼兹
Levinson S. C.	莱文森
Lewin K.	勒温
Lyons J. D.	莱昂斯
Maigueneau D.	曼戈诺
Malblanc A.	马尔布兰克
Mann W. C.	曼恩
Martin R.	马丁
Martinet A.	马丁内
Mason I.	梅森
Mathesius	马泰休斯
McEnery T.	迈克埃尼
Meira S.	梅拉
Merleau-Ponty	梅洛-庞蒂
Meschonnic H.	梅肖尼克
Moirand S.	莫朗
Olohan M.	欧勒罕
Platon	柏拉图
Pustejovsky J.	普斯特约斯基
Putnam H.	普特南
Repko A. F.	雷普克
Robbe-Grillet A.	罗伯-格里耶
Rosch E.	罗施
Rosenzweig F.	罗森茨维格
Sager J. C.	萨热
Salles M.	萨拉
Sanford A. J.	桑福德
Saussure F. D.	索绪尔
Schleiermacher F.	施莱尔马赫
Schnedecker C.	施奈德
Searle J.	塞尔
Sinclair J.	辛克莱
Slakta D.	斯拉克塔

续表

外文	中文
Slobin D. I.	斯洛宾
Sperber D.	斯珀博
Svorou S.	斯沃鲁
Szostak R. S.	斯佐斯塔克
Talmy L.	泰尔米
Thompson S.	汤普森
Tognini-Bonelli	拖戈妮妮
van Dijk	范迪克
Vandeloise C.	范德洛伊斯
Venuti L.	维努蒂
Vinay J. P.	维纳

附录2　中、外文术语对照表

法文/英文	中文
aboutness	主题相关
accessibilité	可及性
active space（英）	行动空间
adaptation	改写
adjacency（英）	邻接
aligner（英）	对齐
alinéa	换行
Analyse d'énonciation	表述分析
Anaphore à antécédents dispersés	回指先行词分散
anaphore associative	联想回指
anaphore fidèle	忠实回指
anaphore infidèle	不忠实回指
annotation	标注
at some distance（英）	有一定距离
atomist	原子论者
bridging inference（英）	搭桥推理
cadre en parallèl	平行型话语范围
cadre inaugural	起始型话语范围

续表

法文 / 英文	中文
cadre sous-ordonné	低等级话语范围
cadre super-ordonné	高等级话语范围
calque	仿造
case grammar（英）	格语法
centering theory（英）	中心 / 向心理论
ception（英）	知性
chaîne de référence	指称链条
chassé-croisé	交叉
cohérence	连贯
cohésion	衔接
compensation	补偿
compensation by merging（英）	融合补偿
compensation by splitting（英）	分解补偿
compensation in kind（英）	类比补偿
compensation in place（英）	换位补偿
compétition référentielle	指称竞争
conception	概念
conceptualization	概念化
concordancer	词语索引
connaissances générales présumées	记忆存储的常识
connecteur	连接词
connecteur	连接词
construction	重建
contact（英）	接触
contexte	语境
contexte linguistique	语言语境
contexte linguistique	语言语境
continuité	连续性
corpus-based（英）	基于语料库的研究
corpus-driven（英）	语料库驱动研究
cotexte	上下文
déictique	指代
dilution	稀释
discours	话语
distance	距离

续表

法文/英文	中文
distance référentielle	指称距离
effacement	缩减
effet de familiarité	熟悉效果
empiral research（英）	实证研究
emprunt	借词
en amont	上游
en aval	下游
enclosure（英）	封闭体
endroit charnière	焊接处
entité	实体
equipollent-framed language	均等框架语言
équivalence	等值
explicitation hypothesis（英）	显化假说
expression autonome	自主的指称表达方式
expression non-autonome	非自主的指称表达方式
expressions cadratives	话语范围导入词
expressions référentielles	指称表达方式
expressions référentielles	指称表达
figure（英）	图形
généralisation	普及
ground（英）	背景
incipit	开篇词
individual framework（英）	建立概念范围的副词
inherent place-word（英）	先天处所词
intégration	融入
l'action	动作
l'élocution	文体技巧
l'invention	创意
la coïncidence	共现
la délimitation	划界
la disposition	布局
la notion d'univers de discours	话语的领域概念
la théorie des stéréotypes	刻板印象理论
l'analyse linguistique du discours	话语语言分析
landmark（英）	地标

续表

法文 / 英文	中文
le quadrivium	大学四学科
le trivium	三艺
lemma（英）	原型动词
l'envoloppe	包围
lien intrinsèque	固有联系
lieu	地点
l'inclusion	包含
linguisitique textuelle/texlinguistik	篇章语言学
localisme	空间主义
macro-syntaxe	宏观句法
maillon	网眼
maillon faible	弱节点
maillon fort	强节点
mental concept	心理概念
modulation	灵活改变
mot-à-mot,	直译
motion（英）	运动
mots outils	工具词
non-place-word（英）	非处所词
ombilicalité	脐带
optional place-word（英）	可选处所词
ordre énonciatif	引导发话
ordre organisationnel	引导篇章结构
ordre temporel ou spatial	引导时间或者空间
ordre thématique	引导主题
orientation	方向
parallel corpus（英）	平行语料库
partie	部分
path（英）	路径
perception（英）	感知
perceptual space（英）	知觉空间
période	陈述话语的周期性组织
pivotal sentence（英）	兼语句
platform（英）	平台
portée	辖域

续表

法文 / 英文	中文
portion	准方位标因素
postager（英）	词形赋码
preselection（英）	预选择
principe d'anticipation	提前原则
procédé de traduction	翻译方法
procédés de cohésion	衔接方法
proposition	命题
propriété intrinsèque	固有性质
prototype	原型
quatrain traductologie	四时翻译学
référence	指称（关系）
référence floue	模糊指称
région	区域
registre（英）	语域
relation de parenté	亲缘关系
relation fonctionnelle	功能关系
relation membre-ensemble	个体—整体关系
relation métonymique	上下义关系
relations de discours	话语关系
relations référencielles	指称关系
reprise	重提
ressemblances de famille	家庭相似性理论
rhème	述位
saillance	凸显性
scenario theory（英）	场景理论/脚本理论
schematization（英）	图式化
scopos theory（英）	功能目的论
séquence	序列
signifiant	能指
signifié	所指
situation extralinguistique	语言外场景
situation extralinguistique	语言外场景
S-languages	卫星框架语言
space grammar（英）	空间语法
spatial region（英）	空间区域

续表

法文 / 英文	中文
spatial relation（英）	空间关系
substantif	名词实体
substitution nominale	名词替代
symbolic space（英）	符号空间
termes grammaticaux	语法词
texte	语篇
texture	纹理 / 织体
thème	主位
théorie de centrage	中心理论
tokens（英）	形符数 / 词次
traductologie	翻译学
traductologie descriptive	描写翻译学
traductologie inductive	归纳翻译学
traductologie prescriptive	规范翻译学
traductologie productive	产出翻译学
trajectory（英）	射体
transformation	转换
translation process（英）	翻译过程
translation universals（英）	翻译共性
translational corpus（英）	翻译语料库
transposition	移植
types（英）	类符 / 词种
unité de traduction	翻译单位
univers of discourse	话语世界
utterance（英）	语段
visualization	可视化
V-languages	动词框架语言
wordlist	词表制作

注：本表主要为法、汉术语对照表，英文术语有特殊标记，无标记均为法文术语。